华侨大学华商管理研究文库.人文社会科学研究基地文库
国家民政部重大委托课题.国家民政理论研究优秀成果奖
中国亚太经合组织合作基金项目

张向前 著

中国特色社会组织发展战略研究

经济日报 出版社

图书在版编目（CIP）数据

中国特色社会组织发展战略研究 / 张向前著 . —北京：经济日报出版社，2018. 2

ISBN 978-7-5196-0315-1

Ⅰ . ①中⋯　Ⅱ . ①张⋯　Ⅲ . ①社会组织 – 发展战略 – 研究 – 中国　Ⅳ . ① C912.21

中国版本图书馆 CIP 数据核字（2018）第 039989 号

中国特色社会组织发展战略研究

作　　者	张向前
责任编辑	杨保华
出版发行	经济日报出版社
地　　址	北京市西城区白纸坊东街 2 号 A 座综合楼 710
邮政编码	100054
电　　话	010-63567683（编辑部）　010-63567692（发行部）
网　　址	www.edpbook.com.cn
E – mail	edpbook@126.com
经　　销	全国新华书店
印　　刷	北京市金星印务有限公司
开　　本	710×1000 mm　1/16
印　　张	19.5
字　　数	289 千字
版　　次	2019 年 2 月第一版
印　　次	2019 年 2 月第一次印刷
书　　号	ISBN 978-7-5196-0315-1
定　　价	65.00 元

内容摘要

中国特色社会组织建设是构建现代社会组织管理体制的必然要求，是实现中国特色社会主义制度模式的现实路径之一，是中国特色社会主义"四个自信"的重要组成部分。本研究以中国特色社会主义的观点、立场、方法为指导，研究中国特色社会组织相关理论，探索符合中国国情的社会组织发展战略和实施路径，全面促进中国特色社会组织的发展。

主要研究如下：第一，研究中国特色社会主义视域下社会组织建设的理论。通过梳理公民社会理论、法团主义、治理理论等西方社会组织发展主要理论，探讨马克思经典著作关于国家与社会理论、社会管理思想，以及中国古代、近代有关社会组织管理思想，结合改革开放后中国共产党在社会组织建设与管理方面的经验，深入贯彻习近平同志有关社会组织治理的重要思想，提出中国特色社会组织发展道路的理论依据、具体内涵及理论框架。第二，研究中国社会组织历史发展。重点研究中国特色社会组织发展模式。第三，研究中国特色社会组织监管与发展的内在机理、主要模式。第四，以北京、香港为例研究中国特色社会组织发展。分析北京的社会组织存量最大增量最高，提出：政府、第三方评估机构和公众三个主体需要共同发挥主观能动性，促进社会组织的发展。研究香港社会组织通过法律手段、经济手段以及行政手段促进社会组织发展。第五，以中国特色科技组织、商会组织、公益组织为例研究其发展及趋势。强调商会有效服务"大众创业、万众创新"。强调"互联网+公益"。第六，借鉴美国、日本、英国社会组织发展对中国的启示。美国社会组织蓬勃发展得益于其强大的群众参与机制、与政府间友好的伙伴关系以及注重内在与外在的约束力等成功经验。从政府、社会组织和国民三个层面提炼出日本社会组织发展过程中值得借鉴的成功经验。分析总结出英国社会组织在教育、卫生、就业和社会保障等方面的发展经验。第七，研究中国特色社会组织发展战略。通过分析我国社会组织在国家现代化治理体系中的战略地位、社会主义建设中的职能定位以及社会组织发展的战略目标，研究中国特色社会组织发展的战略选择。第八，研究中国特色社会组织发展的保障体系。系统分析我国特色社会组织发展保障体系的基本框架，探讨社会组织发展保障体系的影响因素，提出完善中国特色社会组织发展保障体系的实施建议。

本研究若能有效实施，首先，有利于掌握中国特色社会组织发展面临的困境、挑战与机遇，为推动社会组织快速发展寻找系统发展路径；其次，研究社会组织在中国特色社会主义框架下的发展理念、战略路径与保障体系，为党和政府社会组织建设中提供理论支持与决策建议。最后，本研究注重交叉学科新研究理论方法与技术的运用，比较与借鉴相结合，可为解决其他社会问题提供参考，对相关研究者也有较高借鉴价值。

关键词：中国特色社会组织；发展历史；理论机理；战略路径；保障体系

Abstract

The construction of social organizations with Chinese characteristics is an inevitable requirement for the construction of modern social organization and management system. It is one of the realistic ways to realize the mode of socialist system with Chinese characteristics, and is an important part of "four matters of confidence" of Chinese socialism. Guided by the viewpoints, standpoints and methods of Chinese socialism, this study explores the relevant theories of social organization with Chinese characteristics, probes into the development strategy and implementation path of social organization that are in line with China's national conditions, and comprehensively promotes the development of social organizations with Chinese characteristics.

The main research findings are organized as follows: (1) Theories of social organization construction in the perspective of socialism with Chinese characteristics have been studied. By combing the main theories of the development of the western social organizations, such as the civil society theory, the theory of corporatism and governance, it is probed into the Marx's classics on the theory of state and society, the thought of social management, and the thoughts on social organization management in ancient China and modern times. Combined with the experience of the Communist Party of China in the construction and management of social organizations after the reform and opening, it is put forward the theoretical basis, concrete connotation and theoretical frame of the development path of social organization with Chinese characteristics by implying Xi Jinping's important ideas about social organization governance; (2) The study of the historical development of Chinese social organizations focuses on the development mode of social organizations with Chinese characteristics; (3) It have also been argued the internal mechanism and main models of the supervision and development of social organizations with Chinese characteristics in this research; (4) The development of social organization with Chinese characteristics is discussed by taking Hongkong, Beijing as an example. In Beijing, social organizations have the largest and highest increment. It is put forward that the government, the third party and the public need to jointly exert subjective initiative to promote the development of social organizations. The study of social organizations in Hongkong promotes the development of social organizations in the way of legal, economic and administrative; (5) It is also showed its development and trend by taking Chinese characteristics science and technology organizations, chamber of commerce organizations, non-profit organizations as an example, which emphasizes the effective service of the chamber of Commerce for "mass entrepreneurship and innovation" and "Internet + public welfare"; (6) Learn lessons from the development of social organizations in the United States, Japan and Great Britain. The vigorous development of U.S. social organizations has benefited from its successful mass participation mechanism, its friendly partnership with the government and the successful experience of focusing on internal and external constraints. The successful experience of the development of Japanese social organizations is extracted in the level of government, social organizations and the nationalities. The development experience of British social organizations is analyzed and summarized in education, health, employment and social security; (7) The development strategy of social organizations with Chinese characteristics is studied, by analyzing the strategic position of our social organizations in the national modernization governance system, the function orientation in the socialist construction as well as the strategic goal of the development of social organizations; (8) The security system for the development of social organizations with Chinese characteristics have been studied. It analyzes the basic framework of the development of social security system systematically. The influencing factors of social security system development are also discussed. It puts forward suggestions on improving the development of social organization with Chinese characteristics.

If this research can be implemented effectively, first of all, it is helpful to grasp the predicament, challenge and opportunity faced by the development of social organizations with Chinese characteristics, and to seek the systematic development path for promoting the rapid development of social organizations. Secondly, it studies the development idea, strategic path and security system of social organizations in the frame of Chinese socialism, which can provide theoretical support and decision-making suggestions for the party and government. Thirdly, this research focuses on the application of new research methods and techniques in interdisciplinary research. The combination of comparison and references can provide references for solving other social problems and also have a high reference value to relevant researchers.

Key words: Social organizations with Chinese characteristics; History of development; Theoretical mechanism; Strategic path; Security system

目　录

CONTENTS

第一章　中国特色社会主义视域下社会组织建设理论研究

1　引言

自 20 世纪 70 年代以来，社会组织在全球范围内迅猛发展，引起了学术界的广泛关注，对社会组织的研究也成为一个新兴的跨学科研究领域，主要涉及社会组织的起源、内涵、发展历程、作用及与其他组织形式之间的关系等。关于社会组织建设与管理的理论，国外有丰富的研究成果。在社会组织的起源方面，Weisbrod 提出了政府失灵理论，他认为由于政府和市场在提供公共物品方面的局限性，产生了对社会组织提供服务功能的诉求，这是社会组织存在的根本原因，其理论依据来源于传统经济学的需求—供给范式[1]。Hansmann 在政府失灵理论的基础上，提出了合约失灵理论。合约失灵理论的目的在于解释社会组织与盈利组织之间的区别，某些公共服务必须由社会组织提供的理由。由于市场存在信息不对称，盈利组织为了获利很容易利用信息不对称不履行最优契约；而社会组织不受"非分配约束"，它们没有动机利用信息不对称欺骗消费者[2]。关于社会组织存在的意义，Salamon 在其第三方管理理论中指出，政府在提供公共服务过程中，更多的是依靠第三方机构，政府保留管理权，第三方机构拥有处理权[3]，由于社会组织运作灵活，能满足公民的不同需要，也能与盈利组织展开竞争，从而弥补政府管理过程的不足，在公共服务的提供方面，为政府节约大量成本[4]。政府和社会组织在各自组织特征上的互补性提供了建立双方合作的契机，政府活动必须符合一定的程序，常因为制度与规则缺少周详的服务，而社会组织基于利他的动机与慈善的缘故提供服务，较具人性化，能够灵活满足多样化的需求，弥补政府行政的官僚化[5]。对于社会组织和政府的关系，Gidron[6]等人根据政府和社会组织在提供公共服务中的功能和角色，将政府和社会组织的关系分为政府支配模式、社会组织支配模式、双重模式和合作模式。Dennis[7]通过实证研究发现，世界上没有一个国家的社会组织是完全独立于政府存在的，它们都在某种程度上依赖于政府，尤其是在财政收入上的依赖性更强。政府与社会组织普遍存在合作互补关系、补充关系以及对抗关系。对抗型关系一般发生在社会不稳定或者政治动乱时期，非营利组织要求政府的行动和政策向着有利于自身的方向转变。政府和社会组织更多的是合作关系，即二者之间达成一种依赖各自比较优势的分工，政府负责资金动员，社会组织负责提供服务[8]。Wuthnow[9]提出了"政府、市场、非营利部门相互依赖理论"，他指出，政府、市场和非营利组织这三个部门之间的关系在实践中变得日益模糊，由于政府把一些福利项目承包给志愿组织，并为它们提供资金，政府与非营利部门之间的项目合作也模糊了彼此的界限，只是在不同的国家这三个部门重叠的程度不一样。近年来，在新公共管理思想的影响下，西方福利国家尝试在政府、市场、非营利组织之间建立一种新型的合作伙伴关系，体现出以治理为理念的社会管理发展趋势[10]。总的来说，社会组织的发展沿着减少政府参与，减少层级化，增加灵活性，增加有效性方面发展[11]。

社会组织在中国经历了漫长、曲折的发展，积累了丰富的经验。学者们一方面尝试用西方的社会组织发展理论来指导中国的社会组织发展。如，向阳[12]等建议借鉴法团主义理论，从国家对社会组织的监管与干预，社会组织获得具有代表地位的垄断权，政府与社会组织合作发展与互惠互利几方面进行社会组织的建设。葛道顺[13]指出，社会组织能否真正独立和强大的关键因素不在于社会需求本身，而在于能否形成关于公民社会组织发展的国家意识，即国家关于公民社会组织发展的政治纲领、法律体系和社会政策。也有学者运用马克思有关国家与社会关系的理论进行分析，他们认为国家通过组织结构、人员组成等方式"镶嵌"在社会中，这种"镶嵌"发挥着统帅社会的功能，同时社会组织也从更多方面参与到了社会管理当中，通过将各种体制内和体制外的组织要素进行重构，从而实现自身能力的重建和组织的扩张[14]。关于社会组织与政府的关系，何增科[15]将它归纳为制衡关系、对抗关系、共生共强关系、参与关系和合作互补关系等五种关系。在如何处理社会组织与政府的关系上，邓正来[16]等提出了国家对社会组织的治理经历从放任到控制，从以非常规力量管理为主到通过以法律治理为主，管理重心从中央向地方转移的过程；而由此形成的监控体制背后则蕴含了一种监护型控制的总体逻辑。在社会组织的治理问题上，敬乂嘉[17]提出了控制与赋权并重的混合型社会组织发展策略，控制指政府采取措施确保社会组织遵循现有政治和法律体制；赋权指政府采取措施推动社会组织成长和能力建设。马庆钰[18]认为，社会组织的建设应该围绕构建中国特色社会主义社会管理体系和现代国家治理体系，并立足于建立现代社会组织体制来进行。中国共产党在引领社会组织发展的历史进程中积累了比较丰富的经验，这些经验包括重视社会组织化建设，发挥党在社会组织中的先锋模范作用，注意保持社会组织的相对独立性，重视社会组织制度建设等[19]都可以用在社会组织的建设中。综上所述，我国学者对社会组织的认识已经逐步深化，不再简单套用西方社会组织的发展理论，逐渐趋向于将社会组织放在更加务实的角度去探讨其发展。但由于我国社会组织本身成长的历史不长，现实环境有很强的特殊性，在探寻社会组织发展道路上，学者们提出不同的理论主张，但研究多呈"碎片化"状态、理论依据有待充实。2016 年，中共中央办公厅、国务院办公厅印发《关于改革社会组织管理制度促进社会组织健康有序发展的意见》，第一次提出"努力走出一条具有中国特色社会组织发展之路"这一重大命题，为我国社会组织发展提供了前进方向和行动指南。因此，构建国家、政府与社会组织的和谐统一关系成为中国特色社会组织发展的必然方向。本章就社会组织在中国特色社会主义视域下的相关理论进行分析，为我国社会组织发展提供参考。

2 西方有关社会组织建设和管理的主要理论

2.1 公民社会理论

自 20 世纪 80 年代以来，公民社会理论成为西方研究社会组织的一个热门话题。Habermas[20] 认为公民社会是随着市场经济的发展而形成的独立于国家和私人领域的公共领域，公民社会由那些在不同程度上自发出现的社团、组织和运动所形成。这些社团、组织和运动关注社会问题在私人生活中的反响，将这些反响放大并集中和传达到公共领域之中。公民社会的关键在于形成一种社团的网络，对公共领域中人们普遍感兴趣的问题形成一种解决问题的话语体制。Habermas 的这种观点对西方社会组织的研究产生了巨大的影响，此后很多学者在强调公共领域独立性的同时，还主张把公民社会看成是介于国家与经济领域之间的一个社会领域，将经济领域从公民社会中分离出来，形成了"国家—市场—社会"三分的观点。他们更加重视公民社会的制度化和组织化特征，倾向于把公民社会理解为各种私人的自治组织的联合体。在一定程度上，公民社会理论为我国社会组织研究提供了理论借鉴。我国的国情不同于西方国家，我国的社会组织根植于中国特有的历史、经济、文化和制度之中，不能和西方社会组织发展过程中采取与国家、政府相独立或对抗的模式，而更多地表现为群众基层组织和社区自治组织。因此，"公民社会"理论研究视角，必须超越自由主义的社会理论研究范式，在发展目标上确立国家与社会良性互动的模式。

2.2 法团主义

法团主义是在 20 世纪 70 年代出现的。法团主义的代表人物 Schmitter 认为：法团主义可以被界定为利益代表的体系，在此体系中，构成单位被组织成一些单一的、义务性的、非竞争的、层级有序的、功能有别的有限团体，这些团体由国家认可并被赋予其在同行中的垄断代表权，以此为交换，国家对其领导人选择、需求和支持的表达实行一定程度的控制。法团主义不只是关于行动，而且是关于社会结构的学说，它要为社会提供若干理想的层级有序、功能有别的社会组织，这些社会组织与国家形成制度化关系。法团主义认为社会和国家应该是融合的，二者融合所形成的法团组织应该是整个社会良好运作的中介；这样一种中介能起到沟通协调，组织社会成员，帮助制定和实施国家政策的积极作用。法团主义提倡和谐一致的社会秩序，认为社会是一个整体，主张重新解释自由主义理论中有关"公共"和"私人"领域的分野。法团主义主要有三方面的特点：第一，维护社会整合与团结。国家与社会相互融合的法团组织是理想的社会团结纽带。第二，公正性。在法团主义体制下，国家不会过多受到利益团体的压力，更有机会考虑到弱势群体的利益，实现国家政治的公正性。第三，效率优势。法团主义的政府与社会团体融为一体，信息畅达，政策制定更加快捷。法团主义提倡和谐的社会以及政府和社会组织沟通合作的理念，对我国社会组织的建设有一定的借鉴作用。

2.3　治理理论

20世纪90年代以后，治理理论被广泛运用到社会学、经济学领域。学者们从不同的角度对治理作出了新的界定。主要代表学者是美国的Rosenau，他把治理界定为一种不同于政府传统管理的、由共同目标支持的活动，而这些活动的主体不一定是政府，也不依靠国家的强制力来实现，它是一种协作、互动和参与式的管理模式。Rosenau从不同的角度界定了治理的含义：作为国家管理活动的治理，它是指国家降低管理成本，提高管理效率；作为新公共管理的治理，它是指将市场机制和企业管理手段引进政府公共管理；作为社会控制系统的治理，它是指政府与社会、公共部门与私人部门之间的互动与合作。总体来说，治理理论主要包括以下几个方面的内容：一是倡导社会管理的多元化格局，关注社会组织等第三部门在国家治理中的作用。二是从"有限政府""责任政府"和"掌舵型政府"的角度，重新定位政府的角色，承认政府和其他社会组织一样在社会管理中发挥着重要的作用，但必须将全能政府改革为有限政府，把社会组织能办好的事务交给社会组织去做。同时，政府还应担当指导各治理主体行为，为其提供共同行为准则的"元治理者"的重任。三是在公共管理领域里，政府部门与私人部门、政府组织与社会组织共同构成了相互依存的管理网络。这就意味着政府与其他管理主体之间是一种相互依存，共同分享管理责任、管理权力、社会资源的"伙伴关系"，它的运作逻辑不是自上而下的强制协调，而是各主体之间平等的对话与协商。

3 马克思主义经典著作关于社会组织建设与管理的理论

3.1 国家与社会理论

马克思的国家与社会理论建立在批判黑格尔哲学的基础上，马克思在肯定黑格尔把政治国家和市民社会分离的基础上，从市民社会决定国家的角度提出了不同于黑格尔的国家与社会理论。在马克思看来：市民社会的本质是"物质关系"的总和。这个物质关系，既包括了经济领域，还包括了除国家之外的社会生活的一切领域的各种社会组织[22]。家庭和市民社会是国家的基础，是市民社会决定国家而不是国家决定市民社会。市民社会作为决定国家的根本因素，和国家一样是一个历史范畴，是社会发展到一定阶段的产物，是与国家对应而存在的。同时，马克思认为市民社会和政治国家二者具有依存性，他指出在同一社会中，市民社会带有政治国家的意识形态性质，政治国家只不过是市民社会的"正式表现"而已。马克思科学地预见了无产阶级国家与社会存在三种关系：一是社会参与国家政治活动并影响国家权力。二是社会通过参与来实现对国家的监督。三是国家权力回归社会[23]。关于市民社会矛盾的消除，马克思认为消除人类异化的最终途径是人类解放，即从市民社会本身寻找，也就是通过培育社会的力量来实现。马克思的国家与社会理论揭示了市民社会和国家作为社会发展的必然产物始终是相伴而生的，存在相互依存关系；市民社会是市场经济发展的必然结果，市场经济发展的程度不同，市民社会的表现形式也不相同，但其本质却始终是"物质关系"的总和；国家权力回归社会，最终取决于社会力量的壮大。换言之，只有当社会力量本身发展到可以与国家抗衡的时候，才能够实现对国家公共权力的监督。

3.2　社会管理思想

马克思、恩格斯对社会管理的探讨是建立在其国家与社会理论基础之上的。他们指出：政治统治到处都是以执行某种社会职能为基础，而且政治统治只有在它执行了它的这种社会职能时才能持续下去；一切政治权利起先总是以某种经济的、社会的职能为基础的。这就明确肯定了执行社会公共事务的管理职能是国家政治统治得以存在的必要条件[24]。在马克思、恩格斯看来，在无产阶级专政国家，社会管理具有社会性，市民或市民社会组织是社会管理权力的拥有者，他（它）们成为社会管理的主体，并且监督政府的社会管理工作。社会主义社会管理的社会性最重要的表现形式就是社会管理是为绝大多数人服务的，人民是社会管理的主体。关于未来社会如何实施有效的社会管理，马克思、恩格斯在对资产阶级国家的社会管理进行批判的基础上，阐述了通过二次分配来满足社会公用事业和慈善等公共需求的思想。无产阶级专政国家不仅要承担社会不幸事故和自然灾害，还要用来满足共同需要部分，如学校、保健设施等。而且这些管理职能将逐渐成为国家的主要职能。从生产和交换中发展起来的社会组织是社会管理的组织形式，是建立在市民社会基础之上的标志，这种社会组织在任何时期构成国家的基础以及任何其他的观念的上层建筑的基础[24]。马克思、恩格斯的社会管理思想是建立在对资本主义的现实批判基础之上，虽然他们关于社会管理的一些观点只涉及到最一般、最基础的问题，但是它反映了社会发展的客观规律，具有科学的预见性，为我们在社会主义建设时期探讨社会管理问题指明了方向。

4 中国关于社会组织建设与管理的思想

4.1 中国古代有关社会组织的思想

中国古代自秦朝开始采取中央统一的集权制度，等级制度森严。尽管如此，不同时代还是有一些思想家涉及过社会组织的思考。春秋战国的儒、法、道、名、兵、农等诸子百家，实际上就是不同的学术团体。诸子百家各个学派广收门徒，形成比较正式的组织，其中最典型的是墨家。墨家的社会组织思想建立在"兼爱"与"互利"的思想基础之上。墨子认为"别"是天下之大害也。所以墨子主张平等，人与人之间实现平等，才能通过"兼爱"与"互利"而联结起来。春秋战国之际，诸侯争霸，墨子带领门徒穿梭于各国之间，实践自己的理想。关于社会组织的产生，司马迁在《史记·货殖列传》中进行了系统的阐述。司马迁认为生产的发展促进了人们消费的愿望，而消费的增长又刺激生产的发展。当生产和消费二者发生矛盾，互不满足时，就会发生"忿"与"争"。争斗的结果，使社会群体分崩瓦解，造成社会混乱。要解决这种争斗，人们便形成组织，建立秩序，以组织的力量和秩序来安排生产并分配财物，在此基础上形成社会宗法礼义，这样人的消费欲望不能超前于生产增长，生产的发展也不能抑制人的欲望。生产与消费二者相互作用就构成了社会组织，这种组织一旦稳定，就会使人们按不同的社会角色形成社会体系。自汉以后，也有不少学者对社会组织的问题进行过思考。如唐代的柳宗元认为，整个社会组织都是为适应人们社会生活需要，由下而上形成的，不同的群体之上形成更大的社会群体，直至"天下会于一"；统治者对社会组织既要加以利用又要加以防范，才能达到天下大治。明代王守仁为了扩大对地方的控制能力，他在江西着手组织"团练"，他认为可以利用民间的组织力量来维护地方的社会秩序。在以儒家思想为主流的中国古代，社会组织更多的是依靠血缘、亲缘和地缘建立起来的，如宗庙、祠堂、行会、诗社等。其功能也局限于满足特定人群的需要和维护社会稳定等，还不算现代意义上的社会组织。

4.2　中国近代有关社会组织的思想

鸦片战争以来"救亡图存"是近代的中心任务，如何将分散的中国人组织在一起，共同抵抗外来的侵略，实现民族自救，成为当时知识分子和有识之士思考的重心。近代社会组织思想一方面强调首先要在政治上组织起来，形成能够抵御外侮、安定秩序的社团和组织，另一方面也着眼于基层社会生活的需要，针对民众生活困苦、缺乏保障的现状，建立自治性的社会组织。孙中山从日本近代转型中得到启示，他提出中国社会的再组织可以从家族出发，扩张到国族，充分发扬中国家族、宗族在光耀门楣、服务相邻、报效国家的礼教思想[25]。孙中山提出的用"坚固的团体"的思想对后来的历史发生了重大影响。民国时期，各个政治派别都认识到形成新的社会组织对中国的重要性，认为中国社会不组织起来就没有出路。梁漱溟、晏阳初、陶行知等人发动了"乡村建设运动"，力图将农民组织起来。晏阳初在定县创办平民教育试验室，他针对中国农村存在"贫、愚、弱、私"的四大毛病，试行文艺、生计、生产和卫生四大教育，以增进农民的"知识力、生产力、健康力和团结力"。1927年，陶行知成立"中华教育改进社"，力图通过组织训练民众，改造乡村。他在南京创设乡村建设学村，设有联村卫生会、商店、医院、救火会、武术会。梁漱溟提出通过"文化重建"来组织乡村社会，即以中国文化为根，以中国伦理为本位，吸收西方契约团体的某些理念，采取董事、协同的方式重建中国乡村组织。总体来看，近代的社会组织思想带有一定的保守主义的色彩，偏重于强调自上而下的组织，过分推崇社会精英的作用，对如何切实发挥基层民众的自觉性与能动性缺乏应有的重视。但在社会组织发展如何与中国的传统文化相承接方面，值得当前中国社会组织建设借鉴。

4.3　中国共产党有关社会组织建设的思想

首先，毛泽东提出了"组织起来"的思想。毛泽东"组织起来"的思想包含了三方面的内涵：一是强调将分散的力量组织起来，成为集体的力量。毛泽东重视各种社团在社会建设和社会管理方面的作用，如何团结一切可以团结的力量，将国内外一切积极因素调动起来，为社会主义革命和建设事业服务。毛泽东曾谈到："必须调动一切可以调动的力量，包括社会的、党内的一切可以团结的力量，进行社会主义建设和社会管理。"二是发挥党在群众中"组织起来"的作用。毛泽东认为党组织必须成为社会的领导力量，必须深入或融入群众组织之中，才能建立一个具有高度稳定性、延续性的、严密的组织系统，才能动员社会成员对原有社会彻底地改造与重组，实现党的领导与群众组织的持续互动。三是通过"组织化"形成新的国家与社会关系模式。换句话说，就是要使无数社会个体围绕既定的中心，为着特定的目标，依照一定的规则，构成新的关系模式[26]。其次，邓小平关于社会组织管理的思想。改革开放开始后，社会组织开始快速增长，在正确处理社会组织与党和国家关系的问题上，邓小平提出了重新定位初级阶段的矛盾，党政分开的原则和三个有利于的标准。以此为基础进一步理顺党与社会团体、企事业单位和其他社会组织的关系。在政治体制改革的背景下，政府的职能得到重新定位，政府与社会的关系被重新厘清，社会的自由程度逐渐扩大；政府的法治意识得到增强，对公民的结社活动进行制度化管理和保障。正是在这种思想解放的大潮中，社会各阶层的积极性、主动性和创造性被激发出来，各种类型的社会组织纷纷涌现，党和政府对待各社会组织尤其是那些民间社会组织、社会团体的政策也由过去力图直接控制转变为积极引导、宏观管理和互信合作上来。最后，中共十六大后有关社会组织管理的思想。十六届四中全会从加强党的执政能力建设出发，要求发挥社团、行业组织和社会中介组织提供服务、反映诉求、规范行为的作用，形成社会管理和社会服务的合力。十六届五中全会围绕国家"十一五"规划纲要，提出要规范引导民间组织有序发展，完善民间组织自律机制，加强和改进对民间组织的监管。十六届六中全会从构建社会主义和谐社会的高度，提出健全社会组织，增强服务社会功能。坚持培育发展和管理监督并重，完善培育扶持和依法管理社会组织的政策，发挥各类社会组织在经济社会全面发展中的积极作用，引导各类社会组织加强自身建设，提高自律性和诚信度。党的十七大报告从构建社会主义和谐社会出发，充分肯定了社会组织在经济建设、政治建设、文化建设和社会建设中的作用和地位，从而为党和政府在大力发展各社会组织形式，充分发挥其正能量，加强对其的宏观管理方面提供了方法论指导。

4.4 习近平同志关于社会组织建设和管理的思想

随着经济和社会结构的快速变迁，我国社会组织的发展环境产生了很大变化，新形势下各类社会组织快速增长，成为促进社会主义建设新的社会力量，与此同时，社会组织面临前所未有的竞争与发展挑战。习近平同志从坚持和发展中国特色社会主义全局出发，形成并提出了习近平新时期社会组织建设的思想。有关社会组织的职能定位方面，习总书记强调：必须把社会组织建设得更加充满活力，更加坚强有力，使之成为推进国家治理体系和治理能力现代化的重要力量。关于新时期社会组织发展遇到的问题，习近平同志指出：新形势下，党的群团工作只能加强，不能削弱，只能改进提高，不能停滞不前。社会组织要有自我革新的勇气，通过群众路线教育实践活动和"三严三实"专题教育的时机，改进工作作风，提高工作水平。习近平同志将政治性、先进性和群众性作为社会组织治理的核心。他指出：政治性是社会组织的生命线，是社会组织的灵魂，是第一位的，社会组织要始终把自己置于党的领导之下。政治性的具体要求表现在思想上、政治上、行动上始终同党中央保持高度一致，自觉维护党中央权威，坚决贯彻党的意志和主张，严守政治纪律和政治规矩，经得住各种风浪考验。同时，习总书记指出：工会、共青团、妇联等社会组织承担着组织动员广大人民群众为完成党的中心任务而共同奋斗的重大责任，必须把保持和增强先进性作为重要着力点。而群众性是社会组织的根本特点，社会组织开展工作和活动要以群众为中心，关心、关爱群众，深入群众，增进对群众的了解和感情。有关社会组织的发展，习近平同志指出：坚持党的领导是社会组织发展原则；服务国家工作大局是社会组织发展的历史使命；服务人民群众是社会组织发展的根本任务；发挥桥梁和纽带作用是社会组织发展的主要职责。习近平同志关于社会组织建设和管理的思想是对马克思社会组织理论在中国实践中的最新运用与发展，是指导新时期中国社会组织建设与发展的科学思想。

5 中国特色社会组织发展道路理论的主要内涵

5.1 中国特色社会组织发展道路的理论依据

首先，建立在对西方社会组织发展理论批判借鉴的基础上。公民社会理论、法团主义、治理理论等虽然源于西方，但它们的演变是时代发展的产物，都关注政府与社会、公共部门与私人部门之间的关系；其强调现代社会发展，要求国家把独自承担的社会责任转移给私人部门和社会组织；形成政府与社会组织等各主体之间的互动；加强公民意识的培育，形成公民社会自我约束机制。这些思想与中国特色社会组织发展思路是一致的，但中国和西方国家社会发展存在很大差异，这点体现在社会组织的发展程度、国家和社会的关系以及社会组织发展的经济、文化基础等方面。因此照搬西方的理论，并不适合中国社会组织的发展。其次，是对马克思经典著作关于社会组织管理思想的继承和发展。马克思主义经典著作指出，社会管理既是国家的基本职能，也必须发挥社会的作用，即要建立多元化的社会管理主体结构。在社会管理中，社会的参与、监督不仅能提高社会管理的效率，更是实现国家权力向社会回归的基础。此外，马克思主义经典作家强调在社会管理中要坚持党的领导，强调政府的社会管理职能和社会的参与、监督作用及主体地位。这为我们当前在处理党、政府和社会组织的关系，合理划分它们的功能边界提供了理论支撑。第三，是对我国历史上关于社会组织建设和管理思想的传承和创新。中国古代的社会组织思想均是出于维持社会秩序、实现社会稳定的需要而设计社会组织与群体的构建，古代社会组织在维护国家统治，维持地方秩序和社会利益方面与现代社会组织功能是相同的。当前的社会组织在传承古代社会组织基本功能的基础上，在建立的基础、规范性、功能以及规模上都远远超越了历史上任何一个时期的社会组织。第四，是对中国共产党有关社会组织建设和管理思想的实践和升华。新中国成立后，社会组织经历了一个曲折发展的过程，从建国之初到改革开放前的缓慢发展、到改革开放后的迅速发展。中国社会组织的发展道路表明了，在中国历史文化背景下，社会组织的发展必须坚持走中国特色的之路。社会组织要围绕构建中国特色社会管理体系，加快形成党委领导、政府协同、公从参与、法制保障的社会管理体制，加快形成政府主导、覆盖城乡、可持续的基本公共服务体系，加快形成政社分开、权责明确、依法自治的现代社会组织体制，加快形成源头治理、动态管理、应急处置相结合的社会管理机制。最后，是对习近平同志有关社会组织建设管理思想的直接体现。习近平的社会组织思想包含了习近平同志对群团组织发展的历史事实、理论依据以及现实变化的深刻关怀与精确判断。习近平指出，政治性是社会组织的灵魂，先进性是社会组织发展的重要着力点，群众性是群团组织的根本特点这一经典论述，是推动我国社会组织治理和发展的有力政治纲领和强大的理论工具。

5.2　中国特色社会组织发展道路理论内涵

2016 年 8 月中共中央办公厅、国务院办公厅在出台的《关于改革社会组织管理制度促进社会组织健康有序发展的意见》中明确提出：努力走出一条具有中国特色社会组织发展之路。中国特色社会组织是一种不同于西方非政府组织或非营利组织，也不同于社会学一般意义上的社会组织，它是以中国特殊的基本国情为逻辑起点，以马克思主义社会组织理论为指导，具有中国社会属性的一种组织形态[27]。中国特色社会组织发展道路主要包含以下几方面的内涵[28]：一是社会组织的发展必须坚持中国共产党的领导。中国特色社会主义最本质的特征是中国共产党领导，坚持党对社会组织的领导，能够引领社会组织发展的正确方向，更好地激发社会组织活力，促进社会组织在国家治理体系和治理能力现代化进程中更好地发挥作用。坚持党的领导主要是思想领导、政治领导，党不直接参与社会组织的活动，社会组织在党的领导下依法自治。二是社会组织的发展必须立足中国国情。中国仍处于并将长期处于社会主义初级阶段的基本国情没有变，社会主要矛盾已经转化为人民日益增长的美好生活需要和不平衡不充分的发展之间矛盾。人民因此，我们推进任何领域、任何方面的改革发展，都要牢牢立足于基本国情。离开了这一基本国情去发展社会组织，就会导致盲目和偏激。三是社会组织的发展必须坚持改革创新。改革创新既是中国特色社会主义发展之路的客观要求，也是中国特色社会组织的鲜明特征。应该用改革的思想去处理当前社会组织在发展过程出现了诸多问题，打破传统的思维方式，通过对社会组织管理的创新，政府与社会组织关系的重构等，充分激发社会组织的活力。四是社会组织的发展必须服务于中国的社会建设。服务国家建设是中国特色社会组织发展道路的核心价值。改革开放以来，广大从事社会组织的工作人员通过诚实劳动和工作，为发展社会主义社会的生产力和其他事业作出了贡献，他们也属于中国特色社会主义事业的建设者。随着国家对社会组织价值认识的深入，国家为社会组织提供了更有利的发展环境。按照党的十八大的要求，到2020年要建设起统一登记、各司其职、协调配合、分级负责、依法监管的中国特色社会组织管理体制，以更好地服务于国家建设。

5.3　中国特色社会组织发展道路的理论框架

科学把握中国特色社会组织发展道路的理论框架是为了更好地规范和引导社会组织的发展。中国特色社会组织的发展理论框架包括社会组织的核心使命、发展原则和根本要求。中国特色社会组织发展道路的核心使命是围绕促进社会的安定和谐这一目标来运行的。促进社会和谐是中国特色社会组织的根本目标，社会主义和谐社会的构建一直是马克思主义政党不懈追求的价值理想，十六届三中全会和四中全会明确将构建社会主义和谐社会作为我国未来发展的战略性任务。社会组织一方面正因其来源于社会、根植于社会，最为了解社会成员的利益诉求，可以通过正当、合法的手段向政府反映民众需求，是利益渠道畅通的突破口。另一方面又能及时有效地将政府的方针政策向群众宣传。因此，社会组织可以促进不同群体间的利益协调，是社会群体表达自身诉求，实现自身愿望、维护自身权益的重要组织渠道。中国特色社会组织发展原则包括：第一，放管并重的原则。在保证社会组织自治性的前提下，通过简政放权、政府购买、税收优惠、人才激励等一系列政策扶持措施，推动社会组织的发展。同时国家要通过立法，对社会组织的成立、功能、资金的使用等进行监督和管理。第二，坚持积极稳妥推进。要重点培育、优先发展行业协会商会类、科技类、公益慈善类、城乡社区服务类社会组织，继续做好直接登记范围之外其他社会组织的双重管理。要加快修订出台新的社会团体、基金会和社会服务机构登记管理条例，研究制定志愿服务、行业协会商会等方面的单项法律法规，为社会组织健康有序发展保驾护航。第三，坚持公益性原则。社会组织只有以公益性为出发点才能反应社会的根本诉求，才能作为政府与市场失灵的弥补者，参与社会公共服务。因此，中国特色社会组织必须是具有公益性的，为不确定的多数人服务的，使国家、社会、公众均受益的，具有社会使命和社会关怀的社会组织形态。第四，以人为本的原则。以人为本是中华传统文化的根本精神，也是社会主义核心价值体系的重要内容。中国特色社会组织的中心理念就在于人类无私地帮助他人的愿望，其根本宗旨是维护人的尊严和生存权力。中国特色社会组织的存在目的和文化理念正是对我国悠久文化传统理念的继承与发展。中国特色社会组织发展道路的根本要求包括非政府性、非营利性、自治性、志愿性。非政府性要求社会组织不隶属于政府，是政府失灵时的有效补充，与政府的关系是平等协作关系。社会组织公共产权的属性要求中国特色社会组织不能以营利为目的，非营利性是中国特色社会组织区别于营利性组织的根本属性。中国特色社会组织必须依法成立，有自己独立的章程、制度等，不隶属于任何政府组织和大型财团。中国特色社会组织的人员构成必须本着自愿、非强制的基本准则进行人力资源开发与建设。

6 本章小结

中国正处于社会发展和转型的关键时期，持续的市场化改革使社会组织发展处在一个快速而不稳定的阶段，西方现有理论在解释中国社会组织发展问题时存在较大的局限性。与国外的非营利组织不同，中国社会组织虽然是在政府无法满足公众需求的条件下产生的，但在资金来源方面，在服务配送方式上，社会组织隶属上存在很大不同。因此，试图把西方现有理论扩展到对中国社会组织的分析时，由于适用条件的变化，往往存在水土不服的问题。

新形势下为了更好地引领社会组织的发展，首先应当加强马克思主义关于社会组织发展思想的研究，以克服我国现有社会组织理论研究中所体现出的西方色彩有余，中国特色不足的问题。同时以我国现实条件，特别是处于社会主义初级阶段这一长期背景下，科学把握社会组织的成长、成熟和发展的一般规律，进一步发展中国共产党关于社会组织思想发展的理论，系统提出关于中国特色社会组织发展内涵、框架、途径等，只有这样才能更好地引领社会组织的发展，也才能更好地为党和政府制定和完善社会组织建设与管理的措施。

参考文献

［1］Weisbrod. Burton. Toward a Theory of the Voluntary Non-profit Sector in Three-Sector Economy. InE. Phelps. eds. Altruism Morality and Economic Theory［M］. New York：Russel Sage. 1974.

［2］Hansmann，Henry. The Role of Nonprofit Enterprise. Yale Law Journal［J］. 1980，（89）：835-901.

［3］Salamon，L. M. Rethinking Public Management：Third-Party Government and the Changing Forms of Government Action. Public Policy［J］. 1981，29（3）：255-275.

［4］Salamon，L. M. The Rise of the Nonprofit Sector. Foreign Affairs［J］. 1994，73（4）：16-39.

［5］Ebrahim，A. Accountability in Practice：Mechanisms for NGOs［J］. World Development，2003，31（5）：813‐829.

［6］Gidron，Benjamin.，Kramer，Ralph.，Salamon，L. M. Government and the Third Sector［M］. San Francisco，Jossey-Bass Publishers. 1992.

［7］Young Dennis. Alternative Models of Government Non-Profit Sector Relations：Theoretical and International Perspectives［J］. Nonprofit and Voluntary Sector Quarterly，2000，29（1）：149-172.

［8］Paul J. DiMaggio，Walter W. Powell. The Iron Cage Revisited：Institutional Isomorphism and Collective Rationality in Organizational Fields［J］. American Sociological Review，1983，48（2）：147-160.

［9］Wuthnow，Robert. Between States and Markets：the Voluntary Sector in Comparative Perspective［M］. Princeton，N J：Princeton University Press，1991.

［10］Nilda Bullain；Radost Toftisova. A Comparative Analysis of European Policies and Practices of NGO –Government Cooperation［R］. European Center for Not-profit Law，2004.

［11］Malin Arvidson ；Fergus Lyon. Social Impact Measurement and Non-profit Organisations：Compliance，Resistance，and Promotion［J］. International Society for Third-Sector Research；2014（25）：869‑886.

［12］向阳，陆春萍．法团主义：社会组织发展的合理路径［J］．北华大学学报（社会科学版），2011，12（2）：100-104.

［13］葛道顺．中国社会组织发展：从社会主体到国家意识——公民社会组织发展及其对意识形态构建的影响［J］．江苏社会科学，2011（3）：19-28.

［14］毕霞，王苑苑．中国社会组织发展：国家与社会的镶嵌与互动——基于马克思国家与社会关系理论［J］．江西行政学院学报，2013,15（2）：55-59.

［15］何增科．中国公民社会组织发展的制度性障碍分析［J］．中共宁波市委党校学报，2006（6）：23-30.

［16］邓正来，丁轶．监护型控制逻辑下的有效治理——对近三十年国家社团管理政策演变的考察［J］．学术界，2012（3）：5-26.

［17］敬乂嘉．控制与赋权：中国政府的社会组织发展策略［J］．学海，2016（1）：22-33.

［18］马庆钰．"十三五"时期我国社会组织发展思路［J］．中共中央党校学报，2015，2（19）：58-64.

［19］康宗基．中国共产党引领社会组织发展的实践和基本经验［J］．大连海事大学学报（社会科学版），2016，15（2）：98-103.

［20］Jurgen Habermas：Between Facts and Norms［M］. Cambridge，UK：Polity Press，1996.

［21］Philippe C. Schmitter，Still the Century of Corporatism？［J］Review of Politics, 1974（1）36: 85-131.

　　［22］陈晏清，王新生. 马克思的市民社会理论及其意义［J］. 天津社会科学，2001（4）: 7-12.

　　［23］李刚，马克思国家社会理论视野中的人民代表大会制度［J］. 上海市政法管理干部学院学报，2000（6）: 17-20.

　　［24］恩格斯列宁斯大林，马克思恩格斯选集（第3卷）［M］. 中共中央翻译局，译. 北京：人民出版社，1995.

　　［25］孙中山，孙中山全集（第5卷）［M］. 北京：中华书局，1986.

　　［26］王立胜，毛泽东"组织起来"思想与中国农村现代化社会基础之再造［J］. 现代哲学，2006（6）: 46-52.

　　［27］蒋永穆，黄晓渝. 中国特色社会组织：内涵厘清与体系架构［J］. 上海行政学院学报，2016（5）: 67-75.

　　［28］石国亮，中国特色社会组织发展之路的基本内涵［J］. 中国社会组织，2016（17）: 29-30.

第二章　中国社会组织历史发展研究

1　引言

随着改革开放的持续深入和国家治理现代化的推进，社会组织的作用日益凸显。社会组织在促进经济发展、繁荣社会事业、创新社会治理、扩大对外交往等方面发挥了积极作用，党和国家对社会组织的战略定位越来越高。2016 年 8 月，中共中央办公厅和国务院办公厅印发《关于改革社会组织管理制度促进社会组织健康有序发展的意见》（以下简称《意见》），《意见》指出：以社会团体、基金会和社会服务机构为主体组成的社会组织，是我国社会主义现代化建设的重要力量。《意见》要求各地区各部门要站在战略和全局高度，充分认识做好这项工作的重要性和紧迫性，将其作为一项重要基础性工作来抓。这一系列重大举措和政策文件表明，社会组织发展已经成为一项国家战略，是实现"两个一百年"奋斗目标和中华民族伟大复兴的重要支撑。因此，全面梳理中国社会组织的发展历程，总结社会组织的发展经验成为十分迫切的任务。我国学术界对社会组织的研究起源于对西方社会组织理论的引介，譬如谢蕾[1]和田凯[2]针对西方非营利组织的相关理论研究和新进展进行了述评。之后，有学者开始对我国社会组织的历史演化过程进行了梳理，如于成文[3]、谢菊和马庆珏[4]对建国以来我国社会组织的结构演变和历史进程进行了回顾，王向民[5]对中国社会组织的演变缘由进行了阐述。同时，还有学者对我国具体社会组织形式进行了系统梳理，如肖海军[6]对我国商会制度的源起、演变和现状进行了针对性的研究。随着社会组织研究的逐步深入，越来越多的学者开始对中国特色社会组织的内涵及其建设展开了探讨，如王劲颖[7]、石国亮[8]、邓亦林和郭文亮[9]以及蒋永穆和黄晓渝[10]分别对中国特色社会组织建设的创新、政治参与、内涵与体系架构进行了论述，姚华平[11]和汪春翔[12]也分别从国家与社会互动以及和谐社会等不同视角对我国社会组织建设提出了路径选择和解决方案。此外，还有学者对我国的社会组织管理体制的变迁过程进行了研究，提出了从双重管理到规范发展的思路[13]。十八大以来，习近平同志有关社会组织建设的思想引起了学术界的广泛讨论，葛道顺[14]、段治文和陈姝娅[15]对分别对习近平同志的相关讲话和思想逻辑展开了分析。本章在上述研究的基础上，重点针对我国社会组织发展的整个历程做一简明扼要的梳理，试图从中总结和归纳出中国社会组织发展的历史经验和独特价值。

2 中国传统社会组织的发展

古代中国是一个内在精致而难以自我转化的"总体性社会"，天人合一的宇宙观、儒家信仰、皇权政治、官僚制度与绅权治理以及自然经济、四民社会高度一体。国家与社会之间相对分离，皇权国家较多在资源汲取的时候与民间发生关系，例如收税与征兵，而在日常生活中，国家政治权力并不深涉民间生活。在民间社会，则由社会组织自行提供公共服务，通过自救、自助、自治而自我循环，这些社会组织包括宗族、家族等血缘性组织、会馆公所等类血缘性同乡或行业组织、寺院庙观和乡绅善会等宗教组织。

2.1 以宗族、家族为代表的血缘性组织

古代中国的国家建设内化于血缘宗法与家族组织之中，忠孝互释，移孝

作忠，形成了以家族为代表的大型社会自治组织。宗族，尤其是宋明时期形成的以地主官僚为主体的家族，已经摆脱了与国家权力的直接关涉（门阀政治、世袭士族），成为自我管理、自我教育、自我发展的功能自治组织。首先，家族形成了更为稳定与持久的主体领袖。长时间的战乱混淆了大宗小宗的传统宗法承继，在宋朝，宋人已经不再教条地以血缘脉络认定宗子，而改以官僚地主承继宗子之职，行使族长特权；其次，家族内部形成了经济资源的自给自足与自救自助。范仲淹始创的"义田"，按照平均主义的精神，计口供给同族各房的衣食及婚嫁、丧葬之用，甚至办理族内"义学"等公共事务；再次，家族内部自有一套完善而高效的表达与协调利益与冲突的治理机制。例如文字条列的"乡规""民约"，文字与口头并呈的"家训""家范"，这些族规家训几乎涵盖族人个体生活的全部内容。个体的利益表达、纠纷冲突都依此处理，族长具有裁断的权力。最后，家族社会组织有其固定的活动场所与地理空间——祠堂、墓地，并有能够实现不断再生产集体记忆的机制——谱牒制度。在一个宗族内，个人消费品的生产，以及读书、教育、祭祀、防卫、婚嫁、救火、冲突解决等公共产品都由家族自治实现，遇到饥荒或某个家庭困难，整个宗族还能守望相助，实现自助与自救。这样独立自治的家族社会组织形成了相对独立、与政治国家无涉的民间社会。

2.2　以会馆、公所等为代表的类血缘组织

古代中国的第二类社会组织，是各种类血缘或拟宗族的社会组织，例如以地缘为基础的同乡会馆，以业缘为基础的同业公所。这些拟血缘组织事实上是血缘家族向社会空间的延伸，它以族人近邻等熟人社会原则建构起陌生人组成的新社会。同乡会馆是人们进入陌生城市之后寻求帮助的首要选择，它发挥着类似乡村家族的社会功能，寄柩、运棺、办校、同乡救济、管理义地（园）均是其重要事务。换言之，同乡会馆构成了地理空间转移后的类宗族网络，是一个基于乡亲情谊的自治、自助与自救的网络[16]。明清以后，商业事务在日常生活中异军突起，同乡会馆往往和商帮会馆组织重叠，带有浓厚的商业组合意味，例如江浙商人在苏州多设有同乡组织。这种同乡情谊在

近代城市工人政治中仍然发挥着重要作用，成为城市工人聚结的纽带[17]。与同乡会馆类似，同业公所也是拟家族化的行业性社会组织。同业公所摹仿家族制度，是以家产为主的商业资本共同体，其经营方式实行以父系家长制为特点的经理专制并行共食制。师傅和徒弟的关系如同亲属，所谓"一日为师，终生为父"。此外，同业公所以信仰守护神为中心，供奉本行业的祖师神，把祖师看作行业的祖先[18]。同时，同业公所与地域观念的结合形成行帮，是一种同乡同业的民间社会组织，行帮的空间活动中心也通常在会馆[19]，发挥着行业规范制定者的功能。

2.3 以寺院庙观和乡绅善会等代表的宗教组织

古代中国的第三类社会组织虽与血缘原则无关，但是同样提供社会公共产品，此即宗教性的佛教寺院与道教庙观。佛教自两汉时期传入中国，南北朝有"南朝四百八十寺，多少楼台烟雨中"的诗句，至唐代达到鼎盛，宋元之后，儒释道合流，形成了新儒学——理学，佛教寺院仍然是民间社会的重要社会组织。在贫困者尚未成为特殊社会群体而被国家加以救济的宋代之前[20]，寺院庙观是传统中国的重要社会组织，一方面它为世俗民众提供精神与意识形态的皈依，另一方面它为世俗民众提供基本的公共服务。首先，筹集民间资金，开展修路、架桥等活动，这也是佛教以"作功德"参与提供社会服务的最常见形式；其次，参与地区文化教育事业，资助经费和提供场地，甚至朝廷借寺院为科考考场；最后，积极参与社会救济福利事业，唐宋前独立主持民间慈善事业，收养弃儿、收容难民、医治病患、寄棺安葬，唐宋之际协助政府举办的大型公共救济机关。直至明清时期，由于商业的发达和流动人口的加剧，出现了贫困且脱嵌宗族的人，在寺院庙观等宗族组织逐渐式微的情况下，乡村士绅通过善会等慈善组织实现了基层社会的族外社会救济[21]。

传统中国形成了以血缘、亲缘、地缘、业缘等为联结纽带的社会组织结构。由血缘关系直接产生出宗族、家族以及类血缘的同乡会馆与同业公所，这些血缘性社会组织使得人们具有一定的社会皈依。而对于那些脱离宗法秩序、无所依靠的人，则由寺院庙观等宗教组织和乡绅善会加以组织与体恤。

于国家而言，消极无为则盛世太平，基层保甲制度由绅老充任，在庞大的社会领域，社会组织提供着精神信仰、物质生产、利益分配与冲突调解等基本的社会公共物品。概括地说，古代中国社会组织的结构及其发生实质上是血缘组织的社会性扩展。虽然它与现代意义上的社会组织内涵不同，但其凝聚功能、自律功能、服务功能和扶助功能等对当时社会发展具有重要促进作用，而且也一直影响着当代社会组织的建设。在现实生活中，我们仍然可以寻觅和体验到家族在当前人们生活中的痕迹及影响，譬如在闽西山区中大量存在的世界文化遗产——土楼，即是家族自给自足实现民间自治的产物，一个土楼即是一个家族，关起门来即是一个独立的、与外无涉的世界。在乡村生活中，我们现在仍然是在家族的基础上来组织自己的生活和生产，社会地位的尊卑也主要取决于辈分的高低，婚丧嫁娶的筹备也以家族成员为主体，可以说，家族仍然是维系乡村生活重要因素。但是，随着中国社会由传统步入现代，由小农经济转向市场经济，这种以家庭伦理为核心的理念，以及以家庭内部人伦关系作为组织方式的制度安排已经不能够满足现代社会发展的需要，因此经历了不断的变化和解体。

3　新中国成立后社会组织的发展历史

3.1　社会组织的重构期（1949—1977 年）

1949 年新中国的建立，标志着政党社会组织与其他社会组织之间的关系发生了彻底改变。中国共产党成为执政党，通过在城市实行单位制度、在农村实行人民公社制度，将全体社会成员高度整合成一个"总体性社会"。社会组织实质上成为执政党与政府的延伸组织而非自主组织。其结果是 1949 年以前产生的民间组织几乎完全消失，取而代之的是农会、妇女联合会、共青团、农业合作社、人民公社、互助组、生产队等社会组织。这些组织的机构设置、经费来源、人员构成、决策功能等等基本上都是来自政治体系，社会组织成为政治依附性组织，也就是日常所说的"二政府"。这一时期，社会组织的数量和种类也十分有限，据统计，20 世纪 50 年代初，全国性的社团只有 44 个；1965 年不到 100 个，地方性社团也只有 6000 个左右；类别上主要就是工、青、妇、科协和工商联等 9 类群众组织。严格地说，在 1949—1980 年的 30 余年中，在中国没有完全自主意义上的民间组织[22]。其次，新建构的社会组织的利益表达往往成为政党的动员性表达，并不代表特殊集团的利益而合法地向政党游说，也不批评现行的政治，只有在成员的要求与党的一般政策相容时，才定期而有效地在政治制度中促进其成员的利益。最后，随着中国确立总体性社会结构，形成了以政党组织为核心的社会建构体系[23]。这一体系的特征是整个国家按照统一计划、集中管理、总体动员的原则被组织起来[24]，形成高度同质化、组织化的社会，社会组织赖以生存的条件也日益消失。当然，这种国家政权统合社会的整合方式，是中国共产党应对社会"总体性失范"而做出的策略性选择，对稳定当时的社会、经济秩序，巩固新生的人民政权起了积极作用。但同时也造成这一时期的社会组织发展缓慢、类别单一、能力不足、效率低下等问题。

3.2 社会组织发展的复苏期（1978—1989 年）

1978 年开始的改革开放，使中国的经济形态、社会的理念、政府的认识，以及制度环境都产生了深刻的变化。市场经济逐步取代计划经济，既带动了社会的转型，也促使政府与市场关系、政府与社会关系作出适应性调整。广大民众被长期压抑的自主意识和参与热情，藉由改革开放而逐步释放，社会组织在开放的环境中开始复苏，进入了以学术性社团为主，辅之以部分农村经济组织的恢复发展期，各种学会、研究会、科普协会、农村专业技术研究会等，借助直接或间接的官方支持，以成立社会团体的方式参与到改革早期的主流实践中。伴随社会团体的复苏发展，制度建设也开始起步。1978 年 3 月，具有社团管理职能的中华人民共和国民政部正式组建，并陆续出台一些制度措施，主要包括：（1）1988 年国务院的机构改革中，在民政部首次设立社团管理司，专责基金会和社会团体的登记管理事务；（2）1988 年 8 月国务院公布《基金会管理办法》；（3）1989 年 6 月颁布《外国商会管理暂行规定》；（4）1989 年 10 月国务院公布《社会团体登记管理条例》，其中关键内容之一是确立了登记管理机关和业务主管单位双重管理的体制，这个规定不仅对社团行为起到了约束作用，而且对于此后社会组织的成立与发展也产生了长久的抑制效果。但总的来说，受益于思想解放和改革开放的良好环境，中国社会组织发展经历了第一个长达 10 年之久的增长波。到 1989 年政治风波发生之前，中国已经发展出 1600 家全国性社团和 20 万个地方性社团，分别比 1965 年增长了 16 倍和 30 倍。

3.3　社会组织曲折发展期（1990—2001 年）

在这这一时期，经济改革的重大突破为社会组织发展注入了新的活力，与此同时，也因为个别因素的出现而使社会组织遭遇挫折。首先是受 1989 年政治风波[25]影响，中国的社会组织在 1989—1991 年间开始按照"双重管理"要求进行清理和重新登记，大量社团因无法找到业务主管单位而被迫解散。结果，注册社团总数大幅减少，1991 年，社会组织从此前的 20 万个减少到 11 万个，走入改革开放以来的第一个低谷。1992 年邓小平发表"南巡讲话"后，开启了政府职能与市场职能重新调整的大门。随后于 1995 年在北京召开的世界妇女大会传播了社会组织的知识和价值，而且激发了民众创办社会组织和改变传统社团的热情，出现了中国社会组织发展的第二个增长波。在 1991 年登记社团数量是 11 万个，到 1996 年，这个数字增长到了 18.7 万个，仅稍低于 1989 年 20 万个的峰值。这一时期社会组织的发展的主要特点是：第一，具有官方背景的社会组织开始形成有力的资源动员机制。一批有影响的大型公益活动，如"希望工程""春蕾行动""幸福工程""烛光工程"等，在社会上引起反响，对推动中国的民间公益活动起到了积极作用。第二，草根社会组织开始起步，如"自然之友""地球村""绿家园"等著名民间环保组织诞生。第三，行业协会在市场经济改革的背景中迅速发展，特别是在 1993 年和 1998 年两次政府机构调整中，从政府机构中转型产生了将近 4 万家行业协会。第四，各种形式的民办非企业组织开始快速增长，与出现明显减少趋势的社会团体形成了对比。根据民政部统计数据，2001 年各类民办企业单位已经超过了 8 万家。第五，一批国际社会组织进入中国开展多种公益活动。1998 年，中国的制度环境再次发生调整，民政部的社团管理司更名为"国家民间组织管理局"，地方省级政府机构改革后，也先后设立了民间组织管理局，从组织形式上显示出对社会组织管理的重视和加强。与此同时为应对法轮功事件带来的社会影响，1998 年国务院颁布《社会团体登记管理条例》（修订）和《民办非企业单位登记管理暂行条例》，进一步加强了双重管理体制。1999 年又进行了新一轮的清理整顿，这导致了社会团体数量的又一次下降。与 1996 年 18.7 万个的峰值相比，2001 年减少了将近 6 万个，跌落到 12.9 万个。这是社会团体发展遭遇的第二个低谷。但是因为民办非企业单位在经济大潮中的迅速增长，社会组织在整体上仍然呈缓升趋势。

3.4 社会组织的稳定发展期（2002—2012 年）

虽然因为负面因素影响而导致社会组织遭受冲击，但是从 2002 年开始，中国的社会环境中又注入了前所未有的积极能量。2001 年中国经过积极努力而成功加入 WTO。与此同时，互联网新媒体技术开始传播与普及，这些外部条件对于中国民众的社会参与意识、责任诚信意识都有一定促进。与此同时，党的十六大召开后，中国政府的职能定位发生了质的变化，明确提出要按照市场经济要求，完善政府"经济调节、市场监管、社会管理和公共服务"职能，建设一个服务型政府。相应地，从 2002 年至 2012 年的十年时间中，中共中央一共有 11 次全会的决定论及社会组织地位、作用和发展问题，其中比较鲜明的政策拐点出现于 2006 年中共《关于构建社会主义和谐社会若干重大问题的决定》，其中首次对于"支持社会组织参与社会管理和公共服务"做了清晰的表述。此后历次决定的认识深度和导向性逐年增强，直至 2012 年的中共十八大将"加快形成现代社会组织体制"设定为中国改革的一项重要议题。正是由于执政党理念的变化，直接推动中国"国家十二五规划"为"加强社会组织建设"设立专章予以谋划，并影响各级地方政府积极跟进。北京、上海、广东、深圳等十个省级地方政府为社会组织改革与发展作出专门决定，深圳、江苏、安徽、云南、吉林等地方政府专门为社会组织发展制订"十二五规划"。同时，税收优惠、人才建设、组织孵化、先行先试以及备案制、脱钩改制等一系列配套政策和制度相继落地，由此，中国社会组织进入了黄金发展期。据统计，2002—2012年这十年间，中国社会组织从12.9万个增加到49.9万个，年平均增长率为3.7%。

3.5　社会组织发展的繁荣期（2013至今）

2012年11月中国共产党十八次代大会和2013年3月十二届全国人民代表大会的先后召开，不仅产生了新一届中共中央领导和中央政府领导，更重要的是还产生了一系列重大创新思维、发展理念和全面改革部署。党的十八大报告提出：加快形成政社分开、权责明确、依法自治的现代社会组织体制，建立政社分开、权责明确、依法自治为特征的现代社会组织体制。十八大以后，围绕激发社会组织活力的顶层制度改革和地方创新实验大幅度展开。首先是国家对改革社会组织管理制度做出重大部署：要求通过政府购买服务建立政府与社会组织合作关系；限期实现行业协会和商会与行政机关的真正脱钩；要求行业协会商会类、科技类、公益慈善类和城乡社区服务类社会组织可以依法直接申请登记；完善相关法律法规，健全社会组织管理制度，推动社会组织完善内部治理结构。在国务院办公厅关于实施《国务院机构改革和职能转变方案》的5年期间72项任务清单中，相关社会组织管理制度调整与改革的有10项，凸显了社会组织发展改革在国家改革全局中的重要位置。2015年7月，中央党的群团工作会议在北京召开，习近平总书记发表重要讲话，他强调：必须从巩固党执政的阶级基础和群众基础的政治高度，抓好党的群团工作；必须把群团组织建设得更加充满活力、更加坚强有力，使之成为推进国家治理体系和治理能力现代化的重要力量。2016年8月《关于改革社会组织管理制度促进社会组织健康有序发展的意见》出台，《意见》要求各地区各部门要站在战略和全局高度，充分认识做好这项工作的重要性和紧迫性，将其作为一项重要基础性工作来抓。这一系列重大举措和政策文件表明，社会组织发展已经成为一项国家战略，而且是实现"两个一百年"奋斗目标和中华民族伟大复兴的重要支撑。可以说，十八大以来，中国社会组织发展正迎来了一个空前良好的历史机遇。

图 2—1　我国社会组织的发展历程

注：根据相关资料整理

4　中国社会组织发展历史的经验启示

4.1　党对社会组织的管理从直接转变为间接

中国社会组织经过几千年的发展和演化，在新时期呈现出新的趋势和特点，尤其是在党的领导方面正在发生深刻的变化。马克思主义认为，社会主义社会的社会管理必须体现无产阶级专政的本质，而无产阶级专政的本质则体现为坚持党的领导。所以，社会组织建设与管理必须在党的领导下进行。改革开放前，我们在实践中扭曲了马克思主义关于国家与社会的关系，通过直接控制行政权力和重要资源来发挥自身的功能，党组织的吸引力、凝聚力和号召力来自手中掌握的权力。改革开放以后，党政分开、政企分开的推行，打破了党组织对权力和资源的控制格局，党不再成为行政权力的直接行使者，它的功能主要体现为政治领导、思想领导和组织领导。目前，党通过在登记的社会组织中建立党组织的做法，来实现党对社会组织的政治领导。党的十七大报告提出：党的基层组织是党执政的组织基础。要落实党建工作责任制，全面推进农村、城市社区、新社会组织等的基层党组织建设，优化组织设置，扩大组织覆盖，创新活动方式，充分发挥基层党组织推动发展、服务群众、凝聚人心、促进和谐的作用。以党的基层组织建设带动其他各类基层组织建设。通过社会组织的党建工作，党组织和社会组织之间的关系发生了很大的变化，党组织与社会组织不再处于分离的状态，而是融为一体，把原来处于分离状态的两个组织融合在一起，让基层党组织建设和社会组织建设相辅相成，相得益彰。党组织领导社会组织的方式不再是权威模式下的发号施令，而是参与式的行动示范。党对社会组织领导的组织架构，不再是科层式的垂直结构，而是扁平式的横向网络。

4.2　政府的角色由管制转变为服务

改革开放以前，政府对社会组织的管理偏重于管制，政府大包大揽，极力将社会组织纳入政府行政的轨道，这种社会整合过度、控制过强的局面，极大地压制了社会组织的独立性，也严重遏制了其发展活力，严重影响了社会组织的发展。改革开放以来，政府职能不断转变，不仅体现在政府与市场、企业关系的继续调整上，而且还增加了处理好政府与社会组织的关系以及政府自身改革的要求。政府职能转变的过程实际上是一个权力和功能回归的过程。从权力回归的角度看，原来集中在政府手中的权力通过政社分开回到社会组织手中；从功能回归的角度看，原来由政府独揽的事务在权力回归的引导下，逐步由政府组织、市场组织和社会组织来共同承担，在这个过程中，政府要站在公共治理的角度，把社会组织看成合作治理的伙伴，给予资金上的支持和政策上的引导。在社会组织建设和管理中，政府的职责体现在两个方面：一是从微观干预转向宏观指导。政府通过制定完善的制度规范，引导和约束社会组织的发展。政府不再是社会组织微观活动领域的干预者，而是宏观政策的制定者。二是通过积极财政政策培育和扶持社会组织的发展。对于符合减、免税的社会组织，政府要给予政策的优惠，并适时加大优惠幅度，通过政府购买公共服务的方式鼓励、支持社会组织竞争，引导社会组织良性发展。

4.3 社会组织自身不断完善

按照马克思主义的内外因关系原理，政府监管只是外部条件，组织自身建设才是决定其良性发展的内部决定性因素。目前我国社会组织发展存在的最大问题是志愿失灵。因此，建立社会组织的自律机制是重中之重，自律机制是防止社会组织失范，保证社会组织有序发展的关键。社会组织自律问题很早就引起党中央的关注。十四届二中全会审议通过的《关于建立社会主义市场经济体制若干问题的决定》就提出：中介组织要依法通过资格认定，依据市场规则，建立自律性运行机制，承担相应的法律和经济责任，并接受政府有关部门的管理和监督。2006年10月18日，十六届六中全会审议通过的《关于构建社会主义和谐社会若干问题的决定》提出要"引导各类社会组织加强自身建设，提高自律性和诚信"。2007年5月，国务院办公厅《关于加快推进行业协会商会改革和发展的若干意见》（36）文件，提出建立行业自律机制等若干改革措施。可见，建设自律机制将成为我们加强社会组织建设与管理的重点内容。按照自律机制的不同层次，我们可以把它分为三个方面：一是建立社会组织内部自律机制。组织内部自律就是通过完善社会组织的内部治理结构，建立健全内部规章制度，来约束组织成员的行为，防止组织权力的滥用和组织成员行为的失当。二是建立社会组织行业自律机制。行业自律就是某一领域的社会组织联合制定本领域共同遵守的行为和道德标准及实施监督和约束的制度和方法，从而形成同类性质的社会组织共同的价值标准和行为规范。三是建立社会组织专业自律机制。专业自律就是通过建立民间专业的监督组织，来对整个社组织进行监督。通过建立自律机制，有利于实现社会组织的自我管理、自我监督，可以缓解社会组织管理资源匮乏的局面，降低政府的管理成本。政府可以把对社会组织的一些管理性事务交给行业组织和专业组织来实行，从社会组织的微观管理领域退出，更多地转向宏观管理，实现职能转变。

4.4　加强公众监督

由于我国社会组织发育还不完全，政府规制机制、社会组织自律机制还没有完全建立起来，社会组织的失范现象时有发生，主要表现为社会组织的营利化、行政化、非法化等。社会组织的失范，不仅需要社会组织加强自律，更需要来自公众的外部监督。公众监督是民主政治发展的必然要求，从某种意义上说，监督既是公民的一项权利，也是一项义务，因为权利和义务是不可分的。然而，在社会组织的建设和管理过程中，我们过分强调政府的责任，而忽视了公众的监督，导致公众监督社会组织的自觉性和主动性不强，处于边缘化状态。近几年，我国公众监督机制逐步发展起来了。2005 年，我国在借鉴国外社会组织管理经验的基础上，积极探索建立社会组织的信息披露制度。首先实行该项制度的是基金会，信息披露内容包括基本信息、内部管理、财务运行等项目。目前，公众可以通过相关的媒体和网站，了解到中国基金会的全部状况。信息披露制度的建立，从某种程度上弥补了公众监督过程中的信息不对称。"全国牙防组"事件，就是人们通过信息披露制度，有效实行公众监督的成功案例。由于信息披露制度现在还仅仅局限于基金会，中国数以万计的社会组织还没有建立相关的制度，所以，要解决公众监督的信息不对称问题，道路还很漫长。因此，要进行制度创新，让更多的社会组织主动披露信息，接受公众监督。其次，要建立组织绩效的社会评估机制。同时要在评估中引入政府之外的社会专业评估力量来参与，保证评估结果的客观性、专业性和公正性。再次，要建立重大项目的社会参与机制。为了避免重大项目的决策失误和防止不规范行为，有必要引入社会专业人士参与项目的实施，包括项目的论证、资金的使用、项目的验收、效益的评估等。最后，要建立社会组织和公众的信息沟通机制。信息沟通是解决公众和社会组织信息不对称的主要渠道，让公众接近社会组织，了解社会组织，才能更好地监督社会组织。

5 中国社会组织发展展望

5.1 坚持党的领导

从法律上讲，党对其他所有社会组织包括政府组织、企业事业组织、民间组织等存在一种领导与被领导的关系。当然，坚持党对同级各种社会组织的领导并不等于党组织要干预其他社会组织的具体事务。党的领导主要是政治、思想和组织领导，通过制定大政方针，提出立法建议，推荐重要干部，进行思想宣传，发挥党组织和党员的作用，坚持依法执政，实施党对国家和社会的领导，发挥总揽全局、协调各方的领导核心作用。正如王怀超教授在分析中国改革的基本经验时所指出的：在社会主义国家，这个领导核心只能是人民根本利益的忠实代表——中国共产党。只有依靠中国共产党的领导，依靠全体人民的智慧和创造力，有组织、有秩序、分步骤地积极推进，才有可能实现既定目标。一些社会主义国家否定党的领导，解散党的组织所导致的灾难性恶果，充分地证明了这一点。在当今中国，如果离开了中国共产党的领导，全国就失去了一个稳定的政治中心，不仅改革搞不下去，建设也无从谈起，甚至连起码的社会秩序也难以维持。这是全中国人民在长期奋斗的实践中认识到的一条真理。只有坚持党对社会组织的领导，才能够引领社会组织发展的正确方向，更好地激发社会组织活力，促进社会组织在国家治理体系和治理能力现代化进程中更好地发挥作用。

5.2 坚持立足国情

习近平总书记指出，我国仍处于并将长期处于社会主义初级阶段的基本国情没有变，人民日益增长的物质文化需要同落后的社会生产之间的矛盾这一社会主要矛盾没有变，我国是世界最大发展中国家的国际地位没有变。因此，我们想问题、办事情、定政策，推进任何领域任何方面的改革发展，都要牢牢立足于这个基本国情，努力走出具有中国特色社会组织发展之路。改革开放，我国社会组织的恢复和发展是在政府的推动下进行的。这些最初建立的社会组织不少都具有官方背景，行政色彩比较浓，而且对后来建立的社会组织产生了影响。同时，在经济社会发展中由于过度追求 GDP，对社会组织的建设和管理重视不足，导致社会组织工作中出现法规制度建设滞后、管理体制不健全、支持引导力度不够、社会组织自身建设不足等问题。这些问题使社会组织在经济社会发展中的作用没有得到充分发挥，甚至出现了一些社会组织非法营利等现象。因此，立足我国社会组织发展的现状，就必须"一手抓积极引导发展，一手抓严格依法管理"的方针，从而为社会组织健康有序发展打好坚实的基础。

5.3　坚持放管结合

改革创新既是中国特色社会主义发展之路的客观要求，也是中国特色社会组织之路的鲜明特征。如前所述，我国不少社会组织带有较强的行政色彩。尽管近年来国家不断出台措施推进社会组织特别是行业协会、商会去行政化，但这项任务并非一朝一夕可以完成。社会组织是社会自治力量的重要方面，不应该依附权力建立和发展起来。这就迫切要求理顺政府、市场和社会的关系，改革制约社会组织发展的体制机制，以创新激发社会组织的内在活力和发展动力，促进社会组织真正成为提供服务、反映诉求、规范行为、促进和谐的重要力量。在较长时期内，我国的改革在一定程度上存在"一管就死、一放就乱"的怪圈。在社会组织领域，20 世纪 80 年代也曾经出现过一个短暂的社会组织无序而迅速发展的阶段。因此，在社会组织管理制度的改革上必须放管结合、放管并重。既要简政放权，优化服务，积极培育扶持，又要加强事中、事后监管，绝不能任由社会组织无序发展。我国社会组织不仅数量多、类型广，分布在各行各业，而且由于其非营利性、志愿性等特点，社会关注度高。因此，改革社会组织管理制度，还必须积极稳妥地逐步推进，既要统筹兼顾不同地区、不同行业、城乡之间社会组织的发展状况，又要从社会组织不同的类别属性考虑，综合协调。

5.4 坚持扎根群众

虽然传统社会中以血缘、亲缘、地缘建立起来的民间组织作为现代社会组织方式的制度安排已经不能够满足社会发展的需要，但其扎根民众的思想却值得借鉴。梁漱溟等人借鉴《吕氏乡约》的传统智慧，提出利用乡村社会组织原来的关系资源，加上结合现代西方社会的契约原则建立乡村合作组织的思想，非常值得在当代社会组织建设中借鉴和吸收。从理论上讲，社会组织应当是公民的自愿组织，其主要特征是民间性、自治性，其根本任务就是服务群众，因此，扎根群众是社会组织的应有之义。社会组织必须坚持群众路线，从群众中来，到群众中去，不断加强服务能力建设，真正有效地为群众提供公共产品和社会服务。在实践中，一方面，要加强人民团体的枢纽性社会组织转型，让人民团体真正回归社会，同时又能发挥其联结国家与社会的桥梁纽带作用，整合行业性、领域性社会组织；另一方面，要加强社会组织的孵化培育工作，推动社会组织建立规范的内部治理结构，提高其自身管理、服务社会的能力。

6　本章小结

中国社会组织起源于先秦，发展出了以血缘为纽带的家族、宗族社会；以业缘、地缘为枢纽的会馆、公所；以儒释道为皈依的寺院庙观和乡绅善会。传统社会中的民间组织在自我管理、自我发展、服务民众等方面值得今天的社会组织借鉴。新中国成立后，社会组织经历了重构期，复苏期，曲折发展期，稳定发展期，迎来了社会组织发展的繁荣期，积累了丰富的经验。在新时期，社会组织要充分吸取发展历史过程中的经验和教训，始终坚持党的领导，立足中国国情，扎根群众，真正承担起第三部门的职责。

参考文献

［1］谢蕾．西方非营利组织理论研究的新进展［J］.国家行政学院学报，2002（1）：90-93.

［2］田凯．西方非营利组织理论述评［J］.中国行政管理，2003（6）：60-65.

［3］于成文．建国以来我国社会组织结构的演变与发展［D］.中共中央党校博士论文，2008.

［4］谢菊，马庆钰．中国社会组织发展历程回顾［J］.云南行政学院学报，2015（1）：35-39.

［5］王向民．中国社会组织的历史演变及其发生缘由［J］.东岳论丛，2014，35（10）：12-18.

［6］肖海军．论我国商会制度的源起、演变与现状［J］.北方法学，2007.1（4）：55-62.

［7］王劲颖．关于中国特色社会组织建设创新的思考［J］.中共青岛市委党校：青岛行政学院学报，2011（3）：69-74.

［8］石国亮．中国特色社会组织发展之路的基本内涵［J］.中国社会组织，2016（17）：29-30.

［9］邓亦林，郭文亮．中国特色社会组织政治参与的现实困境与图景表达［J］.求是，2016（7）：66-74.

［10］蒋永穆，黄晓渝．中国特色社会组织：内涵厘清与体系架构［J］.上海行政学院学报，2016，17（5）：67-75.

［11］姚华平．国家与社会互动：我国社会组织建设与管理的路径选择［D］.华中师范大学，博士论文，2010.

［12］汪春翔．和谐社会视域下社会组织建设研究［D］.江西师范大学，博士论文，2013.

［13］游祥斌，刘江．从双重管理到规范发展：中国社会组织发展的制度环境分析［J］.北京行政学院学报，2013（4）：40-45.

［14］葛道顺．关于群团组织治理和发展的思考：学习习近平系列重要讲话的体会［J］.社会发展研究，2016（4）：197-207.

［15］段治文，陈姝娅．论习近平群团组织思想的逻辑形成［J］.观察与

思考，2017（2）：15-20.

　　［16］王日根. 乡土之链：明清会馆与社会变迁［M］. 天津：天津人民出版社，1992：P27.

　　［17］裴宜理. 上海罢工［M］. 南京：江苏人民出版社，2001：P29.

　　［18］吕作燮. 明清时期苏州的会馆和公所［J］. 中国社会经济史研究，1984（2）：10-24.

　　［19］苏永明. 明清流民与城镇自治管理体系的形成：以景德镇行帮为例［J］. 江西社会科学，2011（8）：154-159.

　　［20］梁其姿. 施善与教化：明清的慈善组织［M］. 石家庄：河北教育出版社，2001：P24.

　　［21］陈泽芳. 宋代潮州佛教的社会功能［J］. 汕头大学学报（人文社科版），2007（4）：85-89.

　　［22］俞可平. 中国公民社会的兴起与治理的变迁［M］. 北京：社会科学文献出版社，2002：P32.

　　［23］林尚立. 两种社会建构：中国共产党与非政府组织［J］. 中国非营利评论，2007（1）：129-136.

　　［24］孙立平，王汉生，王思斌，林彬，杨善华. 改革以来中国社会结构的变迁［J］. 中国社会科学，1994（2）：47-62.

　　［25］1989 年政治风波［EB］，http：//cpc.people.com.cn/GB/33837/2535031. html，2017-07-24.

第三章　中国特色社会组织监管与发展
内在机理研究

1　引言

改革开放后我国经济增长迅速，特别是在"互联网+"的新兴格局的影响下，我国社会组织在这一时期数量上呈爆炸式增长，社会组织迸发出前所未有的活力，同时也激发了"思想"跟不上"行动"的新矛盾。2016 年 8 月，中办国办印发《关于改革社会组织管理制度促进社会组织健康有序发展的意见》（以下简称《意见》），第一次提出"努力走出一条具有中国特色社会组织发展之路"这一重大命题，开创性地将社会组织建设提升到"政治、经济、文化"等相应高度。中国特色社会组织区别于西方非政府组织或非营利组织，不能简单定义为一般意义上的社会组织，这必须结合当前中国国情中特殊的双二元结构性矛盾、特殊发展阶段和特殊的政治制度的现实条件[1]。《意见》中强调了监管机制与社会组织发展齐头并进的重要性，二者在发展过程中互为联系。具有中国特色社会组织监管机制就是要区别于其他西方资本主义国家的国情背景，根据中国总体发展战略，坚定"六个坚持"的中国特色社会组织科学内涵[2]。"机理"从广义上来说是指事物变化的原因与道理，包括形成要素和形成要素之间的关系两个方面。当前绝大多数学者对二者关系的研究仅限于单方面、独立的、分裂式的探讨，而缺少对二者关系完整性的分析与阐述。此文对内在机理的研究是对中国特色社会组织监管机制与其发展的关系进行探讨，着重以社会组织监管机制的内在要素之间的关系以及其各要素对中国特色社会组织发展的作用为切入点，阐述了在建设中国特色社会组织道路上，社会组织监管机制与社会组织发展之间的互动关系，并提出了相应的路径对策。

2 文献综述

中国特色社会组织，它是以中国特殊的基本国情为逻辑起点、以马克思主义社会组织理论为指导、具有中国社会属性的一种组织形态[1]。社会组织监管机制，是指涉及社会组织的各个监管主体的职能与运作方式，以及各部分主体职能之间的互动关系。对社会组织监管"一进一出"的漏洞，学者依次展开剖析。首先，就社会组织登记来看，石国亮、廖鸿、许昀认为，当下网络结社管理存在诸多问题，社会组织登记管理机关参与网络结社管理是其职责所在[3]。冯敏红针对当前《社会组织登记档案管理办法》中的条例办法，就当前档案管理工作中存在的分类标准不一致、档案更新不及时、材料不完善等问题进行了总结[4]。朱晓红还提出，直接登记制度改革后存在着自主性不足、能力建设亟待提升、社会组织协同监管机制缺乏等新问题，制度建设成为突破的关键[5]。其次，退出机制在监管机制中也是不容忽视的一部分。李荣祥与顾建龙指出，社会组织退出机制是当前监管机制的漏洞[6]，赵风与李放总结了我国社会公益组织退出机制存在的四个方面问题：退出的条件不统一、退出的启动方式不完整、退出后的资产处置不统一及退出后的责任条款不完整等[7]。黑名单制度作为社会组织的事中、事后监管的重要方式，是"一进一出"的有力补充。但学者张冉指出，黑名单制度处在非规范化、制度异化、管制范围受限以及管理碎片化四大困境中，我国未来社会组织黑名单制度的建构需要法治环境的完善、统一信用信息平台的建设、政府部门的组织建设、失信惩戒共治体系的构建和制度本身奖惩机制[8]。另外对社会组织监管缺陷的解释，朱志梅认为，还我国社会组织的监管机制主要是采取不利于社会组织管理的单一的刚性执法方式，而柔性执法恰恰能够弥补这一弱点[9]。武萍等人认为，监管责任的缺失是造成社会组织遭受市场失灵的主要原因[10]。当前，我国社会组织不断壮大，这对监管机制提出了更多的要求。2003 年以来，关于社会组织监管机制的研究不断有学者进行不同角度的分析，武萍等人运用博弈论的方法解释了政府对社会组织的监管，阐述了政府监管与社会组织发展之间的关系[10]。扶茂松基于政府与社会组织关系的理论基础，分析了当前中国政府与社会组织间关系发展的社会政治风险、现实危机以及应对的经验[11]。杨志云认为，放宽准入和强化监管这一特征是当前社会监管机制的"混合"色彩，并就二者关系提出政府应积极通过政治性约束和功能性激励的"策略性收放"来实现社会组织培育、发展和监管之间的巧妙平衡[12]。马福云认为，我国社会组织发展面临培育和监管双重问题，处理好社会组织培育与监管之间的关系，有益于理清社会组织监管机制建设等方面的问题[13]。

3　中国特色社会组织监管机制与其发展的互动关系内在机理

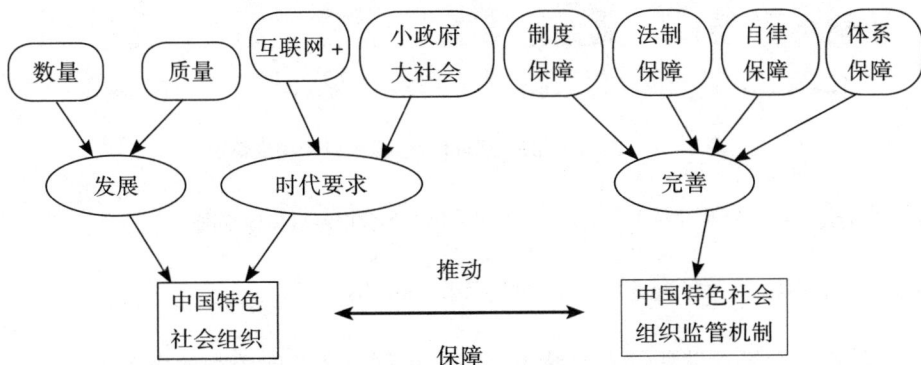

图 3—1　中国特色社会组织监管机制与其发展的互动关系内在机理图

3.1 中国特色社会组织的发展是推动社会组织监管机制完善的重要力量

3.1.1 是中国特色社会组织数量发展的必然结果

改革开放 30 多年，我国社会组织经历了初始发展、曲折发展、稳定发展以及十八大后的增速发展四个时期。根据图 2 可知，截至 2016 年底，我国社会组织数量已达到 69.95 万个，7 年间共增加社会组织约 25.4 万个，特别是在 2013 年社会组织改革工作全面展开后，组织数量的增长幅度比往年大大提高。从社会组织的构成来看，我国社会团体数量占主导地位，民办非企业单位数量居于其次，基金会与前两者有较大距离，但有逐年增加趋势。社会组织作为一支重要的社会力量，越来越发挥着独特的作用。同时，社会组织的大幅度增加，由于法规保障不足、职能支撑不足、公益保障不足、体制缺陷、人员匮乏、观念偏差等不利因素，使得社会组织自身的缺陷也越加凸显，这就要求必须通过监管手段来规范和约束越来越壮大的社会组织，这也对社会组织监管机制提出了更高的要求。

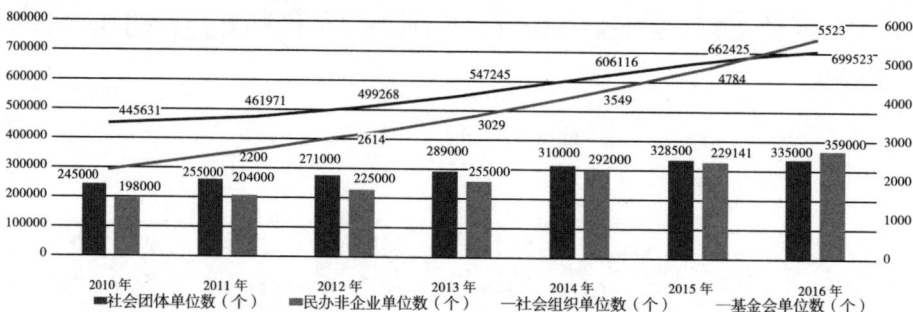

图 3—2 2010—2016 年度社会组织机构构成情况

数据来源：中华人民共和国国家统计局（其中 2016 年数据源自民政部网站）

3.1.2 是中国特色社会组织实现质的飞跃的必然要求

随着社会组织队伍的不断壮大，我国中国特色社会组织的发展要从"粗放式"的数量增长转变为"培育式"的质量提升，我国党和政府对此作出了明确的要求。继十三五规划启动以来，中办、国办印发了《关于改革社会组织管理制度促进社会组织健康有序发展的意见》，提出到 2020 年，建立健全统一登记、各司其职、协调配合、分级负责、依法监管的中国特色社会组织管理体制；2016 年 4 月，民政部出台《关于加强和改进社会组织薪酬管理的指导意见》，以引导社会组织合理确定从业人员薪酬水平，改进薪酬管理，建立健全薪酬水平正常增长机制。除此之外，2017 年 3 月，民政部就环保型社会组织的发展提出了《关于加强对环保社会组织引导发展和规范管理的指导意见》，以践行创新、协调、绿色、开放、共享发展理念。党和政府的这一系列决议与改革措施，预示着我国社会组织发展已走向一个新的高度，这是实现社会组织质的飞跃的必然要求。

3.1.3　是实现"小政府、大社会"的必要选择

我国政府正在进行政府职能部分转移，以"小政府、大社会"的理念为宗旨，旨在实现社会组织作为"第三部门"充分发挥社会组织在社会管理和公共服务以及增强社会组织功能的作用。一是社会组织是促进经济转型发展的助推器，社会组织在配合政府部门宏观调控，规范市场秩序、制定行业标准、协调纠纷方面充当着重要角色；二是社会组织是促进社会安定的润滑剂，有利于营造一个秩序稳定、健康发展、和睦幸福、国泰民安的和谐社会；三是社会组织是完善城市公共服务体系的先行军，充分发挥与群众亲近、沟通灵活的优势，弥补公共服务的薄弱环节，扩大供给，协助政府缓和社会矛盾，向社会提供更好的服务；四是社会组织是政府与社会之间的桥梁和纽带，一方面帮助群众有序参与国家政治生活提供了有效的平台，同时也联结了党和政府与各层级利益群体间的关系，有利于团结和凝聚各方积极力量，共建中国特色社会主义社会。

3.1.4　是"互联网+"时代社会组织与时俱进的必然趋势

互联网的普及给社会生产以及管理带来了巨大而深刻的影响，同时也改变了社会组织的生存和发展环境，乃至社会组织的发展理念和运营方式也发生了革命性的变化。在"互联网+"时代，线上社会组织的兴起成为另一股重要的源泉。社会组织的线上线下互动频繁，依赖网络工具实施活动流程与自我推广越来越普及，"互联网+"提高了社会组织提供公共产品和服务的供

给能力，降低了社会组织的运行成本，强化了社会组织社会动员能力[14]。但是，一些不法社会组织或不法分子利用网络渠道非法作为，扰乱网络社会秩序，败坏社会组织名声，损害部分群体利益，造成了不可挽回的负面影响。例如，打着"舆论监督""维权揭黑""举报受理"等旗号，对地方党政机关、企业、个人进行敲诈勒索。类似事件频频发生，因此，加强社会组织网络监管已成为迫在眉睫的任务，实现线上、线下双重监管乃是大势所趋。

3.2 中国特色社会组织监管机制的完善是社会组织发展的重要保障

3.2.1 是社会组织正常有序发展的制度保障

2016 年《意见》下发以来，在优先发展行业之内实行直接登记制度，此范围之外继续实行登记管理机关和业务主管单位双重负责的管理体制。这种"放管结合"的模式较之以前具有明显的优势，放宽与简化了社会组织登记过程，增大了进入流量，同时又有区分地管控着非法存在、综合实力弱的组织进入。但现行的社会组织登记管理法规，只是解决了怎么登记的问题，还不能完全解决能不能登记的问题。其次，社会组织的事中、事后监督是当前监管的重中之重，将监督工作落实到社会组织负责人，相关管理单位建立社会组织"异常名录"和"黑名单"，能够保障社会组织健康发展，排除不良因素的干扰。第三，良好退出机制能够提高监管效率，降低监管成本，提高社会组织在群众中的声誉，而"名存实亡"社会组织占用了社会有限资源，损害了政府监管部门的公信力，降低了社会组织监管水平，给正常秩序造成了一定的冲击。

3.2.2 是社会组织理性发展的法制化保障

当前社会组织没有法律规定，只有《社会团体登记管理条例》《民办非企业单位登记管理暂行条例》《基金会管理条例》等法规，实体性规范少，程序性规范不完善。现有的法规为社会组织发展提供了一定的法制保障，规范了社会组织的登记流程与操作规范，保证了社会组织生存秩序的稳定，但还存在若干尚未解决的矛盾冲突。党的十八届四中全会提出"加强社会组织立法，规范和引导各类社会组织健康发展"。社会组织资深学者王名呼吁："当前是社会组织立法的最佳时机"。社会组织法律体系建设还未正式开启，立法缺失，法律地位模糊，各项权利、义务并未清晰界定。只有贯彻落实社会组织监管的有法可依、违法必究、执法必严，才能在一定程度上实现社会组织间适度而有效的竞争，保障社会组织监管管理制度的合法化，增强社会组织、行业协会的法律意识与自律意识，为社会组织监管体系的全面性提供坚实的法律基石。

3.2.3　是督促社会组织内部自律自治的重要保障

社会组织的自律自治建设是社会组织健康发展的内在要求，也是实现"外部监管"转向"自治监管"、化"被动监管"为"主动监管"的关键。组织自律的重点在于实现社会组织的公开透明、规范运行，增强组织的透明度和公信力。例如，成都市助残社会组织成立助残自律联盟，制定致残规范；中国广播电影电视社会组织联合会在京签署了《新闻出版广播影视从业人员职业道德自律公约》，从"提倡"和"不为"两个方面对从业人员职业道德进行自律。这一系列的自律自治行动大大提高了社会组织的运转效率，一定程度上推动了法治秩序的建构，民主与法治的进步也能为社会组织的健康发展提供更好的制度环境。当今现状依然不容乐观，社会组织内部治理混乱，人才队伍建设疏忽，内部监管不力，使得社会组织之间发展实力悬殊，无力参与全球化与国际化进程，各项职能发挥受限。

3.2.4　是实现社会组织发展全面监督的综合保障

实现社会组织全面健康发展，需要社会各界合力共同监督。政府监督把控着社会组织发展的性质与方向，政府转型、职能转移是实现社会组织发展的有利条件，是充分发挥社会管理与服务职能的现实可能。社会民众监督与社会媒体监督是社会组织监管中的重要补充。社会组织通过社会媒体舆论来宣传组织思想、提高组织知名度，同时社会媒体的多方位介入，使社会民众了解社会组织运转动态、信息等资讯，将使一些社会组织的违规行为很难遁形，实现了信息的公开化。第三方评估机构是判断社会组织是否健康发展的有效途径。社会组织评估工作应确保评估信息公开、程序公平、结果公正，淡化评估工作行政色彩，同时促进政府职能转变，增加社会力量参与监管的途径，提高社会组织公信力，刺激社会组织不断创新、完善不足与社会监管各界形成良好互动关系。

3.3　二者相辅相成、相互促进

中国特色社会组织监管机制完善的前提是要有一个健全和发展的社会组织作为支撑，同时也是实现中国特色社会组织发展的手段和价值所在，两者应该是相辅相成、相互促进的。社会组织监管机制的完善为社会组织的发展提供了良好的制度保障、法律保障、自律自治环境、监管环境，社会组织监管机制需要克服阻碍社会组织发展的因素、机制、制度等，更好地为社会组织的发展营造良好的环境。社会组织的快速发展反过来又促进了社会组织监管机制的完善，这种动力源泉可以不断超越监管制度本身的能力与水平，深刻践行中国特色社会主义指导思想，达到更高的要求。

4　对策启示

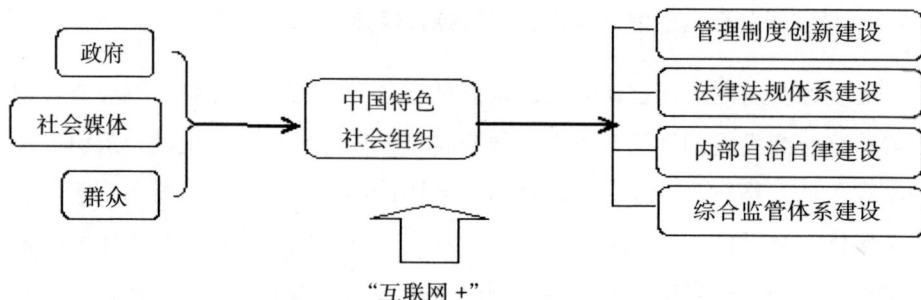

图3—3　中国特色社会组织监管机制与其发展关系的对策路径图

4.1 小政府大社会，社会组织管理制度需创新

中国特色社会组织管理制度的创新离不开中国共产党和中国政府的指导工作。政府在开展监管工作时，必须以"统一登记、各司其职、协调配合、分级负责、依法监管"作为指导思想，有序开展各项事务。第一，深化社会组织登记制度改革。积极推进"政社分开"改革，将政府与社会组织间的行政领导关系转为合作共治关系，增强社会组织自主性；完善社会组织"放管"结合的进入标准，严格把关四类组织之外的其他社会组织进入。第二，社会组织的管理重心由入口管理转移至日常管理，重事中、事后监管。加强社会组织财务监管，依法查处社会组织中收费、经营、募资中存在的非法行为；创新社会组织年检制度，结合"互联网＋年检"方法，开通网络通道；以"刚柔"并济为监管原则，采取提示、谈话、警告等柔性监管方式，开展合作式执法，化强制监督为激励监督。第三，完善社会组织退出机制，尽快修订退出机制设计，优化退出通道；增加登记机关主动注销"名存实亡"社会组织的权限，细化吊销条件和情形，合理设置退出过程的手续及程序；建立社会组织信用记录系统，将恶劣退出的组织及其利益所有人拉入"黑名单"，落实社会组织黑名单管理模式。

4.2 建立监管法治体系，社会组织法律法规待完善

构建社会组织监管的法治体系，以依法监管为原则，法律监督为手段，加快实现社会组织及其相关法律建设。第一，社会组织立法工作势在必行。2014年5月民政部已经就社会组织立法的必要性以及法的内容、名称等细节召开了工作座谈会[15]，社会组织立法工作已提上议程，充分调动社会各界共同开展立法工作，协调各地区、各层级政府及相关部门做好配合工作，借鉴发达国家丰富的社会组织立法经验，统一好与各项法规条例之间的关系。第二，完善与修订《民办非企业单位登记管理暂行条例》《社会团体登记管理条例》和《基金会管理办法》等社会组织管理条例。社会组织监管机制应以社会组织内部治理为主，由外部监管转向内部监管，制定社会组织内部依法治理的理论框架与法律

规定，明确政府与组织间的监管职责与措施。第三，将新型社会组织纳入法律管理范畴，根据新型社会组织的特点制定相应的管理条例与实施办法，明确组织性质、特征、权利与义务等属性，做到有法可依，依法治理。

4.3 被动化主动，社会组织自治自律必加强

未来社会组织监管机制应逐步变被动监管为主动监管，努力实现自治、自律的两个目标。第一，健全社会组织内部自治机制。建立社会组织民主制度，坚持民主选举、民主管理、民主监督、民主决策的原则，完善民主会员大会制度，规范董事会决策程序，增强自主性与独立性；加强党组织在社会组织中的政治指导作用，厘清党建工作的思路，明确党务工作开展的职责与范围。第二，强化社会组织发起人责任，落实社会组织负责人制度，积极开展内部自律机制建设。通过规范章程、适当加压来增强社会责任感，提高自我约束能力与组织纪律意识，提升成员自我素养与道德水平，努力提高组织声望与地位。第三，加快实现社会组织人才队伍的建设。努力构建社会组织人力资源服务网络，将社会组织人才融入各行各业的人才培养规划中去；建立健全社会组织人才的职业制度、薪酬制度、社会保障制度、职业资格认证机制和职业发展规划，提供良好社会组织人才成长环境。

4.4 构建综合监管体系，"互联网＋社会组织"外部监管全面化

构建社会组织监管综合体系，实现外部监管全面化，这包括第三方评估机构、社会群众以及社会媒体的共同努力。第一，健全社会组织第三方评估机制，紧紧围绕三个"着力"、三个"重要"和四个"促进"的指导思想[16]，不断完善社会评估机制设计，坚持客观公正、公开透明，充分利用第三方专业机构开展各项监督评估工作。第二，结合当前"互联网+群众路线"的思想，建立畅通、高效的监督参与机制，网络征集意见；搭建网络监督信息平台，及时披露，向社会群众及相关利益者公开资金来源及使用状况；疏通建

议反馈渠道，制定举报激励机制与落实保护政策，建立对社会组织违法违规行为及非法社会组织投诉举报受理和奖励机制，依法向社会公告行政处罚和取缔情况。第三，通过电视、广告、网络等社会媒体进行社会组织舆论宣传，正面引导社会民众支持，提升社会公信力；另外，社会媒体作为第三方监督者，必须客观报道出社会组织的一切活动，不得隐瞒虚构，充分利用"智慧公益"数据平台[17]，鼓励群众广泛参与社会组织的各类社会事务。

5　本章小结

伴随着"互联网+社会组织"时代的到来，党和国家领导人对社会组织建设的不断重视，作为政府职能转移转型的承接者，现代化国家治理的重要力量，经济进一步发展的助推器，以及未来社会秩序的维护者，社会组织规模化、规范化、制度化的发展趋势已成定局，中国特色社会组织监管机制的改革势在必行。本章在众多学者的研究基础之上，对中国特色社会组织监管机制与其发展的互动关系做了全面的分析，提出了促进该互动关系更好发展的政策建议，祈盼对该领域实践与研究有借鉴意义。

参考文献

[1] 蒋永穆，黄晓渝 . 中国特色社会组织：内涵厘清与体系架构 [J]. 上海行政学院学报，2016，（5）：67–75.

[2] 赵宇新 . 探索中国特色社会组织的科学内涵 [J]. 毛泽东邓小平理论研究，2017，（2）：47–52.

[3] 石国亮，廖鸿，许昀 . 社会组织登记管理机关参与网络结社管理研究 [J]. 理论与改革，2014（02）：113–116.

[4] 冯敏红 . 社会组织登记档案管理的实践新议 [J]. 兰台世界 2015（23）：41–42.

[5] 朱晓红 . 直接登记制度改革后社会组织发展的困境与制度重建 [J].

甘肃理论学刊, 2015, （6）: 80-83.

［6］李荣祥, 顾建龙. 构建社会组织退出机制的探索与思考 ［J］. 中国社会组织, 2015（5）: 50-51.

［7］赵风, 李放. 社会公益组织退出机制研究 ［J］. 江海学刊, 2016, （3）: 147-153.

［8］张冉. 中国社会组织黑名单制度研究: 价值分析、现实困境与建构路径 ［J］. 情报杂志, 2017, （1）: 66-71.

［9］朱志梅. 柔性执法与社会组织监管机制的创新 ［J］. 河北法学 2014（2）: 119-123.

［10］武萍, 张毅, 刘峰. 政府监管社会组织责任研究 ［J］. 广东社会科学 2014（5）: 199-208.

［11］扶松茂. 中国政府与社会组织间关系发展的风险及对策研究 ［J］. 天津行政学院学报 2015（2）: 24-36.

［12］杨志云. 策略性收放: 中国社会组织监管机制的新阐释 ［J］. 行政管理改革, 2016, （8）: 60-65.

［13］马福云. 社会组织发展需培育与监管并重 ［J］. 中国党政干部论坛, 2017, （3）: 87-90.

［14］黄力. "互联网+" 背景下公益性社会组织发展研究 ［D］. 南京大学, 硕士论文 2016.

［15］民间组织管理局. 社会组织法立法工作座谈会在重庆召开 ［EB/OL］. http://mjj.mca.gov.cn/article/xzglxw/201405/20140500639568.shtml.2014-05-19.

［16］民政部民间组织服务中心管理服务处. 深化社会组织管理制度改革探索建立第三方评估机制 ［J］. 中国社会组织, 2015（10）: 10-13.

［17］姜晓萍, 陈丛刊. 社会责任国际标准的核心价值及其对我国完善社会组织监管的启示 ［J］. 理论与改革, 2015（2）: 180-184.

第四章 中国社会组织发展主要模式研究

1 引言

经济合作与发展组织（2009）认为，公民社会组织可以定义为所有非市场和非政府机构，在公共领域非为追求利润而形成的群体，这些机构包括社区机构、农民协会、环保团体、妇女权益团体、宗教类或基于信仰的组织（如教会附属的慈善机构）、劳工联合会、合作社、专业联合会、商会、独立研究机构和非营利的媒体等。改革开放以来，中国社会组织发展经历了原始成长阶段、制度规范阶段和正向推进三个阶段[1]，在简政放权、职能转变、理顺政府与市场和社会关系等目标的指引下，社会组织迎来良好的发展契机。现阶段，政府职能的转变为社会组织提供了发展的空间。"小政府、大社会"的社会转型趋势，是政府改革的重要内容，也是建立新型政社关系的重要途径[2]。同时，市场经济的发展和进步，赋予中国社会组织存在的必要意义，为其成长奠定了基础。

研究社会组织发展的主要模式，要从其发展历程着手。20世纪80年代以来，经济和政治的改革和发展，引起了权力的转移和社会结构的变化，随着经济和社会领域权力的逐渐生长，非政府组织应运而生。[3] Saich（2000）认为，社会组织的扩张，是中国共产党改革的一个显著特征，改革创造了更大的社会空间，同时国家也不再像以往一样掌管各项服务和职能，代表社会利益的社会组织被建立起来，不仅联系起国家和社会，也履行着至关重要的社会福利功能。[4]Spires（2011）在研究中国草根 NGO（非政府组织）的生存情况时提到，政府与 NGO 之间是一种相互需要的关系，社会组织有助于促进国家的社会福利目标。[5]Li（2012）指出，经过多年发展，中国社会组织在经济和社会发展中的作用越来越明显。一方面，社会组织补充完善了社会管理和公共服务的提供；另一方面，社会组织是推动经济发展的重要力量，特别体现在行业协会对市场的规范作用、对行业标准的制定和对冲突的调解。[6]鼓励和扶持社会组织发展，已成为世界各国政府和社会各界的共识；社会组织是以社会力量为基础、以公共利益为主要目标、以提供公共服务和从事公益活动为内容的群体和组织形式，是与政府、市场并列的第三部门，具有非政府、非营利和客观公正的特性，是沟通政府、市场与社会之间的桥梁与纽带。[7]从社会组织发展的重要性来看，刘振国（2010）提到，中国社会组织在改革开放后迅速成为社会治理的新主体，在国内支出和就业等方面有重要的贡献，并成为一支相当强的社会力量；随着经济社会发展和社会的转型，社会组织日益成为弥补"市场失灵"和"政府失灵"的有益补充。[8]从社会组织成长困境的角度，石国亮（2011）提出，与发达国家的社会组织发展水平相比，我国的社会组织发展并不理想，文化层面上，公民自身文化和对社会组织文化认同的缺失，是我国社会组织发育的先天困境；资源层面上，供给不足阻碍了社会组织成长动力；制度层面上，社会组织发展由于制度建构滞后难以得到保障。[9]关于社会组织的发展，从我国政府改革与治理的顶层设计来讲，陈振明（2016）认为，党的十八大报告从国家战略高度勾勒了国家治理或政府治理与改革的大政方针；而国务院颁布的《国务院机构改革和职能转变方案》等提出政府治理与改革的思路与措施，这些指导性文件为我国政府新一轮改革与治理勾画出路线图并指明了新方向。[10]

从社会组织发展模式来看，廖世铢（2008）提到，美国非营利性组织强调市场化发展和企业化运行，其竞争非常激烈，必须以良好的工作成效来争取社会的捐赠和政府的项目资助，同时，其管理机制灵活，拥有高度的人、事、财自主权。[11]英国非政府公益性社会组织发展比较成熟，从立法、机构、营运、监管，都已形成完整机制系统，承担了大量公共管理职能，提供了大量社会公共服务，在完善公共服务体系、健全社会管理体制上起到重要作用，较为突出的一种模式是"社会企业"。[12]社会企业以"运用商业手段，实现社会目的"为特征，是社会公益组织中的新类型，其成立的目的是解决运营资金问题。社会企业能够改变慈善组织和非政府公共机构主要依靠社会捐赠和政府拨款获得资金来源的局限，通过市场运作实现赢利，从而实现可持续发展；企业定位为直接面向市场，参与提供商品生产服务；具有明确的社会和环境目标（例如：创造工作岗位、培训和提供公共服务）。在澳大利亚，社会组织发展迅速，种类多样，为经济社会发展和社会治理作出重要贡献，成为社会服务、人权、文化娱乐、教育研究、医疗、环境等领域强大的力量，其形式包括担保有限公司、法人联会、合作社、公司、以其他形式联合的组织和非法人联会。[13]澳大利亚的社会组织实行会员制，运作模式采取公司化和项目化，有完善的内部治理结构。新加坡的社会团体分为官方和民间两种，官方社团独立性和自主性较为缺乏，是政府出面组织的团体，任务、资金、所负责任由政府规定和监督，此类社会组织更多是依据国家合作主义模式进行对社会的治理；民间社团为公众资源组织的团体，享受有限的自由，从 2004 年起，新加坡政府简化注册手续，文化、体育和社交类社会组织增长较快。[14]日本非营利组织制度完善、门类众多，1998 年颁布的《特定非营利活动促进法》（NPO 非营利组织法）明确规定，法人分为依法注册登记的法人 NPO 和未依法注册登记的非法人 NPO 两大类，其中法人 NPO 分为共同利益法人和广义公益法人，后者内容丰富，从组织形态上可分为社团法人、财团法人、特定非营利活动法人、社会福利法人、医疗法人、学校法人等九种。[15]社团法人与我国社会团体相似，财团法人形同我国的基金会组织形式。以上学者的观点表明，不论是发达国家还是发展中国家，国内外社会组织不断壮大的力量已作为与政府和市场鼎足而立的第三部门，在化解政策失灵和市场失灵方面承担了不可取代的重要角色。而当前中国社会组织发展现状及模式，在理论研究方面仍存在很广阔的研究空间。本文旨在通过对中国社会组织发展模式的归纳，以及与国际上社会组织发展实践经验的对比，针对中国国情和特色提出我国社会组织相应的发展方向及建议。

2 中国社会组织发展现状及国外经验对比

建设服务型政府的过程中，向社会放权不仅激发了社会组织、公民等社会主体参与公共治理的积极性，也进一步激励社会组织持续创新，成为社会建设的重要力量。20世纪中后期开始，全球形成一场"第三部门运动"的结社革命，社会组织的力量迅速崛起。中国改革开放以来，社会组织经济、社会、文化等各个领域发展迅速，重要性与日俱增，受到社会各界的重视。民政部最新《2015年社会服务发展统计公报》显示，截至2015年底，中国共有社会组织66.2万个（见图1），吸纳社会各类人员就业734.8万人，全年累计收入2929.0亿元，支出2383.8亿元，形成固定资产2311.1亿元，接收各类社会捐赠610.3亿元。这其中，社会团体32.9万个，涉及工商服务业、科技研究、教育、卫生、社会服务、文化、体育、生态环境、法律、宗教、农业及农村发展、职业及从业组织等领域；基金会4784个，公募基金会和非公募基金会共接收社会各界捐赠439.3亿元；民办非企业单位32.9万个，比上年增长12.7%。无论从数量、范围、资金的角度，还是从吸纳就业、增长速度等方面来看，目前中国社会组织已经与政府、企业一样，是现代化建设不可或缺的核心主体。

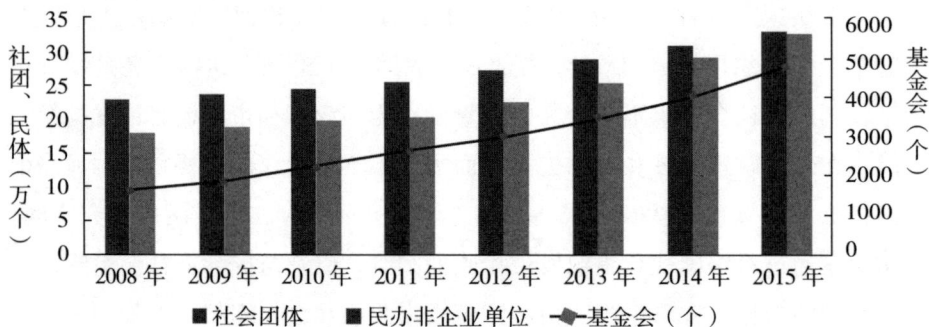

图4—1 2008—2015年我国各类社会组织单位数

数据来源：民政部统计公报

国家治理现代化的体现之一，就是社会组织的发展。从改革开放以来，我国社会组织的发展大致可以分为四个阶段："复苏发展期""曲折发展期""稳定发展期"以及从 2013 年本届政府开始的"增速发展期"；社会组织以自愿组织、自主事务、自我管理、自我负责、自我发展的方式来提供公益服务和组织互益活动，有利于形成集体意识和公共精神，既能承担奉献国家社会的义务，又有利于启迪公民意识、改善社会生态。[16]近年来，社会组织在相继出台的政策指引下，获得了前所未有的政府转型及政策创新的发展契机，例如，十八届三中全会提出推广政府购买服务，适合由社会组织提供的公共服务和解决的事项交由社会组织承担，在一定程度上促进了社会组织发展；再比如，《中共中央关于全面深化改革若干重大问题的决定》首次明确提出允许社会资本通过特许经营等方式参与城市基础设施投资和运营，政府和社会资本合作项目逐渐进入基础设施、公共住房、城市发展等各类领域，不同行业的社会组织在此类项目实施过程中不仅发挥了专业的作用，也发展了自身的能力。随着我国经济和政治的稳步发展，社会组织正不断突破原有的发展瓶颈，积极利用更为宽松和激励的宏观政策，其所处的社会背景和制度环境也在发生变化。《社会服务机构登记管理条例》（修订草案征求意见稿）和《基金会管理条例》（修订草案征求意见稿）的出台使我国社会组织的定位更加明确，发展空间进一步扩大；[17]近年来，国务院办公厅《关于进一步激发社会领域投资活力的意见》，财政部、民政部《关于通过政府购买服务支持社会组织培育发展的指导意见》，中共中央办公厅、国务院办公厅《关于改革社会组织管理制度促进社会组织健康有序发展的意见》等一系列文件，为社会组织发展指明了方向（见表 1）。上到中央，下到各级地方政府，关于加快推进社会组织发展的实施意见、指导意见，强调了社会组织合法合理规范自身行为，也对社会组织发展提出更高的要求。

表 4—1　关于社会组织发展的主要相关文件

文件名称	文　号	发文日期
关于印发《2017 年中央财政支持社会组织参与社会服务项目实施方案》的通知	民办函〔2017〕29 号	2017 年 2 月 7 日
关于印发《社会组织登记管理机关受理投诉举报办法（试行）》的通知	民发〔2016〕139 号	2016 年 8 月 15 日
关于加强和改进社会组织薪酬管理的指导意见	民发〔2016〕101 号	2016 年 6 月 14 日
关于推动在全国性和省级社会组织中建立新闻发言人制度的通知	民发〔2016〕80 号	2016 年 5 月 24 日
关于加强和改进社会组织教育培训工作的指导意见	民发〔2015〕206 号	2015 年 11 月 3 日
关于探索建立社会组织第三方评估机制的指导意见	民发〔2015〕89 号	2015 年 5 月 13 日
社会组织评估管理办法	民政部令第 39 号	2010 年 12 月 27 日
基金会管理条例	国务院令第 400 号	2004 年 3 月 8 日

数据来源：民政部

　　对比国外社会组织发展模式来看，以日本为例，官方支持与民间自发模式是其社会组织发挥作用的重要形式。Kaneko（2006）指出，日本政府于2001 年大刀阔斧地实行了中央政府改组，联合行政机构（IAA）系统作为这项改革的一部分，用更灵活、商业化、自主的方式执行某些公共职能。[18]根据丁惠平等人的研究，1995 年阪神大地震后日本政府出台的 NPO 法，一方面明确了非营利组织的活动范围，另一方面申明了政府对非营利组织发展的支持和鼓励，据此条例，20 世纪 80 年代民间自发的、市民主导的 NPO 支援中心得到政府大力扶持，促进了非政府部门 90 年代中后期以来的快速成长。此类日本 NPO 支援中心为政府部门、市场主体以及社区的合作搭建桥梁，受政府和企业的委托开展相关调查，为政府和企业的政策与服务设计提供决策依据，在政策和服务的传递中，建立政府、市场主体和 NPO 之间的协力网络。廖卫东等人在关于日本农协作为市场中介组织的研究中表明，日本等国家的农业现代化能够取得非常好的经济效益，关键原因之一在于培育了一批适应各自国情的农村市场中介经济组织；日本《农协法》指出，农协的组织者就是农协事业的利用者和经营者，农协会员对农协拥有"所有权、利用权和参与权"。日本农协已经形成功能和效率都很高的社会化的中介服务组织体系，为发达市场经济条件下的农业提供赖以存在和发展的条件。日本农协组织实质上是覆盖全社会的、沟通农户和市场之间联系的农民合作的中介组织，把分散经营的农户与全国统一的大市场紧密联结起来，"农民不进市场，市场不见农民"，是日本农业社会化服务体系的基本形式。日本农协不仅在政策制定和政策执行中发挥中介组织作用，也是日本政府间接调控农业的市场中介组织。日本农协组织，连结着日本农业的生产、流通、分配和消费的全过程，其在组织功能配置上注重专业化与综合化相结合，并在组织流通方面采取无条件委托代理制，即农户对农副产品的销售和生产生活资料的购买，在价格、地点、季节等方面不提任何要求，无条件委托农协进行。日本农协不以盈利为主要目的，组织农民互助发展生产，提高农民的经济和社会地位，农协通过自己的工作最大限度地为农协会员提供服务。[19]当前我国依旧缺乏类似于日本农协这样发挥重要中介作用的社会组织，这也是我国社会组织发展不可忽视的重要领域。

作为连接政府和市场的第三部门，社会组织发挥中介作用，在经济互动中提高了社会资本运作和公共资源配置的效率。发展中国家非营利性机构的运行机制，大多体现出半官方的行政化色彩，而美国、英国等发达国家的社会组织，因其处于完备的市场机制和法律规范环境中，即便是非营利性机构在一些具体业务操作上，也是以市场化运作机制为基础的。市场化发展模式，加上政策、资金上享受一定的优惠待遇，成为社会组织发展的坚实基础（见表2）。例如，德国技术中心在科技项目资金的扶持上就有严格的评估程序和明确的权责规定，以体现政府投入资金的高效原则，此类公益机构包括技术信息等推广促进中心、园区协会等，发挥着促进科技成果产业化、整合市场资源与竞争优势的功能。[20]对比中国类似的科技中介社会组织，虽然数量上的发展十分可观，但从质量和发挥功能的角度评价，我国社会组织在满足竞争需求和提升服务潜力方面，仍需努力突破现有水平，争取更大的进步空间。

表4—2　国外社会组织发展模式对比

国　家	内　涵	政策支持	资金来源	类　型	角　色
美国	按照美国学界普遍接受的界定，"非营利组织"指根据美国税法获得免税资格的机构或组织	—税收优惠 一是对非营利组织自身收入的税收予以免除 二是给予向非营利组织捐赠的机构和个人等捐赠者以税收优惠[21]	—自主经营收入 —社会捐赠和资助 —政府项目资助	公益组织和互益组织[22]	—为社会提供公共服务和公共产品 —搭建公众管理社会和参政议政的平台 —创造大量就业机会
英国	在英国，社会组织概念相对笼统，通常被称为志愿部门、民间组织、NGO等，主要强调其非政府、非营利的公益属性	—财政补贴 财政拨款、政府基金、政府购买服务 —战略合作框架具有里程碑意义的《政府与志愿及社区组织合作框架协议》	—国家财政、企业和公众捐赠 —社会影响债券等社会融资方式 —社会企业赚取利润用以贡献社会	《政府与民间组织的伙伴协议》中"民间组织（CSO）"主要包括了慈善组织、社会企业、志愿组织、和社区团体等[23]	—慈善组织和志愿部门反映英国深厚的志愿精神和志愿传统 —志愿、互助的结社生活是实现社会服务的重要机制 —志愿部门在经济和就业方面的贡献
澳大利亚	澳大利亚官方一般使用"非营利组织"这个概念，指那些不以营利或者单个成员收益为目的的组织[24]	—税收减免 民间组织享受着大量的优惠，不同类型的民间机构享受着不同等级的优惠待遇	政府、企业和公众等筹资渠道	慈善机构和其他民间机构	—提供服务 —加强弱势群体的权力保护 —参与政府政策制定等

3　中国社会组织发展模式分析

观察我国社会组织的成长，不难看出中国特色社会组织的发展模式，依赖于中国的行政制度和经费来源。国外社会组织的资金基本上来源于四个渠道，即民间捐赠、服务收费、政府补贴和外国援助，大部分国家的非营利组织都或多或少地依赖前三种来源，发展中和转型中国家的很多非营利组织还依赖于外国捐款；我国社会组织的资金来源主要有政府支持，如政府拨款、会员会费、社会捐助及服务性收费等。[25] 在中国，由于历史渊源，一些公益慈善组织，如红十字会、青少年发展基金会、宋庆龄基金会等，其发展初期受到卫生、民政、共青团和统战等部门和单位的支持，长期承担相关政府部门委托的工作任务，承担在紧急状况下运用政府资源和动员社会资源的职能。不可避免地，一些公益组织很大程度上代表了政府行为而非社会行为，根植于政府代办代管的背景下，慈善会会长、理事长基本为现任或曾任公务员。除了政府主导模式外，行业自治型社会组织涉及范围广泛，关系着社会治理的方方面面。虽然从计划经济走来，一些行业自治型社会组织难免带有官僚的印记，也与相关政府职能部门存在着隐形的隶属关系，但是随着政府工作从行政手段为主转向经济和法律手段为主的过程，越来越多的以行业协会为代表的社会组织承担起过去由政府承担的技术性、服务性、协调性职能，自治的空间和承担的责任越来越大。同时，草根自发型社会组织在互联网时代下迎来了发展的黄金时期，这些扎根于城乡社会的基层民众组织的非营利组织，代表基层民众利益，具有平民化、大众化的特点，为民众诉求发声并提供服务，直接反应百姓生活的现实需求。目前中国社会组织发展模式归纳起来可分为以下三类：政府主导型、行业自治型和草根自发型。

3.1 政府主导型社会组织

在政府简政放权、转变职能的过程中，原本属于政府机关管理的领域，逐渐移交相关的社会组织进行服务，这就产生了大量政府为主导的社会组织，这类模式的社会组织在发展过程中，承担起很多公共服务的提供，并直接接受政府提供的财政资源。在城市交通、供水、供电、供气、污水和垃圾处理等硬件设施的建设方面，以及医疗、教育、社保、养老、就业、文化娱乐等软件服务领域，政府主导型社会组织依靠自身专业实力进入市场，保障政府转型后的社会治理平稳过渡，作为类政府的社会组织，其优点是容易吸收有利政策，符合政府目标规划，开展工作较为便利。另外，这些组织是政府扶持成立，以政府需求为主导的社会组织，具有先天的资源优势，在具体项目运作过程中，执行效率和人员配置由于受到政府背书，风险得以控制。

3.2 行业自治型社会组织

随着市场经济的不断发展，除了政府有关部门的监管和服务外，市场对行业自身的发展提出了更高的要求，行业自治型社会组织应运而生。一些具有专业分工或满足特定需求的社会组织，比如行业协会等，正在发挥公众参与和公共治理的功能。值得注意的问题是，我国目前存在部分行业协会，仍具有政府主导型社会组织的特点，"一套班子，两块牌子"的现象并不少见。两个具有不同编制、职责的党政机构由于工作对象、工作性质相近或其他原因而在同一地点办公，并且两个机构的人员、资源可在上级统一指挥调度下视工作需要而灵活运用，出现了任职于这类社会组织的工作人员与对应的政府机关工作人员都是同一批人的现象。民间自行组织起来的如行业联盟、各地商会、留学生联谊会、同乡会等社会团体及单位，正在经济、政治、文化、科技等社会生活的各个方面承担起重要的协调、整合、管理等公共治理职责。行业自治型社会组织的优点在于，符合市场需求，更有针对性地对成员进行管理、协调、约束，以促进行业或领域的发展，完善健全市场体系和运行机制；为需求、利益接近的细分行业成员提供指导和服务，保障专业化、规范化的社会服务质量。

3.3　草根自发型社会组织

随着民间众筹组织等一系列草根组织的萌芽，去行政化的社会组织进入人们的视野。这些基层组织主要从事各类社会福利和公益慈善活动，自发、自愿地致力于教育、文化、科学、艺术、环境保护、救灾济贫、扶弱助残、医疗救助等方面，自下而上地对国民生活水平的提高起到推动作用。社会组织能否高效、大量地筹集资金用于急需改善的公共治理领域，是其存活的基本条件。近年来，草根自发型社会组织在公共服务、社区发展等新兴领域开始活跃起来，与其资金来源形式的逐渐丰富密不可分，公益众筹是比较值得推广的形式。Mollick（2014）在研究中提出，众筹是一种通过网络上数量庞大的个体进行小额资助来获得资金的新方式，这种集资方式无需常规的金融中介机构。[26]Gerber等人（2014）认为，众筹正改变着人们把想法变为现实的方式，众筹行为中，激励人们资助众筹项目的动机包括收获回报、帮助他人、支持一项事业以及成为社会一分子的愿望。[27]通过众筹的形式，鼓励公众参与政府转型时期的社会治理，是草根组织克服资金上先天不足的途径之一。众筹使得社会服务机构得以合理集中社会闲散资金，影响并促使社会大众从捐钱这个实际行动上支持机构的项目，解决了草根自发型社会组织可持续发展的难题。这类社会组织的优点，不仅赋予公众参与公益事件、改善社会福利的机会，也从需求出发，合理使用资金以确保达成所承诺的服务目标和理念。不论是重症救治、动物保护，还是教育扶贫、科研资助等，几乎所有公益慈善事业都可以看到草根组织的参与，让公众直接、自愿地重视社会问题的发生，投身社会发展的建设，关注社会问题的解决。

4　中国社会组织发展模式存在的主要问题

中国社会组织经历了艰难的谋求转型发展过程，在去行政化和去垄断化的改革过程中不断回归民间本色，建立治理和运行的新生态，但从经济方面考量，我国社会组织在市场环境下的作用，及其创造的增加值，与社会组织发展较好的国家还存在一定差距。中国社会组织对整个国民经济的贡献份额还较为微小，其影响力、服务能力、专业化程度以及治理水平，仍有很大的提升空间。通过借助社会组织的联合将松散的各类 NGO 团体聚合起来，不仅能够节约监督和运行的成本，更能助推各成员团队的有效运转。[28] 当前中国社会组织的三种主要模式都存在不足之处。

4.1 服务效率较低，公众认可不足

政府主导型社会组织的缺点在于官办背景导致组织官僚现象比较严重，接受政府资金划拨，按照政府指示行事，话语权多掌握在政府手中，传统的完成任务式的工作作风使其提供社会服务的效率和质量较低。此类社会组织的运作缺乏透明度，违背公众参与社会治理的诉求，容易受到大众的质疑，出现公信力危机；政府主导型社会组织投入产出的评价体系不够完善，其登记、审批、实践上的优势并没有带来更高效、更专业的公共服务，造成资源的垄断和浪费，难以获得公众的普遍认可。

4.2 创新意识淡薄，运营能力较弱

行业自治型社会组织作为市场自我管理、自我规范、自我服务的中间力量，无论从体制、人员、实施项目，还是从工作方式、服务对象等角度，都较为保守，缺乏创新精神。在政府转型和产业升级的背景下，创新是全社会的重要力量。行业协会等社会组织参与公共服务的提供过程中，在通过新兴的金融方式筹集资金、利用高效的网络信息整合资源、开发先进的科技手段解决问题等环节上，创新意识较为薄弱，保障组织长远发展的运营能力不足。可持续发展是行业自治型社会组织面临的问题之一，提高对社会问题的关注度，及时根据公众需求做出行动，在社会治理中发挥配套辅助作用，与时俱进，是这类组织的首要任务。对专门人才和工作人员培养的忽视，导致行业

自治组织主动对接政府和市场相关部门的能力缺失，影响了这些组织的权威地位和可靠运营。

4.3　法律地位模糊，监督机制缺失

草根自发型社会组织的登记受到约束，中国民间组织管理采取双重管理体制，一个民间组织先要获得政府业务主管部门的同意，然后再到民政部门去登记。而草根组织获得政府业务主管部门的批准较为困难，在登记成功之前其法律地位难以明确。而民间 NGO 大都没有建立起以理事会为核心的治理结构，组织的成立和运作尚不规范。草根组织组建较为随意，成员进入门槛低，但是其接受监督的机制不健全，财务、人事的信息披露成为盲点，影响其合法、合理完成公益使命。以慈善捐赠为例，由于没有明确的法律文件和统一的程序标准规定公益慈善组织应公开哪些内容，导致社会上出现不良组织欺骗民众，产生诈捐、赖捐、索捐和挪用私分善款等现象，并存在非法集资、骗取税收优惠等隐患，损害公共利益。

5　影响中国社会组织模式发展的主要因素

中国社会组织的发展模式，立足于我国国情和社会背景，影响因素来自公民、市场和政府三者的互动和变迁。社会组织模式的健康发展，与公信力、市场化、透明度这三个因素关系密切。具体而言，不论是政府主导型、行业自治型，还是草根自发型社会组织，影响其发展的主要因素，首先取决于这种模式在大众舆论中公信力的程度。我国社会组织发展至今，在公民的认知上仍很难摆脱官办和官僚的印象，究其原因，一是公民自发形成社会组织服务大众的意愿淡漠，对公益事业和社会管理的情感支持不足，形成都"靠政府、等政府"的依赖心理，这不仅限制了社会组织发展的大力推广，也加重

了政府工作的内容和财政负担；二是一些社会组织的成立，承担了部分政治功能，脱胎于政府机关部门，为执行特定政策和任务而设定，这类社会组织单一的服务与多元化的公众需求相矛盾，导致公民对社会组织缺乏信心和认可，难以调动以信任为基础的社会资源，影响了社会组织的进一步发展。其次，一类社会组织的模式要得以发展，很大程度上是在考量这类组织的治理是否有效和价值创造是否迎合市场需求。从资金的角度来看，目前社会组织发展的环境，缺乏高效的融资途径和适用的评价系统，发现市场需求时，社会组织筹集资金用于完成项目目标的方式非常有限。通过政府拨款和社会捐赠的方式进行公共服务的提供，存在速度、效率、质量上的缺陷，与瞬息万变的市场需求相违背，亦没有标准化的评判体系来检验社会组织对资金使用的成效，另一方面，从人员的角度，由于缺乏市场化的运作模式，员工的薪水、考核、晋升与市场规律存在较大差距，很多社会组织的人员流动性较大，工资收入、就业岗位等不确定因素，导致专业人员的职业稳定和发展难以保障，造成有经验的工作人员大量流失。这些因素导致了社会组织的三种主要模式难以广泛、长久发展。最后，社会组织的透明度，是其长久立足的必要因素，社会组织合理、合法运作的专业化程度，保障了公共服务和公共治理的有序进行，政府的立法、监督、管理机制，决定了社会组织的规范性。健全社会组织参与社会管理的体制，既需要完整的项目运作标准，包括预算、合约、评估等环节，又需要公正透明监督与合作机制。相关法律法规的配套、修改和及时更新完善，直接关系中国社会组织的三种主要模式发展的透明度，以及组织内、外部管理的可操作性和可持续性。

6　中国社会组织模式发展的方向及建议

针对不同模式的社会组织，其发展方向可分为：政府主导型社会组织注重宏观环境的建设，行业自治型社会组织强调中观管理的协调，草根自发型社会组织重视微观事务的治理。具体地说，政府主导型社会组织在资金和资源上，具有不可取代的先天优势，包括较强的组织动员能力和丰富的项目实践经验。在建设服务型政府的大背景下，这类组织的发展保障和谐社会的建设，从整体框架上保护人民群众的切身利益。行业自治型社会组织发展方向为加强沟通和服务的助手，为社会治理和公共服务提供有效引导，宣传有关法规政策，增进互动，发挥中介作用。草根自发型社会组织根植于社会基层事务，是促进民主建设的平台，充分代表群众的利益需求和治理意愿。其发展方向是积极调动公众参与，关注民生问题。三者的发展方向是相互补充、相互支持的，共同完成公众参与社会管理的目标和过程。

中国社会组织发展的建议，主要包括以下四点。

首先，结合大众创业、万众创新背景，促进社会组织的建立和运行。培养适合从事社会组织工作的专门人才，提供符合市场预期的薪酬标准和福利待遇，鼓励大众通过创业的方式建立社会组织提供公共服务，发挥群众力量，调动可利用的外部人员，如退休的干部、教师、律师、法官等专业人士，可以很好地补充社会组织人员配置上的不足和缺陷。创新方面，社会组织发展应考虑针对新兴的需求提供管理和服务。就社会组织的运营而言，其对社会治理的贡献程度，都与创新能力密不可分，用老办法解决新问题是行不通的，社会组织只有不断加强组织自身学习能力，用新视角面对新问题，才能得到公众的认可。现代社会的公共治理和福利提升离不开各类社会组织提供多样性的服务，丰富的社会需求是社会组织参与公共服务供给体系的动力。Zhao等学者（2016）注意到，中国政府及 NPO 对服务承包很有热情，研究发现服务承包对 NGO 的积极影响包括通过政府的合法性来促进筹款。[29] 打造社会组织多元化健康发展之路，需要深入挖掘尚未开发的、广泛复杂的社会生活领域，使急剧增长的社会公共事务得以妥善处理。我国目前出现了大量政府行政职能无法涵盖的领域，这些不适合行政化方式处置的公共事务，将依靠社会组织提供服务。但是，已有的社会组织还未能很好地迎合不断增长的社会公益服务需求，比如搬迁安置、人口流动、养老服务、物业管理、休闲娱乐、文体社团、环境整治、慈善公益等公众需求发展势头迅猛。新时期，社会需求的类型、内容、品质和形式更加丰富，我国社会组织个性化服务的提供，尚处于比较空白的阶段，无法达到专业、精细的良好格局。

其次，充分利用"互联网+"，打造社会组织发展平台。对于社会组织未来的发展出路，基于投入和产出，可以从人员配置、资源共享上发挥优势，以提高服务和质量。是要建立规范的管理制度以实现资源在政府、企业和社会组织间的共享和流动，既包括实质性资源，比如办公场所、基础设施、物资供给等，又包括虚拟性资源，如信息资源、网络资源、知识资源等。社会组织在发展过程中，利用互联网技术的支持，分地域、分行业、分人群地进行精准的资源分享，不但可以建立与政府和企业的深层次联系，也可以有效地健全社会组织自身的资源使用机制。"互联网＋"的概念可服务于加强与企业的合作，建立联盟机制，有利提升资源和信息的利用效率，是社会组织发展的新方向之一。需要指出的是，Rivera-Santos 等人（2010）在研究中强调了，企业－NGO 联盟合作需要建立在以信任为基础的治理机制上。[30]同时，政府应适当释放垄断性资源，降低社会组织参与公共服务提供的门槛，以实现公众参与公共治理的途径优化。另外，互联网的发展使得媒体舆论监督、慈善资金捐助、公益项目推广变得更为迅速、便捷，是社会组织进行活动的重要平台。

再次，加强国际合作，提升社会组织国际化程度。保障社会组织人员的专业化和国际化，是社会组织真正服务大众的前提。推广国内外成功的社会组织活动经验，注重引进海外 NGO、NPO 方面的专家，鼓励社会组织工作人员与国际同行开展交流学习活动，在人才的吸纳和保留方面做到精、准、久。不论是引进人才还是本土招聘，既要选对人，做好人岗匹配，又要注重人员的长期职业发展，留住人才。同时在"互联网＋"的浪潮推动下，社会组织建设线上平台为民服务的潜力很大，借助于网络和通讯技术，突破时间和空间的界限，与国内外专业机构建立合作体系，利用国际公认的标准衡量社会组织的效益，规范社会组织的信息披露，可以增加社会组织运行的透明度和公信力。信息公开和投诉机制的启动，可以使公众及时了解社会组织的资金去向和服务质量，是提升社会组织国际化程度的指标之一。维护社会组织声誉的前提是坚持人、财、物的规范管理和使用，建立"黑名单"制度以惩戒信用记录较差的社会组织，可以防止公众利益受损。另外，对各类名字接近、功能相似的社会组织进行评级、打假，建立群众举报制度，能有效提升公众对社会组织工作的支持力度。鼓励社会组织走出去，参与国际事务的治理，积极推动社会组织依法依规开展援外活动，在发展中国家从事减贫、人道主义救助等工作，是中国社会组织在国际上发挥影响力的途径之一。

最后，平衡发展，对不同领域、不同地区的社会组织进行整体布局。民政部最新数据显示，2016 年第四季度全国共有社会组织约 70 万个，如何保证这些社会组织有计划、经常性地开展活动，彼此之间公平竞争、协同发展，关键还在于社会组织的整体布局思考。目前我国社会组织从结构上看，主要集中于文体、教育培训等类型，而服务类、维权类、公益类社会组织数量较少，发展不平衡。从不同经济水平的地区来看，较为发达地区的居民生活水平和社会组织发展水平有直接联系，欠发达地区社会组织发展则主要依靠政策的支持和政府在人力、物力、财力上的大力扶持资助。政府职能转变的改革方向促使政府通过购买优秀的、高效的社会组织的服务，以提高公共服务的质量和水平，改善公共治理结构；与此相对地，社会组织需要在不同领域和地区平衡发展，才能保持其专业性和可靠性。发展的平衡急需健全相应的战略文件和法律法规来创造一个健康的发展环境。一是要从制度上逐步完善，从不同层次协调、统一规范性文件，使社会组织的设立、发展、监督有法可依，加强社会监督体系和项目评估机制，二是要保障社会组织的资金投入在整体层面上有调控、有针对、有计划，从以往单纯的政府直接财政补贴转变为扩大政府购买服务、鼓励社会资本合作等形式，扩宽社会组织的资金来源范围。在公共治理有序分工、打破垄断的基本原则上，提倡社会组织通过引入市场资本和管理方式运作社会企业，巩固自身经济实力，实现创新公共治理方式的均衡发展。

参考文献

［1］严振书.中国社会组织发展问题研究［J］.湖南工程学院学报（社会科学版），2010，（02）：86–92.

［2］赵立波.完善政府购买服务机制推进民间组织发展［J］.行政论坛，2009，（02）：59–63.

［3］汪志强.我国非政府组织：检视、批评与超越［J］.武汉大学学报（哲学社会科学版），2006，（02）：191—196.

［4］Saich T. Negotiating the State：The Development of Social Organizations in China［J］. The China Quarterly，2000，161：124–141.

［5］Spires A J. Contingent Symbiosis and Civil Society in an Authoritarian

State：Understanding the Survival of China's Grassroots NGOs1 ［J］. American Journal of Sociology，2011，117：1-45.

［6］Yong Li. The development of social organizations in China ［J］. China Journal of Social Work，2012，5（2）：1-5.

［7］磊. 公民社会理论视角下的社会组织发展研究 ［J］. 党政干部学刊，2013，（03）：59-62.

［8］刘振国. 中国社会组织的治理创新——基于地方政府实践的分析 ［J］. 经济社会体制比较，2010，（03）：137-144.

［9］石国亮. 中国社会组织成长困境分析及启示——基于文化、资源与制度的视角 ［J］. 社会科学研究，2011，（05）：64-69.

［10］陈振明. 简政放权与职能转变——我国政府改革与治理的新趋势 ［J］. 福建行政学院学报，2016，（01）：1-11.

［11］廖世铢. 美国非营利组织发展经验及启示 ［J］. 发展研究，2008，（12）：51-52.

［12］张婷婷. 英国社会公益组织扫描 ［EB/OL］. http：//shszx.eastday. com/node2/node4810/node4851/dcsj/u1ai76285.html，2017-07-18.

［13］廖鸿，石国亮，廖明. 赴澳社会组织考察评估报告 ［J］. 学会，2011，（07）：41-43.

［14］邓辉. 日本和新加坡社会组织在社会治理中的实践与启示 ［J］. 厦门特区党校学报，2013，（02）：42-45.

［15］徐中伶. 日本非营利组织考察报告 ［J］. 中国社会组织，2008，（04）：56-58.

［16］马庆钰. "十三五"时期我国社会组织发展思路 ［J］. 中共中央党校学报，2015，（02）：58-64.

［17］朱晓红. 现代治理体系中的社会组织发展 ［N］. 中国社会报，2016-06-07（4）.

［18］Kaneko Y. Japan's Innovation of Public Organizations in the Research and Development Field ［J］. Public Organization Review，2006，6（4）：329-346.

［19］廖卫东，池泽新. 发挥市场中介组织的作用——关于日本农协发挥中介组织的启示 ［J］. 江西农业大学学报（社会科学版），2005，（02）：14-17.

［20］ 娄成武，陈德权. 国内外科技中介服务机构的比较与启示［J］. 中国软科学，2003，（05）：105-109.

［21］ 王劲颖，沈东亮. 美国非营利组织运作和管理的启示与思考——民政部赴美国代表团学习考察报告［J］. 中国社会组织，2011，（03）：19-25.

［22］ 安宁. 加强社会组织建设和管理工作——美国非营利组织税收激励和监管制度的启示［J］. 中国民政，2008，（01）：46-48.

［23］ Cabinet Office, UK. The Compact［EB/OL］. https：//www.nao.org.uk/successful-commissioning/general-principles/the-compact，2010-12.

［24］廖鸿，石国亮等编著. 澳大利亚非营利组织［M］. 北京：中国社会出版社，2011：30-31.

［25］周批改，周亚平. 国外非营利组织的资金来源及启示［J］. 东南学术，2004，（01）：91-95.

［26］ Mollick E. The dynamics of crowdfunding：An exploratory study［J］. Journal of Business Venturing，2014，29（1）：1-16.

［27］ Gerber E M，Hui J. Crowdfunding：Motivations and Deterrents for Participation［J］. ACM Transactions on Computer-Human Interaction，2014，20（6）：34-32.

［28］ 丁惠平等. 社会组织培育模式的分类与比较［EB/OL］. http：//www.chinanpo.gov.cn/700105/92404/newswjindex.html，2015-12-27/2017-03-18.

［29］ Zhao R，Wu Z，Tao C. Understanding Service Contracting and Its Impact on NGO Development in China［J］. International Journal of Voluntary & Nonprofit Organizations，2016，27（5）：1-23.

［30］ Rivera-Santos M，Rufín C. Odd Couples：Understanding the Governance of Firm—NGO Alliances［J］. Journal of Business Ethics，2010，94（1）：55-70.

第五章　北京社会组织发展研究

1　引言

社会组织的发展与整个社会的兴衰与否息息相关，作为国民经济体制的重要组成部分，社会组织能够在社会范围内积极优化资源配置，统筹社会阶层利益，规范市场行为，是社会发展的重要推动力[1]。本质上，社会组织是集公共服务、社会监督、社会沟通、民间合作等职能于一身的公共服务性组织。社会组织能够提升社会管理水平，促进社区自治程度，扩大公众参与社会管理的渠道和方式，统筹各阶层利益诉求，调解矛盾纠纷，保障和改善民生，加快和推进社会建设，强化民主监督，维护社会秩序。社会组织具有非营利性、非政府性、公益性和自治性的特点，是社会公共利益重要的维护者。因此，加强社会组织管理改革力度，采取有效措施推动社会组织的发展，更好地发挥社会组织在社会公共服务和公共管理中的功能作用，具有十分重要的现实意义。北京的社会组织存量最大、增量最高[2]，实施、培养和发展社会组织的政策措施，促进了社会组织更好地发挥公共服务和公共管理中的作用。本章以北京社会组织作为研究对象，分析其发展过程中存在的问题，加强社会组织管理改革力度，推动我国社会组织健康发展。

2　研究概述

十八大指出"应当加快现代社会组织体制建设"，引起学术界众多学者的关注。王名、张严冰结合十八大报告上关于社会建设的战略目标和主要任务，总结出以往国内社会组织的主要特点后指出，现代社会组织体制应当包括监管、支持、合作、治理和运行五个方面[3]。李培林回顾改革开放以来，我国社会组织体制的历史背景和变迁，指出社会组织体系的建立无法单独发展民间组织进行。一个完善的社会组织体制应当通过体制内改革和体制外发展双轨驱动[4]。杨丽等学者从战略、建议等角度探讨了社会组织体制建设并总结出社会组织体制建设过程中涉及到政府、社会组织和政社关系之间的问题[5]。从国家层面来看，2013年3月全国人大通过的《国务院机构改革和职能转变方案》为社会组织体制改革提供了宏观的指导思路。十八届三中全会提出应当激发社会组织的活力，进一步明确了社会组织改革的方向。从政策创制层面看，民政部与有关部门共同拟定了社会组织管理制度改革的具体方案，修订了《社会团体登记管理条例》等相关条例，对社会组织的分类和相关登记办法等配套政策也正逐步推行[6]，为建立符合中国国情的、本土社会组织理论体系提供了重要政策依据。

2.1　国外经典社会理论

2.1.1　公民社会理论

公民社会理论是社会组织研究中的经典理论。传统的公民社会理论认为公民社会与政治国家相互独立。公民社会与政治国家的分离有利于民众通过公民社会的力量约束国家权力。现代公民社会理论引入了新的内涵，认为公民社会包含丰富多样性的中间团体。在此基础上，哈贝马斯将公民社会定义成不同于国家和市场的多样的运动相互交流的"第三领域"[7]。现代学者将公民社会视为不同于国家或市场的领域，将市场经济从公民社会中独立出来，进一步提出了国家、公民社会、市场经济的"三领域模型"。现代公民社会理论认为,公民社会具有制度化和组织化特征,应当将之视为包含丰富多样性的中间团体通过网络的形式所构成的联合体。

2.1.2 第三部门理论

第三部门的产生,学术界主要有市场失灵/政府失灵理论和合约失灵论两种典型的理论观点。市场失灵/政府失灵理论认为市场机制和政府部门无法优化资源配置,市场运作和政府都难以组织和实现公共物品的提供或者所提供的公共物品无法满足公共需求。第三部门在提供公共物品和公共服务方面有自身的优势,对解决市场与政府失灵在提供公共物品时具有重要的作用。合约失灵论则认为第三部门是在经济和社会信用普遍丧失时一种监督性制度安排。第三部门的非营利性使其具有"非分配性约束",在提供产品或服务时不会损害消费者利益。这种公益性能够防止契约失灵的出现,有力维护社会个体的利益。公民社会理论与第三部门理论是社会组织的经典理论,能够有效解释现代社会组织的发展历程和特点。其中,第三部门是构成公民社会的主要领域。本章的研究对象社会组织便是构成第三部门这一领域的主要实体。

2.1.3 治理理论

治理理论认为,治理是个人和公共或私人机构管理其公共事务的诸多方式的总和。根据这一定义,我们可以发现治理理论的特点:一是主体的多元化,倡导社会管理主体包括但不应局限于政府,社会组织同样应发挥作用。二是强调"有限政府"的概念,对政府的角色和职能进行调整。政府应由管理型向治理型转型,将权责尽可能地交给社会组织。三是关系伙伴化。政府部门应当与私人部门、社会组织等构成彼此协调共存。政府与其他管理主体之间相互依存,共享权责,四是权力依赖和互动的伙伴关系。治理理论表明,国家不是公共管理的唯一中心。社会公共管理应当依靠以独立的社会组织为主体的合作网络进行,才能更好地改善社会治理的民主基础[8]。

2.2　基于中国本土经验的社会组织理论

2.2.1　第三领域

"第三领域"是有国内学者黄宗智提出的具有鲜明中国特色的概念。黄宗智在分析了哈马贝斯的"公共资产公共领域"和"公民社会"等概念后指出，这些概念是由西方经验中归纳出来的一种理想状态，并不适合于分析中国社会组织的特点和作用。他指出，"公共领域"和"公民社会"容易将问题简化成讨论国家与社会何者影响更大。但国家和社会之间应当存在着一个"第三领域"。这"第三领域"又分别与国家和社会互相影响。随着时间的变化，"第三领域"和国家与社会产生的影响也不断改变，从而形成不同的特征与制度形式。考虑到中国的具体国情，社会组织难以在短期内完全摆脱国家和政府的影响，进而发展成为公共领域和公民社会模式下的独立组织。私人领域仍然受到严厉的限制，无法承担政治变革的任务，未来的希望更可能发生于"第三领域"。在公共领域和公民社会的模式下，对国家的社会自主性的追求不断推动着社会政治变迁。而中国社会政治变迁动力与西方经验归纳出来的公共领域、公民社会模式的图式不同。其变迁推动力主要源自中国"第三领域"中国家与社会之间力量的对比和关系的变化。这种"第三领域"的内容和逻辑无法简单地借鉴从西方经验中归纳出来的结论。它需要结合中国实际进行更深刻更有创造性的研究[9]。"第三领域"理论源自于西方社会组织理论的启发与沉淀，是站在巨人肩膀上的成果。但由于东西方政治、历史、文化方面的巨大差异，由西方社会及经验归纳出来的社会领域和公民社会等理论并不适用于中国社会。纯粹的照搬西方理论无法充分有效地分析中国社会组织的状况[10]。

2.2.2　分类控制体系

康晓光、韩恒在考察了政府部门对当前社会各种主流的组织的控制力度后，提出了新的关于国家与社会关系的理论解释。这一理论被称为"分类控制体系"。有别于"公民社会"图式，"分类控制体系"建立于大量国内实践经验的基础之上，能够充分诠释中国在经济和社会双重转型的大背景下国家与社会的关系。在"分类控制体系"这一本土化的理想类型下，国家及其政府部门对主要的社会组织进行归类，并根据其能力和所能够提供的物品类别的丰富程度采取不同的管理策略进行管理[11]。在"分类控制体系"下，政府部门能够针对不同类型社会组织的组织特征、职能范畴和影响大小采用具体而有效的管理方式。针对威胁或者可能威胁到政府部门的社会组织，政府往往会采取严厉的手段进行限制。而有能力也有意愿提供公共物品和服务的社会组织一般有利于政府提高社会管理的效率，因此，政府会采取较为宽松的管理政策，甚至进行一定程度的扶持。在国内经济和社会双重转型的背景下，平等、自由、民主等观念深入人心，社会实践经验不断丰富。国家权力与社会组织之间的关系开始转变，政府部门逐渐放松对社会组织的控制。但就整体而言，社会组织不能触碰政府权力与权威一直是政府部门放松对社会组织的管控程度的重要前提。如若社会组织对政府的执政能力和管理权威产生挑战或威胁，国家权力便会迅速扩张，政府部门随之加强对社会组织的管控[12]。"分类控制体系"理论的理论根源在于中国国内社会组织发展历程与实践，在经济社会转型的背景下中国如何塑造国家与社会的新模式具有极强的实践意义[13]。

3 北京社会组织的发展历程

根据北京市民政局的数据，截至 2015 年底，北京市共有各类社会组织 9721 个，较 2014 年同比增长 7.02%（表 5—1）。从北京社会组织发展的过程状况来看，可以分为初始发展、缓慢发展、发展壮大、高速发展四个阶段。

表 5—1　北京社会组织的数量变化

（单位：个）

年度 组织	2006	2007	2008	2009	2010	2011	2012	2013	2014	2015
社会团体	2846	2992	3106	3167	3220	3314	3392	3573	3730	3961
民办非企业	2898	3080	3550	3569	3809	4089	4382	4712	5035	5378
基金会	76	82	103	120	144	186	219	275	318	382
总计	5820	6154	6759	6856	7173	7589	7993	8560	9083	9721

第一，初始发展时期（1950—1980 年）。1950 年，北京市昆虫协会等三个社会团体首次在北京注册登记。1950 年至 1980 年，共有 44 个社会团体在北京注册登记。在初始发展的 30 年间，由于社会大环境的局限，北京市社会组织发展缓慢，类型单一，主要以社会团体为主。

第二，缓慢发展时期（1981—1990 年）。改革开放为北京市社会组织提供了难得的机遇。这一时期，社会组织在规模、类型和结构上都得到了较大突破。在类型上，社会组织不再单一，形成了由社会团体、民办非企业单位和基金会并存的复合体。在规模上，北京市共登记注册登记社会组织 151 个，是第一阶段总量的近 4 倍。1981 年出现了第 1 个注册登记的基金会和民办非企业单位。但是，由于改革开放刚刚起步，我国社会主义市场经济体制尚未成型，北京市社会组织发展依然比较缓慢。

第三，发展壮大时期（1991—2000 年）。随着改革开放的深入，北京市社会组织无论在质量还是数量上都得到了历史性的飞跃。至 2000 年，北京市共注册登记了 1385 个社会组织。这一时期北京市社会组织的发展离不开社会主义市场经济体制的建立与支持。

第四，高速发展时期（2001 年至今）。党和政府开始有意识进一步推动社会组织的发展。国家出台以《基金会管理条例》为代表的一系列重要文件，推动和加强社会组织发展和管理。社会组织的发展拥有良好的政策环境，组织经营与管理开始进一步规范化和制度化。

纵观北京社会组织发展历程，北京社会组织发展初始类型原始单一，组织规模相对较小，业务范围狭窄。随着经济发展，人民群众不满足于物质享受，开始追逐精神需求，社会组织的类型开始不断丰富，组织规模扩张，涉及业务范围和服务领域多样化程度更高[14]。北京社会组织以发源于城乡的社区组织为主，在文娱活动、社区服务甚至慈善公益等领域均有涉及。这些社会组织不仅满足了人们的物质需求和精神需求，同时为公民个人价值的实现提供了平台。

4 北京社会组织发展存在的问题

4.1 社会组织主流文化体系尚未完全形成

改革开放以来，北京社会组织致力于发展各种不同类型具备各种职能的社会组织。目前，北京社会组织以服务民生行动为载体的组织文化建设已然取得一定的成绩，但主流文化还未形成完整的体系。一方面，北京社会组织的文化建设主要聚焦于现代文化核心价值观，需要进一步吸取中国传统优化文化的精华，形成符合中国国情社会主义核心价值观的观念；另一方面，社会组织的重要作用和意义尚未得到充分的认可。例如，"私立学校""民营医院"等具有某种特定社会职能的社会组织品牌和信誉还无法被社会大众普遍接受，这与发达国家和地区私立学校和私立医院受民众平等对待的情况截然不同[15]。

4.2 社会组织数量及市场化与社会需求仍有较大差距

近年来，北京社会组织数量虽然在不断增加，但存在着总量仍不足，效率不高，管理分散等问题。北京社会组织依然无法充分满足北京高速发展的经济社会需求。具体而言，北京社会组织总量相对较少，北京每万人所拥有的社会组织的数量仅为 5.92 个，仅为发达国家的十分之一左右。此外，北京社会组织没有独立的经济来源，经济支持主要由挂靠单位提供，缺乏相应的自主性，"造血机制"不足，因此，北京社会组织往往无法通过市场化形成自我发展的组织意识[16]。

4.3　政府职能转移力度与社会组织承担能力有待加强

目前，政府通过购买社会组织服务工作以履行社会职责不断推进，但这种现象还较缺乏完善购买监督和管理机制；社会组织的服务工作往往无法得到公共财政更有效的经济支持；部分政府部门在将职能转移到社会组织时没有充分放权。社会组织自身而言，需要不断强化市场化能力，强化自身的独立性和自我发展意识，为接收相应社会管理职能做好充分准备[17]。

4.4　社会组织党的建设工作有待加强

北京社会组织有相当一部分是在政府社会职能空白处产生发展。这些社会组织受党组织的约束程度较低，具有高度的独立性、公益性、民主管理等西方社会组织特征[18]。这些组织创立伊始与党组织交集少，在相当长一段时间内独立运转和经营，因此，必须加强社会组织党的建设工作，掌握社会组织服务工作开展方向，对社会组织提供必要的有效政策与物质等方面支持，无论对党建工作还是社会组织都是一种新气象和新变化[19]。

5　北京社会组织发展的启示

社会组织发展水平的真正提高，不是社会组织一方就可以独立完成的"工程"，需要政府、第三方评估机构和公众全方位支持，充分发挥社会组织能动性，推动社会组织规范科学地发展（图5—1）。

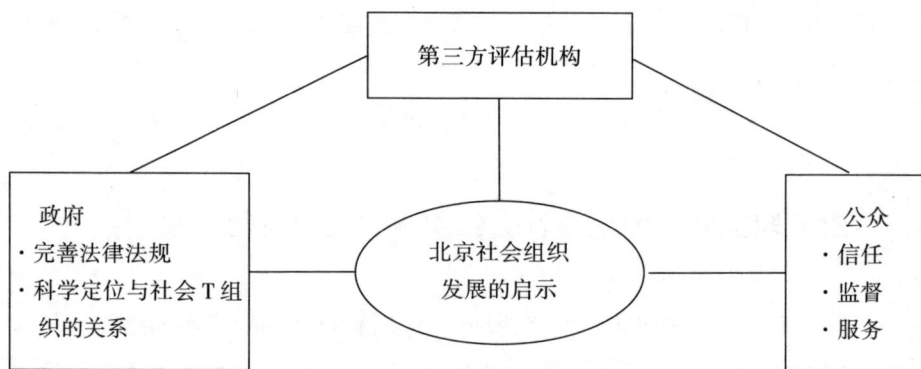

图 5—1　北京社会组织发展的启示

5.1　政府

5.1.1　完善社会组织法律法规

十八届四中全会《中共中央关于全面推进依法治国若干重大问题的决定》指明了社会组织发展的方向，强调应当"加强社会组织立法，规范和引导各类社会组织健康发展"[20]。一方面，政府应当完善社会组织的法律体系，为社会组织的发展提供法律保障，约束社会组织的行为。另一方面，社会组织是重要的社会力量，是不谋私利、具有公益性的社会力量，了解公众的基本需求，能够代表和表达公众的心声。要重视社会组织在立法中的作用，保证社会组织有充足的发言权，征求社会组织的意见，以出台具有可行性的、"接地气"的法律法规。

5.1.2　科学定位与社会组织关系

在政府完善社会组织立法的同时，社会组织与政府之间也需要进行科学的定位，明确职责、厘清关系，才能更好地加强两者间的互动与合作。首先，政府应与社会组织划清界限，科学下放权力。十八大提出"加快建设政社分开、权责明确、依法自治的现代社会组织体制"，要求政府不能继续维持之前政社不分、权责不清、职能混淆的状态，切实与社会组织分离开来，做到权责明确，社会组织也不再是只为政府服务的附属机构，只有这样政府才能够做到指导社会组织而不是过度干预其发展。其次，政府要继续支持、引导、监督社会组织发展。社会组织的规范化建设，必须与国家的政治环境、经济环境、文化环境相适应。政府在为社会组织创造良好的政策环境的同时，也要发挥对社会组织的监督职能。

5.2　第三方评估机构

2014 年 6 月，国务院引入第三方评估机制对国家民生政策落实情况进行评估。十八届四中全会提出"对部门间争议较大的重要立法事项，由决策机关引入第三方评估"。第三方评估机制具有公正性、客观性和专业性的特点，有能力承当承担社会组织评估工作。引入独立的第三方对社会组织的评估，是社会组织管理工作的一种新探索、新实践。通过第三方评估，政府能够更好地监管社会组织、加强社会组织间交流与合作、推动社会组织规范化建设。开展社会组织的评估工作，有利于实现社会组织间的良性竞争与合作、增强社会认同，是引导社会组织规范化建设的重要途径。评估专家应当具备专业的职业精神，以身作则，对所有社会组织一视同仁，保证对社会组织规范化建设水平评估的公正、公开和透明。

5.3　公众

5.3.1　信任社会组织

在新的社会环境下以及规范化建设的推动下，社会组织必然能够在日常运行、举办活动、提供服务等方面更上一个新的台阶。社会组织在社会生活各个领域中提供的服务难以替代。在可预见的未来，社会组织将覆盖到社会生活的各个层面，成为公众生活中不可或缺的重要一员。公众需要从思想上和心理上正视自身对社会组织提供相关服务的需要，正视社会组织在人们生活中的作用。

5.3.2 监督社会组织

社会组织要想更好地发展，发挥自身在社会生活中的职能作用，离不开公众的监督。一方面社会组织要自觉接受社会的监督，敢于向公众披露信息；另一方面，公众则需要充分利用自己的监督权，监督社会组织的发展，防止社会组织内部的腐败。

5.3.3 为社会组织服务

作为社会组织的服务对象，公众的很多生活需求可以通过社会组织得以满足，例如幼儿园学校的选择、器乐学习、语言学习等等。社会组织为公众解决了难题，公众为社会组织提供了服务，但这并不意味着公众与社会组织之间的关系仅仅限于此。公众与社会组织之间通过良性互动彼此促进，而非单向的服务与被服务。社会组织的发展同样也会遇到难题，尤其是在人力和财力方面都相对短缺。一方面，热心又有闲暇时间的公众可以选择成为社会组织的一名志愿者，在社会组织做一些力所能及的事情，在为社会组织提供人力资源的同时更好地实现自身的人生价值。另一方面，公众可以通过社会捐赠物资、资金等方式帮助社会组织。可靠的经济保障能够保证社会组织的独立性，为社会组织发展提供良好的环境。公众从物资、资金方面为社会组织提供便利，可以在一定程度上缓解社会组织的经济压力，帮助社会组织工作、项目、活动等的顺利开展，推动社会组织向前发展。

6 本章小结

在改革开放的大环境下，中国特色社会组织有着更广阔的舞台，通过借鉴北京社会组织发展经验，促进中国社会组织发展，有理由相信中国社会组织必然成为支撑整个社会健康运行的重要力量。

参考文献

[1] 陶鹏. 聚焦天津港 "8·12" 爆炸事故灾难面前，社会组织能做什么——让社会力量成为提升应急管理能力的有效增量 [J]. 中国社会组织，2015 (17): 12–12.

[2] 唐军，刘金伟. 北京社会组织管理体制改革的思路与对策 [J]. 前线，2015 (9): 32–34.

[3] 王名，张严冰，马建银. 谈谈加快形成现代社会组织体制问题 [J]. 社会，2013 (3): 18–28.

[4] 李培林. 我国社会组织体制的改革和未来 [J]. 社会，2013 (3): 1–10.

[5] 杨丽. 推动政府与社会互动合作加快形成现代社会组织体制—第三届中国社会管理论坛之 "加快形成现代社会组织体制冶分论坛综述 [J]. 学会，2013 (6): 24–30.

[6] 王建军. 用国家治理理念谋划社会组织改革发展 [N]. 2014-01-05. http://www.chinanpo.gov.cn/pageyjindex.html.

[7] 哈贝马斯. 公共领域的结构转型 [M]. 曹卫东，译. 上海：学林出版社，1999: 170–171.

[8] 姚华平. 国家与社会互动：我国社会组织建设与管理的路径选择 [D]. 华中师范大学博士学位论，2010: 122.

[9] 黄宗智. 中国的 "公共领域" 与 "市民社会"？—国家与社会间的第三领域//邓正来，亚历山大. 国家与市民社会———一种社会理论的研究路径 [M]. 北京：中央编译出版社，1999: 420–443.

[10] 严振书. 现阶段中国社会组织发展面临的机遇、挑战及促进思路 [J]. 北京社会科学，2010 (1): 94–94.

[11] 康晓光，韩恒. 分类控制：当前中国大陆国家与社会关系研究. 社会学研究，2005 (6): 73–88.

[12] 杨家宁. 内生型监管：地方政府社会组织管理创新 [J]. 党政论坛，2015 (5): 34–37.

[13] 刘玉能，高力克，等. 民间组织与治理：案例研究. 北京：社会科学文献出版社，2012: 8–9.

[14] 黄晓春. 当代中国社会组织的制度环境与发展 [J]. 中国社会科学，

2015（9）：146–164.

［15］医院经营管理网医院品牌建设［N］.2014–02–05.

http://www.yyjg.net/wk_content.asp?classid=49&id=7183.

［16］中国社会组织网.每万人拥有社会组织数广州不足3个，上海达到7个［N］.2014–02–05.

http://www.chinanpo.gov.cn/1940/65347/index.Html.

［17］蓝煜昕.社会组织管理体制：地方政府的创新实践［J］.中国行政管理，2012（3）：48–51.

［18］张燕，许晨龙.北京市社会组织党建管理体制的问题和建议［J］.中国社会组织，2015（23）：49–50.

［19］邱金富.加强新形势下社会组织党建工作的几点建议［J］.中国社会组织，2016（4）：16–16.

［20］中共中央关于全面推进依法治国若干重大问题的决定［N］.新华社，2014–10–28.

http://cq.people.com.cn/news/20141028/20141028203 2566102293.htm.

第六章　中国香港社会组织发展研究

1　引言

社会组织最初的雏形源自人类的生产活动。社会组织是一个复杂的社会现象，它的兴起，从管理到治理的重大转变，推动了人类社会的发展。所谓市场失灵就是指市场机制在解决资源配置方面的无效率或低效率。市场失灵主要表现为外部性、垄断、分配不公平、宏观经济的不稳定和信息不对称[1]。"政府失灵"，又称"政府失败"，是指个人对公共物品的需求在现代代议民主政治中得不到很好满足，公共部门在提供公共物品时趋向于浪费和滥用资源，致使公共支出规模过大或者效率降低，预见上出现偏差，政府的活动并不总像应该的那样或向理论上所说的那样"有效"[2]。它们能够承担许多政府应该承担但是又没有能力或者说是低效率承担的职能[3]。正是在这种背景下，世界上绝大多数国家都要求政府进行改革。要求把公共事务民营化，推进社区主义，建立理想的政府、市场、社区三足鼎立的公民社会[4]。香港许多社会组织有着其他组织不可替代的重要作用，包括慈善和公益事业，公共领域的治理，社区发展等[5]。目前香港拥有成千上万的福利服务机构，绝大部分从事社会福利服务组织的人，他们从事社区服务，为老年人服务，为儿童和家庭服务，为康复服务，为青年人的发展服务，为在香港享受社区福利服务约两百万人发挥着重要的作用，在社会上有重要的地位[6]。在香港，当地社会组织服务产值占国内生产总值的 1.8%，在香港社会经济发展中扮演着不可或缺的角色[7]。香港的社会组织发展的经验，为我国建设服务型政府，建设一个和谐的社会，为民间组织的监督和控制系统的培育和发展提供有益的参考经验。

20 世纪 70 年代以后，北美和欧洲的学术界对社会组织的研究急剧增加。社会组织研究正在世界范围内成为一个新兴的跨学科研究领域。20 世纪 80 年代，受里根主义的影响，非政府组织在美国迅速发展，相应地，大量的社会组织研究中心纷纷成立了以耶鲁大学为研究中心的研究群体[8]。社会组织是普遍存在的，但是概念有所差异，发展已初具规模但是很不平衡，涉及的活动非常广泛但是结构有所不同，并且志愿资源非常庞大[9]。1949—1966 年是短暂的发展时期，这一时期，社会组织的数量和种类都十分有限。1967—1977 年是停滞不前时期，数量基本没有增长。1978—1994 年是曲折增长期，社会组织的增长出现波折。1995 年至今是深度发展时期，这一时期民间组织发展的外部环境日趋宽松和改善[10]。香港社会组织的蓬勃发展，也促进了当地学者对社会组织的研究，其中就包括香港理工大学第三部门研究中心对香港地区的社会组织的研究，提供了许多数据和材料[11]。

2　香港社会组织的发展历程简述

在 19 世纪 50 年代初，香港的社会组织开始发展。19 世纪末，香港出现了一批中国传统形式的慈善机构，施舍给穷人，为病人看病等。20 世纪四五十年代，大量难民涌入香港，社会福利需求的急剧增加，同时敦促香港政府成立独立的部门，负责制定和推行社会福利服务。社会福利需求的急剧增加，促使 1958 年香港政府成立了社会福利署，负责制定和推行社会福利服务。在 20 世纪 70 年代，香港政府颁发的社会服务白皮书，提出了政府与社会组织的合作伙伴关系，明确提出了共同负责社会服务的政府和非政府组织模式。在 1958 到 1967 年，社会福利服务机构迅速发展，这一时期称为福利服务机构的"黄金时代"。目前香港有成千上万的福利服务机构，从事福利工作的人员就有 200 万人左右，他们从事社区服务，为老年人服务，为儿童和家庭服务，为康复服务，为青年人的发展服务，发挥着重要的作用，在社会上有重要的地位。社会服务所需资金主要由政府投资，民间融资服务作为补充。从 1980 年到 1990 年，随着经济的发展，香港的社会事业快速发展。这些社会服务主要是由非政府组织提供的，但完全由政府资助。近年来，由于全球经济危机和亚洲金融危机的影响，香港经济增长放缓，社会组织发展遇到瓶颈，为了促进香港社会组织的发展，香港政府组织专家开展研究并实施改革。同时，香港政府鼓励非政府福利机构筹集资金，开源节流，不依靠政府补贴，全方位多途径寻找促进香港社会组织发展的方法。

3　香港社会组织的运作

香港社会组织在社会福利服务事业中发展程度比较高，运行制度及实施方法都比较成熟和规范（如图 6—1）。香港的社会福利事业与政府的联系非常密切，在很多方面都进行了合作，政府主要起到的是监督的作用，在香港社会组织的运行过程中提供了更多的自由。香港社会组织能较好适应社会的变化，为社会提供更多元的服务，对香港地区弱势群体给予较多的关注，提高了他们的满意度。

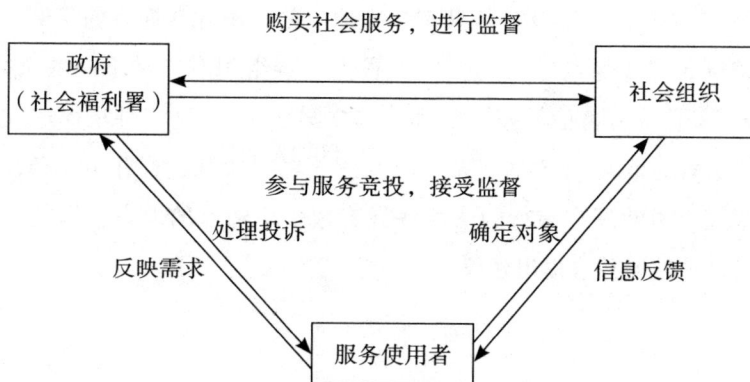

图 6—1　香港社会组织的运作流程图[12]

3.1 香港社会组织管理的法律手段

通过法律手段进行社会组织的管理，是伴随着现代法治精神的产生而出现的，是法治政府的一个重要组成部分。在国际社会，运用法律手段对社会组织进行管理，既是政府的常用手段之一，也是世界上许多国家通行的一条法则[13]。社会组织管理的法律手段主要通过两个途径实现：一是制定专门法，二是制定其他法律法规。实际上，制定专门法与制定其他法律法规并不冲突，很多国家就是将两种方法结合起来实现对社会组织的法律管理，香港地区也不例外。制定专门法律是对社会组织进行法律管理时的一种普遍采用的模式，专门法律的内容比较详尽，便于各个社会组织依靠此种法律为依据，进行监督和管理，并且专门法的制定可以提升社会组织的地位，能够促进社会组织的健康发展。但是关于社会组织专门法律的制定和完善需要大量的实践，这个过程相当漫长，所以就会导致法律滞后于发展的情况的发生。而有一些国家，如美国、英国，瑞士等并没有制定专门的法律法规，这些国家只是在其他的法律法规中对社会组织做出相应的规范。比如美国只有宪法第一修正案规定："联邦议会不得立法建立宗教，不得立法禁止宗教活动自由；不得立法剥夺言论自由和出版自由；不得剥夺人民以和平方式集会或者向政府请愿要求伸冤的权利。"[14]香港是一个现代化的大都会，基于香港经济的蓬勃发展，香港的民间组织拥有较丰富的资源，香港社会组织所受的法律制约是颇为宽松的。主要有四类条例对社会组织进行治理，包括《社团条例》《工会条例》《公司条例》以及其他具有法定地位的组织各自拥有的条例，如《东华三院条例》和《保良局条例》[15]。香港社会组织有三种不同的法律形式，有"有限公司""慈善信托基金"和"非立案法团"，这三种法律形式都受不同的法律法规规范[16]。在香港成立社会组织的手段和过程并不复杂，过程的透明度很高。虽然现在施行的法律法规有很多不适宜的地方，但是香港社会组织可以自由批评并且提出建议。

3.2 香港社会组织管理的经济手段

社会组织在成立以后，最重要的活动之一就是为达到组织目标而筹资。社会组织有非常多样化的筹资渠道，包括会费、经营收入、个人捐助、公司捐助以及外国捐助等都是社会组织的收入来源。一般情况下，只要社会组织的资金来源不违背国家明确的法律法规，国家就不会干涉。但是社会组织要实现筹资，就要获得政府的承认和社会的信任。社会组织可以通过报告、限制个人利益、采取自愿行动遵守法律法规，也可以在管理制度上采用高标准以保持政府和社会的信任和依赖。税收是促进社会组织发展的最有效工具[17]。实践证明，通过税收等制度的周密设计，既能保障社会组织的公益性，也能鼓励社会组织寻求自身的可持续发展途径，从而促进社会组织的发展。随着全球范围的政府改革的深入，各国政府相应地减少了开支，所以社会组织能获得的政府拨款就日益减少，就产生了服务社会和资金短缺的矛盾。在这种情况下，社会组织为了长久的存在，就必须自营创收。但是有极少数国家全面禁止社会组织从事营利性活动，例如立陶宛的《社团法》就规定：社团禁止从事商业活动。要了解的是社会组织的一些商业活动明显与其非营利目的不相关，但社会组织从中获得的收入不用缴纳相关税收。香港鼓励"官、商、民三方合作"。为了缓解社会组织财务上的压力。香港在策略上采用"社会投资"及鼓励"官、商、民三方合作"方法以调动社会资源[18]。香港社会组织所营运的企业，具有一些不同特色：大部份企业是过渡性形式，主要是为有需要的人员提供工作就业机会；参与企业的服务对象较为多元，其中包括一些待业、低学历、女性、有社会问题背景的人员、残障人等弱势群体；职业训练模式多以较非正规和有弹性的方法；可动员的资源中，部分来自政府，部分来自市场[19]。香港社会组织的发展与香港社会整体发展密切相关。经济起飞，带动了社会发展，特别是社会组织的迅速发展，同样，社会组织的迅速发展也促进了香港经济与社会的迅速发展。

3.3 香港社会组织管理的行政手段

政府管理社会组织的行政手段主要是通过社会组织的设立和社会组织的运作两方面进行的，主要包括登记管理和日常管理两个方面。社会组织的登记管理是指政府设置社会组织的进入门槛，通过对这些门槛的管理和调节来达到对社会组织的管理。经过多年的发展，社会组织的登记已经成为目前各国确认社会组织合法身份的一般做法。社会组织经过登记后，它们的运作也会受到相关部门和公众的监督。会要求社会组织公开相关信息，实现信息的透明化来使公众了解组织的运行情况。发达国家对社会组织的监管措施比较完善，包括报告制度、审计制度和信息披露制度等多种监督手段。政府的监督制度是有一定局限性的，需要完备的法律作支撑。社会组织接受了社会的捐赠以及税收优惠，就有责任对社会公众做出交代。这种社会监督操作成本低、效益好，是正式的监督手段所不能代替的[20]。随着香港政府对社会组织的政府补贴，香港的社会组织会自觉遵守法律法规，接受政府和社会的监督。社会组织通过电视、报纸和互联网等媒体发表的组织结构、人员安排、活动计划、筹资方法和组织管理的报告，通过全方位的行政公开、行政信息公开得到社会认同和支持。香港的社会组织的慈善事业作为一项长期的工作，反映了更多的社会责任。香港是中国经济比较发达的地区，居民的社会参与意识较强，所有部门的各种类型的社会精英们愿意参与社会慈善组织的创建。由于众多社会组织在公共服务和公共管理中扮演一个重要的责任，具有广泛的社会影响力，因此，香港社会已经形成了丰富的社区文化。

4 香港社会组织发展的经验启示

社会组织活跃在转型时期中国的社会经济生活的各个方面，社会组织已经成为我国社会经济发展中的一支重要力量。加强和完善社会组织管理，引导各类社会组织加强自身建设、增强社会服务能力，推动社会组织健康有序发展，不仅是建设中国特色社会主义社会管理体系的重要内容，更是促进社会组织与政府合作的根本要求。但是，和在一国两制下我国香港社会组织的发展相比，和正在兴起并日趋完善的市场经济的发展相比，和在改革创新中逐步走向现代化与国际化的政府公共管理体系相比，我国内地的社会组织不仅先天不足，而且动力不足，还没有完全表现出勃勃的生机和令人鼓舞的前景。我国社会组织的社会资源不足，公益产权基础薄弱，受到双重管理限制，法律政策环境不利，较缺乏专业能力，多元力量难以整合，而且社会监督乏力，受到市场机制的挤压。面对存在的问题，我国社会组织要提高管理能力，制定学习我国香港社会组织对经济社会贡献的发展经验框架，努力使我国社会组织成为经济社会发展的中坚力量。

4.1　加快对社会组织专门法律的制定

随着政治民主化的进一步发展，建立法治政府已经成为各国政府行政改革的最终目标。通过法律手段对社会组织进行管理，是法治政府的重要组成部分。相对于经济手段和行政手段，法律手段具有很大的优势。法律具有权威性，代表理性与规范，这就便于管理社会组织。在我国，目前社会组织管理工作主要是依据国务院颁布的《社会团体登记管理条例》《基金会管理条例》《民办非企业单位登记管理暂行条例》，以及各地自行制定的地方性法规和规范性文件。尽管社会组织管理体制框架基本形成，但仍存在许多问题。国家应当进一步创造宽松的制度环境，促进是我国社会组织的成长和作用的发挥。

4.2　引入竞争机制

与国外相比，我国社会组织人才缺乏经验，流动性大，人员整体素质不高，管理和服务理念滞后，缺乏具有专业水准的服务机构，直接影响工作质量。由于缺乏竞争压力，会增加我们的政府和社会的负担。由于利益的驱动，一些社会组织甚至会违反原则和以营利为目的。因此，我国社会组织的发展需要完善人员的培训，加强政府的管理服务和监督法规等，改善社会服务的专业化水平，为社会提供高质量的服务。进行有效的财务管理，可以提高社会组织整合资源的能力，促进社会组织的可持续发展。

4.3 完善社会组织的税收制度

发达国家社会组织规模较大，在社会中发挥的作用较大，其中税收制度起了很重要的作用。"社会组织帮政府提供公共服务，应该不收税或少收税。"中山大学政治与公共事务管理学院教授陈天祥认为，扶持民间社会组织，政府需要更明确社会组织的认定标准，并且应该适当降低门槛。陈天祥介绍，社会发展较为成熟的香港，每年承接政府购买服务金额达七八十亿元。相比之下，内地这方面成长空间巨大。刚起步的社会组织存在管理方式粗放等不足，更需要相关部门及时加以引导、扶持。实际上，对社会组织不收税或者少收税，毫无疑问可以提高社会组织发展的积极性，减少支出，从而实现社会组织的目标。

4.4 扩大对社会组织的资金投入

政府的经济手段不仅表现在经济领域，也应表现在社会领域。尽管我国已经于 2002 年通过了《中华人民共和国政府采购法》，并且已经有了政府向社会组织委托管理和采购服务的实践，但是到目前为止，社会组织向社会提供的服务还没有纳入到政府采购的范围之内。这样我国社会组织很难从政府获得资金支持，严重制约了社会组织的进一步发展。香港社会组织的发展与香港社会的整体发展密切相关，经济起飞带动了社会发展，特别是带动社会组织的蓬勃生长。政府也开始投入较多的资源在福利、教育和医疗等公共服务方面，以拨款或津助的方式交由社会组织代为提供。我国内地也应当扩大对社会组织的资金投入，顺应社会组织在社会服务和福利领域的多元化趋势，逐步完善对社会组织的经济管理。

4.5　降低社会组织登记注册门槛

世界上多数国家，包括一些发达国家的法律都明确规定了公民的结社自由神圣不可侵犯。但是有的国家并没有对公民的结社自由进行规定。根本上讲，社会组织的存在及其合法性来源于公民的结社自由，但并不是公民成立的所有社会组织都具有合法性。我国内地虽然对于社会组织的注册管理和业务管理已经开始实施了一体化管理模式改革，但是其注册和管理仍有较多严格限制，门槛很高，如对社会组织的会员人数限制和运行经费限制等。香港3人以上就可申请注册社团，而内地需要50个以上个人会员或30个以上单位会员。其实，对社会组织进行合理有序的监管，尤其是资金的监管，也会对社会组织的合理运行起到很好的监督作用。内地还对不同活动范围的社会组织规定有不同额度的活动资金要求，这些要求都抑制了不少人的公益热情。所以说，我国内地政府应当降低社会组织的登记注册门槛，顺应多元化的发展趋势。

4.6　实现柔性化管理

实现社会组织的柔性管理，就是在对社会组织进行行政管理的时候增加政策指引和服务的内容，减少强制性命令。过度的行政化很容易让公众感到虚假，会很快失去对于公众的社会教化和宣传的作用，进而降低了社会组织的吸引力和民间合法性，就会导致服务对象不积极参与社会组织的各项活动。香港社会福利署将工作的重点放在社会服务的核心领域，集中解决社会的主要问题，这样不仅能够降低政府的成本开支，也能增加社会组织的灵活性，有利于社会组织扩大规模，以适应社会多元化的发展趋势。我国政府在发展社会组织的行政手段上，需明确政府与社会组织各自的管理范围，在一定程度上给社会组织自主权，实现柔性管理，从而提高社会组织的经济性。

5 香港社会组织促进经济社会发展展望

香港虽然拥有很多的社会组织，运作也比较规范成熟，但是仍存在一些问题。首先，香港社会组织的登记注册门槛低，会让一些并不是为了社会服务而成立社会组织的人完成社会组织的注册登记，甚至在一定程度上助长了香港黑社会的壮大。比如近年，由于一些社会组织的不良行为，就严重危害了我国香港的稳定。其次，我国香港政府的关于社会组织的开支巨大，有许多经常性资助，这就在一定程度上打击了香港居民工作的积极性，不利于香港经济的发展。最后，控制社会保障支出和居民对社会组织的持续认可的平衡维持艰难，使得香港政府的压力比较大。针对一些社会组织发展存在的问题，我国香港应该通过长时间的实践和改革来解决这些问题。必须实现规范管理和优质服务的平衡，通过强调组织使命，增强组织人员为人民服务的信念，培养和强化职业道德。必须实现融资的多元化，政府项目和社会福利基金的招标或评审，都是让各机构直接竞争有限的资源，尤其是竞争性投标，投标价格是重要的评审指标，大机构更有资源提供增值服务并降低服务成本，中标机会远高于小机构，而在一定程度上形成寡头垄断的情况。必须与中国内地的社会组织进行密切联系和沟通，严格遵守一国两制，维护国家安全，充分利用国内资源，实现我国香港社会组织更好的发展。

6 本章小结

中国香港的社会组织众多，社会号召力、影响力巨大，在慈善公益、公共治理、社区发展等领域具有了不可替代的重要作用，对香港的经济和社会作出重要的贡献。内地可以从香港管理社会组织的法律手段、经济手段以及行政手段中借鉴相关经验，促进社会组织发展，为我国经济、社会、文化的发展作出更大贡献。

参考文献

［1］王民．社会组织概论［M］．北京：中国社会出版社，2010（4）：21．

［2］张军涛，曹煜玲．第三部门管理［M］．哈尔滨：东北财经大学出版社，2010：33-34．

［3］周春霞．浅析社会组织与政府关系发展的新特点［J］．社会主义研究，2010（12）：12-13．

［4］Raco M. Delivering Flagship Projects in an Era of Regulatory Capitalism：State-led Privatization and the London Olympics 2012［J］．International Journal of Urban and Regional Research，2014，38（1）：176-197．

［5］曾令发，杨爱平．现代治理体系视野下的香港社会组织及其启示［J］．学习与实践，2014（8）：105-112．

［6］林修果．公共管理学［M］．吉林：吉林人民出版社，2006：29-31．

［7］查尔斯·沃尔沃．政府或市场——权衡两种不完善的选择［M］．北京：中国发展出版社，1994：134．

［8］石枫．国外非营利组织法律管理与筹资经验及借鉴［J］．经营管理者，2015（22）：287-288．

［9］Silvia F.，Young D. New Paths for Third-Sector Institutions in a Welfare State in Crisis：The Case of Portugal［J］．Journal of the American College of Cardiology，2015，63（2）：1287．

［10］俞可平．中国公民社会的兴起与治理的变迁［M］．北京：社会科学文献出版社，2000．

［11］Chan E. Are Informal Connections a Functional Alternative to Associational Life in Enhancing Social Cohesion? Findings from Hong Kong［J］．Social Indicators Research，2014，119（2）：803-821．

［12］肖莎．香港 NGO 参与社会服务的经验与启示［J］．社团管理研究，2012（6）：49．

［13］王继远．商事主体公益性目标的实现途径及其立法规制［J］．法商研究，2016，33（4）：76-85．

［14］沈本秋．2007 年以来美国非政府组织在香港活动之评析［J］．社会

主义研究，2013（2）：66-68.

［15］Wong M.，Yeung D. Permission-based Leadership and Change Management in Hong Kong's Nongovernment Organizations［J］. Nang Yan Business Journal，2015，3（1）：67-91.

［16］Mason L. Enforcing contracts for the benefit of third parties：recent reform of the doctrine of privity［J］. Hong Kong Law Journal，2015，45：13-28.

［17］李喜燕. 慈善信托近似原则在美国立法中的发展及其启示［J］. 比较法研究，2016（3）：47-61.

［18］陶飞亚，陈玲. 合作的慈善：香港地区政府与宗教慈善公益组织的关系及启示［J］. 东岳论丛，2012（1）：78-79.

［19］邓伟胜. 香港养老模式及其对内地的启示［J］. 岭南学刊,2015（2）：115-119.

［20］韩小凤，苗红培. 我国社会组织的公共性困境及其治理［J］. 浙江社会科学，2016（6）：136-141.

第七章 中国特色科技类社会组织发展战略研究

1 引言

随着我国经济的持续快速增长和综合国力的不断提升，社会治理一片向好的形势，人民生活质量呈现大幅度提升。与此同时，社会公共需求在不同层面上呈现出新的要点，我国政府为适应新时期社会、政治、经济的新发展态势，满足人们新的需求，逐步进行简政放权与职能转变，充分激发社会组织发挥活力，并为社会组织的发展让渡出足够的空间，使其在公共服务提供方面蓬勃发展，为人们提供高质量、高效率、顺民意的社会服务。尤其是在当前，整个社会的发展呈现互联网趋势，在全社会提倡创新创业的同时，社会组织的发展借助科技力量，不断适应瞬息万变的时代特征，并结合自身实际不断发展壮大，为社会贡献自己的力量。作为社会组织的一种，科技类社会组织正在实施创新驱动发展、推进创新型城市和区域创新体系建设中发挥着独特的作用[1]。科技类社会组织是指拥有合法地位，通过开展与科技相关的公益性活动，促进创新的非政府、非营利组织[2]。它分为狭义和广义两种。狭义上的科技类社会组织，是指按《中国科学技术协会章程》规定，由相关科学（自然科学、技术科学、工程技术及其相关科学）的学科或以促进科技发展和普及为宗旨的学术性、科普性社会团体；而广义上的科技类社会组织，则是指根据《社会团体登记管理条例》规定，由中国公民自愿组成的为了实现会员共同意愿而按照其章程开展科技活动的非营利性社会组织，包括从事与科技发展相关工作或活动的机构。

2 文献综述

Abdelrazik Sebak 等人通过对沙特阿拉伯王国 KACST 技术创新中心案例的研究，提出使用结构化战略、技术、组织、人员和环境方法的 TIC 的通用视图，强调了位于国家主要高等教育机构沙特大学的电子社会无线电频率和语音学专题研究会，希望为 KSA 的发展努力提供一个领先的例证[3]。Rosali Fernandez de Souza 的研究关注点在于公民权利和政治权利国际会议组织和科学技术知识领域的组织和代表[4]。Rafael Pinto Duarte 根据巴西与欧洲核研究组织（CERN）合作的情况，提出了巴西科技发展进程国际合作的不同方法——从国际科技交流与合作活动开始的系统的新战略方法，使巴西被认为是唯一能够直接创造科技发展的国家[5]。大谷忠、渡津光司通过对现行和过去课程设计出版的初中科技教材教学内容进行分析比较，对科技素养发展课程设计任务进行了调查，提出了国家科技发展纲要组织工作任务[6]。Sungook Hong 的文章认为，自从 20 世纪 70 年代初以来政府更多地积极支持促进技术和工程而不是科学的出口行业，使得科技之间的关系在韩国变得复杂和困惑[7]。Christopher J. Medlin 关注科学技术在商业中的应用，探索使用活动对系统、组织和人员的影响[8]。Mohammad Mahdi Zolfagharzadeh 等人关注国家层面的框架——科技外交[9]。Minoru Nakayama 以日本科技大学 25 年毕业生就业趋势为案例进行研究，说明了大学部门和行业在人力资源供求方面的关系和重要影响[10]。

改革开放以来，中国在经济、社会各个方面都取得明显进步，尤其是科技方面，不断取得突破性进展。各方学者纷纷对科技相关的各类组织进行研究，以期对经济、社会的发展给出合理建议。郝甜莉指出我国科技社团在现阶段的发展过程中面临的内部治理机制不合理的一系列问题，提出需要提高科技社团的内部治理水平，并探索建立现代化的科技社团内部治理机制。刘庆新、汪玲萍研究了社会治理体系中科技类社会组织的使命与定位、治理结构以及汇聚人才、学术研究、科技项目管理、科技中介等主要职能。张良、刘蓉、唐安以上海为例，指出应从突出科技类社会组织"科学共同体"定位、增强科技类社会组织参与重大科技决策能力、完善科技服务中介组织体系、发挥科技类社会组织科普活动主力军作用、重视孵化器类科技机构接作用等方面，强化科技类社会组织功能。王洁、曹莉莎以东莞市科技类社会组织为例提出要发挥科技类社会组织在建设创新型城市中作用的建议。李研、梁洪力以中关村为例，说明了科技类社会组织在助力自主创新方面发挥的具体功能。提出科技类社会组织是社会力量促进创新的缩影，能够在我国区域创新体系建设中发挥重要作用。并通过中关村科技类社会组织发育，对我国由创新管理转向创新治理带来启示。毕霞、曾金辉、符信新、王晶指出，科技类社会团体以职责为基础发挥了人才提高功能、科技成果转化功能、交流功能、服务功能以及维护功能，但存在法律法规滞后、缺乏资金、与政府或主管部门的关系没有明确定位以及自身能力等问题，提出通过制定完善的法律法规、建立长期有效的筹资机制、正确界定与政府或主管部门的关系以及规范内部运行机制，提高管理水平等对策以充分发挥科技类社会团体的功能。李研、李哲提出科技类社会组织包括社会化创新网络载体、参与形成多元化科技评价体系、补充政府创新公共服务职能等功能。指出国家创新体系建设和政社关系调整将推动我国科技类社会组织发展进入新的阶段，科技类社会组织发挥作用需要以"社会性"为前提，其建设需要充分依托已有的社会网络，运营则需要依靠多元化的资金渠道和政府的分类引导。王世才以无锡市科技类社会团体为例，介绍了科技类社会团体的主要工作、存在的问题及原因，并从行政职能转变、能力建设、资金筹集、完善法规及争取政府支持等角度提出了工作建议。石忠诚以江苏省科技类社会团体创新发展为例，说明江苏省具有的科技优势得益于长期重视科技社团的发展，重视科技人才的培养，充分发挥了科技社团在科普教育、提高全民的科学素质、广泛开展学术交流、激发创造活力，推进自主创新等方面的重要作用。指出政府的领导对科技社团发展的重要性，以及江苏省科技类社团对经济社会发展所作出的重大贡献。黄浩明、刘银托概述自改革开放以来，我国科技社团的三个不同发展阶段。通过资料分析、问卷调查、召开座谈会和对典型的科技社团进行深度访谈的方式，对多地的科技类社团的发展进行比较研究，揭示科技社团创新发展的亮点，提出科技社团的发展类型，分析其治理结构。并针对科技类社团创新发展中的机制问题、外部环境影响及能力建设等方面的困难，给政府、公众和科技社团提出政策建议。

可见，各国专家学者在国内国际的各个科技领域，对科技类社会组织进行着多方面的研究和探讨，充分肯定了科技类社会组织对国家经济政治乃至外交等各个方面的重要作用。在科技类社会组织的发展状况、功能作用、治理等方面，我国的学者们结合相关理论、借助问卷、访谈、调研等各种上研究方法而进行了大量的研究工作，其研究成果已经呈现规模。然而，随着社会的进步，对我国科技类社会组织的发展研究不能仅停留在过去和现在，而应该与时俱进、着眼未来，着力探索发展战略方向的研究，以期对中国特色科技类社会组织的发展指明方向，促进其更好地向前发展。而纵观相关学者大师的相关研究，涉及科技类社会组织的发展战略的研究却处于薄弱的状态。通过中国知网，在社会组织的发展战略方面仅有三篇文章：一是王焰、张向前针对我国社会组织监管创新方面的战略路径研究[11]；二是魏水英、王宸游、黄琦以海曙区社会组织为例，对宁波市社会组织发展现状及战略[12]的研究；三是黄浩明的针对我国社会组织国际化战略与路径方面的研究[13]。此外，并没有专门针对科技类社会组织的发展战略方面的研究资料。在此，希望通过专门的科技类社会组织进行发展战略研究，以期对其发展给出合理建议。

3　我国科技类社会组织的发展现状

我国科技类社会组织与其他类型的社会组织一样，在发展过程中，存在"政社不分"的现状。大多数科技类社会组织由社会成员因行业、企业发展需要自下而上、自发成立；同时，也存在由各级政府和各行政机关因业务等因素而吸纳的科技类社会组织，这些科技类社会组织则具有明显的行政性特征，被赋予"官办"身份。因此，受各种因素的影响，我国科技类社会组织形成了社会性和行政性混淆的组织性质。

3.1　我国科技类社会组织的四大发展阶段及其特征

第一，1978—1988 年，政府推动阶段。此阶段，在政府的推动下，科技类社会组织的发展正式进入了轨道。改革开放以来，我国实行了改革开放的政策和方针，各项工作有了进一步发展，人民的积极性被充分调动起来，更大程度地投入到社会建设的各个领域，社会参与意识普遍增强。1978 年召开的全国科技大会，使我国科学界迎来了"科学的春天"，带动了科技社团的蓬勃发展。

第二，1988—1998 的归口管理阶段。此阶段，科技类社会组织的发展实际上依靠的是政府的资源和政策，缺少自主性。1988 年，国务院出台统一归口管理民间组织的政策，将社会组织的管理决策权交给业务主管理部门，从而忽略了社会组织的会员大会、理事会的作用，使其存在失去了实际意义。这在一定程度上削弱了社会组织的民主与自治的权利，使其在事实上成为了政府机构的下设组织。

第三，1998—2008 年的多元发展阶段。这一阶段，政府推动社会组织管理体制的变革，强化了双重管理体制系统。政府与社团领导干部分开，建立了社团党组织，理顺了党组织的隶属关系，培育、发展、建设和监督民间组织，逐步完善了法制建设[14]。2001 年召开的中国科协第六次代表大会，在一个较大层面上充分调动了广大科技工作者的主动性和积极性，在促进科技进步、推进国家创新能力建设等方面发挥了重要作用。此后的几年时间，科协系统所属的学会、协会、研究会发展迅速，会员快速增加，形成了科技类社会组织的多元发展时期。2007 年，为深入贯彻党的十六届六中全会和全国科技大会精神，积极探索科技类学术团体的发展规律，促进学会的健康有序发展，充分发挥学会在构建社会主义和谐社会、建设创新型国家中的积极作用，民政部、中国科协就共同开展全国学会创新发展试点工作，发出《民政部、中国科协关于推进科技类学术团体创新发展试点工作的通知》[15]。

第四，2009 年至今，是科技类社会组织的快速成长阶段。2010 年，为进一步明确社会团体登记管理机关与业务主管单位的管理职责，建立和完善社会团体双重管理体制，使社会团体更好地发挥积极作用，国家重新确认社会团体业务主管单位，发出《民政部关于重新确认社会团体业务主管单位的通知》[16]。2017 年，国家相关部门高度重视社会组织的发展，各部门在各领域出台了一系列法规政策，如《中共中央组织部关于加强社会团体党的建设工作的意见》《民政部、国家发展改革委、监察部、财政部、国家税务总局、国务院纠风办关于规范社会团体收费行为有关问题的通知》《民政部关于社会团体登记管理有关问题的通知》《国家发展改革委、财政部、民政部关于公布取消和停止社会团体部分收费及有关问题的通知》等。尤其是在 2017 年，社会组织的发展得到国家各相关部门的重视，取得飞速发展。

3.2　我国科技类社会组织的类型和功能作用

我国科技类社会组织经历了历史时期的发展，对整个社会经济和人民生活产生了重大影响，在促进社会生产发展和科学进步、推动国家创新能力建设等方面发挥着重要作用。科技类社会组织的功能与其组织结构及其承担的组织使命密切相关，主要集中在聚合人才与资源、学术研究与服务、科技项目管理、科技服务中介等方面。根据科技类社会组织的不同类型，其在不同的领域发挥着不同的功能，具体体现如下：

第一，科技社团——提高公众科学认知水平，提升科技决策的民主化水平[17]。这一类别的社会组织，通常包括各种科技学会、科技协会、研究会等，具备一定的学术性和专业性。主要通过组织举办相关的学术交流活动，借助组织搭建平台，促进学术发展，进行科技评价，并在组织内及某一特定领域举荐优秀人才，或是承接来自政府部门或社会公众的决策咨询，开展科技培训和科学普及等活动。如拥有悠久历史的英国的科技社团，经常发起或参与的对核心科学议题的辩论。这些公开辩论往往能产生高质量的政策建议。这些建议权威性较强，成为政府制定科技政策的"基础"或"标杆"，减小了政府因考虑自身利益而造成政策目标偏离的可能[18]。

第二，科技类行业组织——编制社会网络，实现优势互补。这一类别的社会组织，主要是覆盖某一科技领域的企业或个人组合而成的行业组织。主要通过制定行业标准等方式使组织对行业内的企业及个人进行约束，使大家共同遵守行业规范，进行行业自律，通过行业间及跨行业的活动促进行业协同，并保障行业内个体的利益诉求，在此基础上，走出国门的行业组织实现国际交流，促进行业的领先发展。

第三，科技服务中介组织——推进产学研合作，促进经济社会发展。这一类别的社会组织，相较于普通的中介组织，其特点在于与科技紧密联系，扮演政府与市场之间的粘合剂和润滑剂，凸显了"政府"与"市场"既有交集又有着清晰边界的、兼具社会属性和市场属性的特质[19]。主要通过组织承接来自政府及社会的技术评估、管理咨询及相关的决策建议提供等，常以社会监督机构或第三方监督机构的身份出现。同时，这类组织对实现科技成果的转化以及技术的扩散起到重要的中介作用。

第四，平台型科技组织——承接政府职能，打通政策协调通道[20]。这一类别的社会组织，以平台搭建作为主要特点，实现创新资源集成的功能，在科学数据的共享、科学仪器设备使用等方面具有独特优势。通过组织还可向政府及社会公众提供专业技术服务、行业检测服务及特定领域的管理决策咨询与试验基地协作等服务，实现平台搭建的重要功能。

第五，孵化器型科技组织——推进区域创新体系建设，推动国际科技交流。这一类别的社会组织，对科技类项目的孵化成长具有重大的意义。通过创新培训辅导、投融资服务、管理咨询服务等相关环节服务于新创企业，并为企业项目的成长提供专业技术及财务法务方面的服务[21]，把政府的创新战略和科技政策与企业这一最具活力的创新动力源有效结合在一起。部分科技类社会组织通过民间渠道或官方渠道等多种渠道参与国际事务和项目研讨等活动，促进了中外的对话和交流，推动地区的稳定与发展。

4 我国科技类社会组织发展的 SWOT 分析

表 7—1 我国科技类社会组织发展的 SWOT 分析

S 1. 涉及领域宽，功能强大； 2. 科技方面具前瞻性，紧跟时代潮流，具竞争力。	W 1. 筹资能力不足、政府支持力度不够； 2. 自我发展能力不强、市场动作力弱； 3. 自治力不足、管理效率不高； 4. 与国际科技类社会组织存在差距、联系不紧密。
O 1. "互联网+" 背景所带来的机会； 2. "万众创新、大众创业" 时代背景所带来的机会； 3. 政府职能转变、简政放权所带来的机会。	T 1. 科技迅猛发展、知识更新换代速度快，组织之间竞争激烈； 2. 社会公众对于处于基础学科地位的科技类社会组织的关注度和重视度下降，一些科技类社会组织的发展得不到支持，甚至处于退化状态。

4.1 我国科技类社会组织发展优势 （S）

第一，我国科技类社会组织在长期的发展过程中，其涉足的领域覆盖国家经济社会的各个方面，并且产生强大的功能：科技类社会团体以职责为基础发挥了人才提高功能、科技成果转化功能、交流功能、服务功能以及维护功能[22]。尤其在汇聚科技人才、促进学术研究及分享和传播研究成果等方面具有重大的影响力和发挥重要的作用。其对核心科学议题的探讨，对政府的政策建议与政策制定具有明显的参考价值。可以说，科技类社会组织所发挥的强大功能不仅表现在微观方面，而且对国家的宏观政策方面也具有重要的作用意义。

第二，我国科技类社会组织相比其他类型的社会组织，在科技方面更具有前瞻性，能紧跟时代的潮流，具有强大的竞争力。由于科技类社会组织本身的性质与各个领域科技的发展密切相关，甚至处于行业领域的领先地位，其发展更能顺应时代发展趋势，在与其他类型社会组织的竞争中处于优势地位。

4.2　我国科技类社会组织发展的劣势（W）

第一，我国科技类社会组织的筹资能力不足、政府支持力度不够。科技类社会组织的经费来源单一，主要通过收缴会员的会费来筹措自己的发展经费。但是，会费收缴率低是一个普遍存在的现象，即便会费的收缴相对顺利，收上来的总数相对于科技类社会组织的运转、发展，以及开展各项活动所需要的经费而言，也只是杯水车薪。此外，政府支持的经费有限，开展各类科技咨询和相关的科技活动的服务性收入不多，加上政府购买服务的机制尚未健全，社会捐赠尚未形成"气候"，因此从社会上获得资助的渠道很少[23]。

第二，我国科技类社会组织的自我发展能力不强、市场运作能力较弱。以基础学科为代表的大部分科技类社会组织的自我发展活力偏差、自我发展能力不强。其在经济能力上的单一经费收入渠道、在人力资源上的不合理的人才进出机制，在活动能力上的过分激烈竞争等，均体现其自我发展能力不强及市场运作能力较弱的劣势。另一方面，科技类社会组织的信息化水平总体较低，尚无法满足我国社会和广大科技工作者多层次、多渠道科技服务的需求，这也在一定程度上制约了科技社团服务能力和水平的提高[24]。

第三，我国科技类社会组织的自治能力不足、管理效率不高。我国科技社团长期实行的双重管理体制，导致各科技社团理事会与其业务主管单位、挂靠单位、办事机构等诸多方面的关系并没有完全理顺，理事会决策往往受制于业务主管机关[25]。此外，由于没有明确的绩效评价指标，科技社团面临着内部监督机构不健全和监督机制缺位等问题。而鉴于科技类社会组织的公益性和非营利性特征，在管理上出现了弱化薪酬激励作用的现象，这使科技类社会组织无法很好地留住优秀人才并对组织内部的人员进行高效率的管理。

第四，我国科技类社会组织与国际科技类社会组织存在差距、联系不紧密。以美国、日本、德国等发达国家为例，这些国家的科技类社会组织，在几十年的发展过程中，不仅外部法制环境和内部治理结构都十分注意做好与政府、企业的关系协调，而且这些科技类社会组织的社会地位也很高。而在我国，科技类社会组织的法制环境尚不健全、内部治理结构也尚未达到应有的成效，且与国际上处于先进地位的科技类社会组织缺少交流，联系不紧密。

4.3　我国科技类社会组织发展机遇（O）

第一，"互联网+"背景下，世界科技创新平台进一步延展，信息传播时效达到空前高度，资源整合配置更加便利，惠及各国相关科技类社会组织。进入"互联网+"时代，我国政府高度重视，出台利于"互联网+"行业发展的各种优惠政策，从国家层面推动"互联网+传统行业"大踏步向前发展，这是时代进步为科技类社会组织的发展带来的挑战和机遇。

第二，我国进入"万众创新、大众创业"的新发展时期，各领域各行业间的协同创新，国家对科技成果转化高度重视，为科技类社会组织的迅速发展及发挥作用提供了新的舞台。上至国务院，下至地方政府，都想尽办法为创新创业者提供政策、资金和审批程序等各个方面的便利条件。在这样的社会背景下，科技类社会组织可发挥自身在科技方面的优势，抓住机遇，结合行业企业，进行协同创新，为自身的发展打造新的平台和空间。

第三，我国政府进行职能转变与简政放权，为科技类社会组织的发展提供足够的发展空间，并逐步健全法律法规，为科技类社会组织的发展提供保障。政府的职能转变与简政放权，经过了一个长期的过程，已经逐步走上轨道，正在为社会组织让渡出足够的发展空间，使其为社会提供高质量、高效率、优质量的服务。科技类社会组织作为社会组织中重要的一种组织形式，应该积极提升自身各方面的服务水平，抓住机遇进行全面升级，获得社会的认可、取得长足的发展。

4.4　对我国科技类社会组织发展威协（T）

第一，科技迅猛发展，知识更新换代速度快，各类社会组织之间的竞争激烈。当今时代，谁掌握了最新的科技，谁就占领了市场，企业之间的竞争力已经从经济实力的竞争转向了科技力量的较量。各大企业纷纷将注意力转向高新科技，各大财团争相对拥有最高新科技的企业进行融资和合作。由此可知，科技类社会组织在这个科技迅猛发展的时代，注定要处于激烈的竞争中，或者在竞争中不断走向强大，或者在竞争中走向衰退乃至灭亡，关键在于自身对本领域内最新科技的掌握和拥有状况，这是在科技力量上的一场较量，不进则退。

第二，近两年，我国经济增长速度放缓，进入互联网经济时代，随着"万众创新、大众创业"浪潮的掀起，社会上各种各样的小微型企业不断映入人们眼帘，但在经历了多轮的激战后，许多小微型企业又默默地倒闭了。于是，人们把更多的注意力放在一些发展速度较快、经济效益明显的行业企业上。受这一情况的影响，社会公众对于处于基础学科地位的科技类社会组织的关注度和重视度也有所下降，一些科技类社会组织的发展得不到支持，甚至处于退化状态。

5 中国特色科技类社会组织发展的战略目标

现阶段，我国正处于"十三五"发展期间，各项事业的发展蒸蒸日上，科技类社会组织正以前所未有的速度与质量向前发展。但在发展过程中，难免出现各种状况，需要各方的共同努力，共同实现科技类社会组织的长期使命，明确其战略目标，以实现其发展成效。基于对我国科技类社会组织发展的 SWOT 分析，考虑到我国科技类社会组织当前所现实存在的优劣势、机会和威协，可以针对性地提出以下的发展战略目标，利于科技类社会组织从长远考虑问题，对自身的发展制定战略决策，规划长远的发展路径，取得顺利发展。具体战略目标设定如下：短期目标，促进科技类社会组织在当前阶段的稳定发展与实力发展；中期目标，促进科技类社会组织在未来的一段时期内适应不断变化的内、外部环境，实现自身的可持续发展及与其他各类社会组织的协调发展；长期目标，促进科技类社会组织在将来达到国际化发展水平。

5.1 短期目标

到 2020 年实现短期目标，即促进我国科技类社会组织的稳定发展与实力发展。具体体现在科技类社会组织自身能力得到显著提升、科技类社会组织制度环境得到优化，以及现代科技类社会组织体制的基本形成。首先，通过各方努力，使科技类社会组织在社会建设和社会治理中关系科技的各个领域，成为国家重要主体，充分发挥科技力量，在社会管理和公共服务中成为政府重要伙伴，担当起承接政府服务的重任，在经济、政治、文化、社会、生态文明建设中发挥生力军作用。其次，健全科技类社会组织的管理服务制度，完善法律法规，使相关的支持政策基本到位，包括相应的监管制度、统计体系、税收优惠政策、服务规范、评估体系、信用信息体、发展环境等多个方面，建成统一登记、各司其职、协调配合、分级负责、依法监管的管理体制。再次，推动科技类社会组织管理制度改革的不断深化，在社会组织直接登记与双重管理相结合的混合管理制度在基础上，真正实现科技类社会组织的独立自主运作，落实"政社分开、权责明确、依法自治"的现代科技类社会组织体制。

5.2 中期目标

到 2025 年实现中期目标，即促进科技类社会组织适应不断变化的内、外部环境，实现自身的可持续发展及与其他各类社会组织的协调发展。首先，基于科技类社会组织多年的发展经验，在前一阶段的基础上，不断优化科技类社会组织内部和外部的成长环境，适应激烈的市场竞争氛围与内外部发展环境，积极培育各个领域的优秀人才，实施人才战略，并在各区域树立科技类社会组织的精品服务工程，实现品牌效应，以此推进科技类社会组织实现自身的可持续发展。其次，科技类社会组织的发展不能独善其身，不能谋求建立在损害其他类型社会组织利益基础上的发展。要通过不断完善和健全相关的法律法规，对科技类社会组织的发展进行规范和引导，并畅通传播渠道，促使科技类社会组织与其他类型社会组织、行业协会、企业等协同发展、创新服务、共同进步，实现科技类社会组织与其他各类社会组织的协调发展，共同为我国经济社会不断向前发展注入新的发展动力。

5.3 长期目标

至 2025 年之后实现长期目标，即促进科技类社会组织在将来达到国际化发展水平。科技类社会组织以知识和科技含量及先进性作为本组织发展的重要特征，在不同的科技领域，一些国家及其社会组织占有明显的优势，中国特色科技类社会组织的发展不能仅局限于国内，而要跨出国门，积极建立国际间的联系与合作，在人才培养、项目合作、技术交流、基础设施、智力资源等方面，积极实现国际间的合作，推进我国科技类社会组织的国际化发展进程。

6 中国特色科技类社会组织发展战略实现的路径

基于对我国科技类社会组织发展的 SWOT 分析，制定了推进我国科技类社会组织发展战略的短期、中期、长期目标，根据战略目标，可以针对性地提出以下发展战略目标的实施路径。具体的实施路径涉及我国科技类社会组织的经费来源、内部治理机制、外部竞争力、法规制度，以及国际化发展等几个方面。

6.1 解决经费来源问题，实现科技类社会组织的稳定发展

经费问题一直以来是社会组织存在和发展的根本性问题，如果没有了活动经费，社会组织将形同虚设，无力开展任何活动，更无法实现其稳定发展。

由上文分析的科技类社会组织的类型及其所发挥的功能和对科技类社会组织的劣势分析可知，科技类社会组织的开展活动尤其需要相关的活动经费，但当前阶段，许多科技类社会组织却现实地存在经费短缺的问题。因此，必须引起高度重视，着力解决经费来源问题，为社会组织的发展提供根本性的保障。首先，《民政部、财政部关于取消社会团体会费标准备案规范会费管理的通知》用法规政策的形式规定了社会团体可以依据章程规定的业务范围、工作成本等因素，合理制定会费标准，向会员收取会费。由此，保障了社会组织的经费来源。但是，这一法规只是规定了可以收取，并没有根据不同类别的社会组织所需要的会费标准进行具体明确的规定。有关部门可以根据当年社会经济发展水平及不同类别社会组织活动项目和所需经费的实际情况，在一定范围内给予社会组织会费收取标准额度的范围规定，这将从根本上解决社会组织的会费问题，使社会组织的发展及活动开展具有根本性的保障。其次，科技类社会组织在自身的发展过程中，不能单纯依靠会费作为全部的活动经费，在承接政府职能、提供科技方面社会公共服务的过程中，应当积极争取政府的资源和支持。政府在购买服务的过程中，尤其是科技类的相关服务，迫切需要科技类社会组织贡献力量，以达到提高行政效率和公共服务供给的质量、节约财政支出的目的，而科技类社会组织也确实需要政府资源和资金的支持，这是一个双赢的过程，在很大程度上解决了政府的燃眉之急，也为科技类社会组织解决了经费和资源问题。当然，争取政府资源和资金，要求科技类社会组织提供足够高质量的服务，也就相应地要求科技类社会组织不断根据市场需求和科技发展而提升自身的服务水平和服务质量。第三，积极争取社会资源，从社会公众或是大型企业获得资源，合理拓展社会资助或社会捐赠的渠道。科技类社会组织应当根据自身所提供服务的类型，积极联系本领域内的龙头企业，整合资源，为区域内的同类企业提供高质量服务，以提高知名度，打造品牌，进行强强联合，促进自身服务能力的不断提升；同时，在活动举办过程中，可以通过宣传等手段，为自己争取社会资助和社会捐赠。

6.2　完善内部治理机制，推进科技类社会组织的实力发展

解决我国科技类社会组织的内部治理机制问题，应该从加强民主自治、明确内外部监督和提高管理效率三个方面着手。十八届三中全会以全新的高度提出了"推进国家治理体系和治理能力现代化"总目标。"治理"理念的采纳，对加快发展科技类社会组织提出了新要求。会员大会、理事会、常务理事会和监事会作为科技类社会组织的重要机构，应该切实地发挥作用，促进组织的正常运作。首先，加强对科技类社会组织的民主自治，要求各个组织对基本的权力机构的行使职权进行规范和制约，进行合理的职能界定。组织内部严格按照章程行使职权，各个会员自觉遵守组织的章程与制度，组织理顺与业务主管单位的关系，厘清科技类社会组织和政府相关部门之间各自的职责和权利义务边界，在关系到组织内部民主的问题上，不受制于业务主管机关，而是更多地考虑组织成员间的利益诉求和权利维护等事项，坚持各个会员的平等参与权利和表决权利。这也是政府在职能转变和简政放权过程中必须为科技类社会组织提供的外部发展环境，保证科技类社会组织的民主和自治，实现其对组织内部事务的自主权利。其次，明确科技类社会组织的内外部监督机制，要求科技类社会组织内部建立有序的监督机构并依据章程执行相应的权力，外部接受公众和社会其他机构的监督并做好自我调整。通过内外两方面的共同监督作用，促进社会组织自身各方面的不断完善和进步。此外，管理效率对于组织的实力提升和发展具有重大意义，科技类社会组织也不例外。各类型的科技类社会组织应当根据所涉及的行业和活动项目，科学合理地制定明确的绩效评价指标，可结合适当的薪酬激励机制，提高人才的积极性。在此过程中，通过内部监督机构的有效监督和科学管理，吸引并留住优秀人才，并对组织内部的人员进行高效率的管理。

6.3　提升外部竞争力，实现科技类社会组织的可持续发展

科技类社会组织的强劲发展，不能脱离与外部世界的各种关联而仅仅埋头进行内部改革和治理，而是要关注组织外部的发展进程，实现个体与整体

的有效融合。当今时代，大数据、云计算、人工智能等技术已经广泛进入人们的视野，这些走在时代浪潮前端的科技力量，并不是靠自己的单打独斗而取得成功的。它们除了关注自身领域内部的科研、投入大量的经费和人力进行研发外，还时刻关注组织或企业外部的科技力量的发展态势，注重品牌效应和知名度的提升，并吸引社会大众的眼球，尽自己所能紧紧抓住人们的注意力，提高社会地位、引起广泛关注、提升外部竞争力，以此来确保自己的持续性发展。我国科技类社会组织要提升自身的外部竞争力，实现可持续发展。以基础学科为代表的大部分科技类社会组织必然要结合当前的经济社会和科技发展动态，进行职能创新和机制创新，努力争取与政府和领域内占据龙头地位的企业、行业的合作机会，为自己争取到促进自我不断发展和进步的有效资源，整合业界力量，通过创新性发展，冲破发展瓶颈，拓展组织的业务范围，提高外部竞争力和综合影响力，进而实现组织的可持续发展。

6.4 健全法规制度，保障科技类社会组织的协调发展

当前，我国科技类社会组织法规体系滞后，现有的《社团登记管理条例》囊括了所有类型的社会组织，并不是专门针对科技类社会组织的法律法规，且它并不是实体法，只属于行政法规、程序法。面对当前科技类社会组织的迅速发展，有关部门应当尽快制定并出台专门针对科技类社会组织的具有规范与管理作用的法律法规，以协调科技类社会组织的健康有序发展、维持科技类社会组织发展和运行过程中的秩序和保障其安全问题。新的法律在科技类社会组织的自治权等方面应当有相应的规定，对科技类社会组织的合法地位和法人治理结构给予保障，以促进科技类社会组织摆脱长期以来受业务主管部门干预内部事务的困扰，进一步保障其决策的独立性和自主性。其次，对于各类型的科技类社会组织在不同领域所发挥的重大作用，应当得到相关部门的重视，并在法律法规中为其发挥作用提供便利条件，促进科技类社会组织更好地服务于国家经济的发展和满足不断提升的社会服务需求。此外，在现有条件下，国家为科技类社会组织提供各种培训学习的平台，并通过法规条例的形式给予支持，将在很大程度上提高科技类社会组织的整体水

平。通过法规条例形式推动和促进各类型科技类社会组织之间的交流与互动和经验分享学习，将使相关学科领域的科技类社会组织更好地整合资源、有效提高整体服务水平，促进共同进步和协调发展。

6.5 拓展国际视野，促进科技类社会组织的国际化发展

国家和政府应当积极搭建平台，推动科技类社会组织的国际化发展，促进科技类社会组织与国际相关组织的网络对接，使其在推进区域创新体系建设、推动国际科技交流方面发挥作用。一方面，科技类社会组织必须具备国际视野，在相关领域具备领先的知识和技能，并积极开展国际交流活动，包括各种项目合作、科学研讨，或是与国外科技类社会组织联合举办技术培训、公益宣传等活动。另一方面，国家力量的推动显得极为重要，除了民间渠道的合作交流以外，官方渠道的平台搭建，对于科技类社会组织的活动开展和资源开发具有重大意义。这将在一定程度上促进相关领域的中外对话和交流，合作与共享，进而推动地区的稳定与发展。世界上已经存在集中世界上最先进的知识和力量，在一个地区建立科技园，实现园区所需的人力、技术和基础设施资源的条件[26]，用以促进参与各方的共同发展和共同受益。

7 本章小结

我国科技类社会组织在长时期的发展过程中，经历了政府推动、归口管理、多元发展和快速成长四个不同的发展时期，经历着时代背景下的不断变化，逐步形成了科技类社团、科技类行业组织、科技服务中介、平台型科技组织和孵化器型科技组织五种功能各异的组织类型，并发挥着各自积极的社会作用。及至当前，通过对中国特色科技类社会组织进行 SWOT 分析，可以明确看出，在时代背景下，其所存在的优劣势及挑战与机遇，也存在具有鲜

明时代特征的威胁因素，给科技类社会组织的发展带来希望的同时，也存在着不少的困扰。据此，结合时代背景，本文从国家和科技类社会组织的自身发展两个层面提出战略目标，并提出实现战略目标的具体路径。一是从国家层面的宏观角度，提出国家法律法规的制定和颁布方面对科技类社会组织发展的保障和在平台搭建方面对科技类社会组织发展的推动，以及助推科技类社会组织国际化发展方面设定的战略目标与可采取的具体措施。二是从科技类社会组织自身层面的微观发展战略角度，提出科技类社会组织在资金和资源争取方面所应付出的努力、科技类社会组织内部治理的要点及外部力量的提升等方面的战略目标及实施路径。通过对中国特色科技类社会组织的战略发展所进行的研究，让我们看清科技类社会组织当前及今后一段时期内所面临的问题，并站在发展战略角度提出解决方向，推动中国特色科技类社会组织的健康有序向前发展，使其在我国经济社会生产生活中持续发挥积极的作用。

参考文献

［1］王洁，曹莉莎.东莞市科技类社会组织在创新型城市建设中的作用研究［J］.广东科技，2016，25（06）：58-60.

［2］李研，李哲.科技类社会组织发展思路与对策研究［J］.科研管理，2015，36（11）：124-130.

［3］Abdelrazik Sebak，Saad Haj Bakry，Saleh Alshebeili，Habib Fathallah，Saleh Alajlan. Case study：KACST technology innovation center in radio frequency and photonics［J］. Innovation，2014，16（2）.

［4］Rosali Fernandez de Souza. Organização e representação de áreas do conhecimento em ciência e tecnologia: princípios de agregação em grandes áreas segundo diferentes contextos de produção e uso de informação Organization and representation of knowledge areas in science and technology: principles of aggregation in great áreas according to different contexts of information production and use［J］. Encontros Bibli: revista eletrônica de biblioteconomia e ciência da informação，2006，（Especial）.

［5］Rafael Pinto Duarte. Cooperação Internacional para o Desenvolvimento em Ci ê ncia e Tecnologia: A Participação Brasileira na Organização Europ é ia para Pesquisa Nuclear（CERN）［J］. Journal of Technology Management & Innovation，2008,3（4）.

［6］大谷忠，渡津光司. Tasks for the National Curriculum Organization for Developing Literacy of Science and Technology：Through a Comparison of Teaching Contents in Junior High School Science and Technology Education［J］. Journal of Science Education in Japan，2015，39（2）.

［7］Sungook Hong. The Relationship between Science and Technology in Korea from the 1960s to the Present Day：A Historical and Reflective Perspective［J］. East Asian Science，Technology and Society，2012，6（2）.

［8］ChristopherJ. Medlin. Use of Science and Technology in Business: Exploring the Impact of Using Activity for Systems, Organizations, and People, by Håkan Håkansson, Alexandra Waluszewski, Frans Prenkert, and Enrico Baraldi[J]. Journal of Business-to-Business Marketing,2011,18（3）.

［9］Mohammad Mahdi Zolfagharzadeh，Alireza Aslani，Ali Asghar Sadabadi，Mahdi Sanaei，Fahimeh Lesan Toosi，Mahdi Hajari. Science and technology diplomacy：a framework at the national level［J］. Journal of Science and Technology Policy Management，2017，8（2）.

［10］Minoru Nakayama. Case study of employment trends across 25 years of graduates of a Japanese Science and Technology University［J］. European Journal of Engineering Education，2014，39（1）.

［11］王焰，张向前. 我国社会组织监管创新战略路径研究［J］. 科技和产业，2017，17（07）：127-133.

［12］魏水英，王宸游，黄琦. 宁波市社会组织发展现状及战略研究——以海曙区社会组织为例［J］. 浙江万里学院学报，2016，29（02）：50-58.

［13］黄浩明. 我国社会组织国际化战略与路径研究［J］. 学会，2014，（09）：5-16，24.

［14］黄浩明，刘银托. 科技类社会团体发展报告［J］. 学会，2012，（06）：3-12.

［15］中国社会组织网. http://www.chinanpo.gov.cn/1202/27269/index.html.

［16］中国社会组织网 . http：//www.chinanpo.gov.cn/1202/46759/index.html.

［17］王世才 . 无锡市科技类社会团体发展情况报告［J］. 学会，2012，（12）：23-33.

［18］李研，李哲 . 科技类社会组织发展思路与对策研究［J］. 科研管理，2015，36（11）：124-130.

［19］刘庆新，汪玲萍 . 浅谈科技类社会组织在社会治理中的使命与职能［J］. 价值工程，2015，34（25）：26-28.

［20］李研，梁洪力 . 科技类社会组织在建设区域创新体系中的作用——以中关村为例［J］. 中国科技论坛，2014，（02）：22-26.

［21］张良，刘蓉，唐安 . 全球科创中心建设中科技类社会组织功能研究［J］. 科学发展，2017（03）：19-24.

［22］毕霞，曾金辉，符信新，王晶 . 科技类社会团体功能现状及对策研究——以南京市为例［J］. 社团管理研究，2010（12）：23-25.

［23］石忠诚 . 江苏省科技类社会团体创新发展情况报告［J］. 学会，2012（11）：18-27.

［24］黄浩明，刘银托 . 科技类社会团体发展报告［J］. 学会，2012（06）：3-12.

［25］郝甜莉 . 我国科技类社会团体内部治理机制现状［J］. 中国管理信息化，2017，20（12）：189-190.

［26］Stanković Ivan, Gocić Milan, Trajković Slaviša. Forming of science and technology park as an aspect of civil engineering[J]. Facta Universitatis - series : Architecture and Civil Engineering，2009，77（1）.

第八章　中国特色商会组织发展研究

1　引言

当前，我国经济持续快速增长，人民生活水平逐步提高，社会公共需求相应提升。在政府进行简政放权、职能转变的同时，社会组织取得相应的发展空间，在公共服务提供方面蓬勃发展，不断彰显优势，通过提供高质量、高效率、顺民意的社会服务，在政府与市场之间扮演重要角色。在各类社会组织中，商会组织以其特有的公共服务提供方式和模式而受到广泛的关注，并发挥着主要的物质提供和精神纽带的作用。商会指工商业者依法组建的、以维护会员合法权益、促进工商业繁荣为宗旨的社会团体法人。它充分运用了体制内外各要素、聚合了政府和民间的各方力量，充分为已所用、逐步发展壮大，并在我国的政治、经济和社会生活的各个领域展现其独特的魅力并产生深远的影响。然而，任何事物的发展都需要经过实践的检验，并不断地修正自身的发展路径，商会组织也不例外。在国家经历了计划经济到市场经济的一系列发展之后，商会组织的发展也相应地在不同时期有着不同的经历。

在大众创业、万众创新的时代背景下，李克强总理在 2016 年的政府工作报告中强调，要大力推动包括共享经济等在内的"新经济"领域的快速发展。随着互联网技术的推广、社交网络生态的日益成熟，共享经济这一全新的商业潮流已初露端倪，共享经济的商业模式已广泛渗入了从消费到生产的各类产业的各个环节，有力地推进了产业创新与转型升级。在这个风险和机遇共存的"互联网+"时代，移动终端、物联网和云计算的发展，为共享模式创新与应用提供了更多可能，也促使了行业协会商会的外部技术环境产生巨变，创新、改变是永恒不变的主题，新时期商会组织应该充分应用共享模式进行商业模式创新，进而使自己的商业活动具有战略价值。

2　文献综述

早在 20 世纪 90 年代，国外各学者因为各国的经济发展需求及社会保障等相关的组织问题，较多地关注各类型商会组织对国内民生及社会服务提供的各种影响。Grahame Fallony 认为，英国商会系统发生了很大变化，建立了批准的商会和商业，培训和企业（CCTEs）网络。就英国商会是否应根据公法的地位进一步走向欧洲大陆主流的商业模式，Grahame Fallony 持反对态度，通过英国、法国和德国商会的各个方面进行比较，认为近期变化和未来可能对英国商会制度进行改革[1]。Tina Janus 指出，新的"商会与工业法"规定了自愿的会员制，从而形成了从公法模式向商会组织私法模式的过渡[2]。及至近期，各国专家学者仍然高度关注商会组织，认为它在社会、政治、经济的各个方面起重要作用。Ulrich Pröll 的文章反映了德国公共事故保障实施管理体系 15 年来存在的大问题，将业主培训与外部专家的健康与安全相结合。这些问题主要是由于系统目标与小企业社会现实之间的兼容性不足，导致对能力的过度估计。他认为，就小企业的健康和安全应向企业和专业标准制定的领域沟通。其后，德国商会采用行动研究项目，组织各种自营职业者，并为其成员提供详细的沟通和服务，对预防性问题的各种整体议程设置进行了测试[3]。Hendrik J. Kraetzschmar 主要针对沙特阿拉伯最古老和最著名的专业集团商会（CCIs）之一的内部领导选举及其选举标准进行研究，认为其主要缺点包括选举管理问题上缺乏自主权和公正性，无法充分确保选举行为的条例普遍存在公正和竞争，以及广泛使用非法竞选手段来形成选民偏好和选择，并最终提出推动沙特阿拉伯民主化联盟主义的前景[4]。Anonymous 指出，密歇根商会是一个全州商业倡导组织，代表着 7100 多个雇主、行业协会和当地的商会。提供商业税达 10 亿美元之多[5]。

　　中国国内早期关于商会组织的研究资料和文献，主要是历史学家对于清末及民国初期的各地商会组织的史学研究，如，傅衣凌教授讨论明代徽商问题。20 世纪 90 年代后，我国实现经济体制转轨，政府在这一过程中实行简政放权、职能转变，于是，更多的空间让渡给了社会组织，商会在其中表现突出，在国民生活的政治、经济、文化、教育等各个方面充分发挥作用，从某种意义上与当时当地的经济政治密切相关、相互作用。马敏和付海晏研究了近 20 年来的中国商会史，展望了商会的法制化建设进程，与近代市场经济的发展，同业公会的研究，以及与全球化进程的研究[6]。此外，学者们还从不同的角度对商会组织进行了研究，如商会组织治理的框架（郁建兴、周俊），商会的性质、机制与转型（张家林），商会的服务功能（赵永亮），商会组织与私营企业主阶层的政治参与（邢建华），商会改革风险及其化解（林拓）等等。吴志国还以我国同乡商会组织为中心阐述了传统民间组织资源与现代社会公共服务供给问题。在有关地方商会的研究方面，张芳霖教授研究了南昌商会，吴巧瑜对粤港民间商会的社会治理功能进行了研究，张玉莲等关注了近代山西忻县商会组织演变的规范与自治。于是，从对全国商会整体发展史的研究转为更加细化的对商会组织本身的类别、性质、治理以及对商会所提供服务的类别、特点等方面的研究，发展至对某一特定商会的发展过程的研究，资料逐步增多。

3　我国商会组织发展现状

3.1　我国商会组织的兴起和发展

　　清末新政时期，在清政府的鼓励下，各地商会大量兴起，以满足当时工商界的发展需求。直至新中国成立，由于三大改造的影响，导致我国私营经济和商会的消亡。20 世纪 80 年代初，为实现统战目的，国家恢复了当时的工商联，并促进了民营经济和其他商会的大量兴起。商会的产生，不仅让民营企业实现了互助互利，也有利于企业主们联合起来向政府表达共同的诉求。改革开放后，西方发达国家的商会组织在经济类公共服务方面的贡献，让我国政府决意推动本国商会组织的大力发展，以在经济及公共服务方面弥补部分政府职能的缺失。与此同时，政府恢复工商联组织以分担商会组织的部分职能。20 世纪 90 年代中后期，政府职能改革和我国对外贸易的进一步发展，促使各地成立了大量的行业协会组织，填补政府让渡出来的公共服务空间的同时，也为我国在国际贸易中解决国际纠纷起到了不可忽视的作用。随着民营企业的兴起，现有的工商联和大量的行业协会因政府官僚气息太重而无法满足其需求。而站在地方政府的角度，为了便利于当地经济的发展，对企业进行引导、调控和管理，并借此招商引资，实现地区间的经济合作，地方政府极力推动当地成立能确实代表民营企业利益的新商会组织。于是，各地自下而上由于企业需求而自发组成的商会组织和行业协会大量发展。

3.2　新时期我国商会组织的发展现状

我国商会组织和行业协会在官方的说法和民间实践中，由于历史的原因，存在交叉发展、边界模糊的特点。《中华全国工商业联合章程》中指出：中华全国工商业联合会，简称全国工商联，又称中国民间商会。工商联是中国共产党领导的面向工商界、以非公有制企业和非公有制经济人士为主体的人民团体和商会组织，是党和政府联系非公有制经济人士的桥梁纽带，是政府管理和服务非公有制经济的助手。工商联工作是党的统一战线工作和经济工作的重要内容。工商联事业是中国特色社会主义事业的重要组成部分。工商联是党领导的统一战线的重要组织，具有统战性、经济性、民间性有机统一的基本特征，其工作对象主要包括私营企业、非公有制经济成分控股的有限责任公司和股份有限公司、港澳投资企业等，私营企业出资人、个体工商户、在内地投资的港澳工商界人士、原工商业者等，涉及各级工商联所属的商会类型有行业商会、乡镇商会、街道商会、异地商会及其他类型（包含市场、园区、楼宇、村等）的商会[7]，具体情况见表8—1。

表8—1　2016年下半年商会组织发展情况

	商会总数	行业商会	乡镇商会	街道商会	异地商会	其他商会
2016年数量（个）	44375	13558	16617	4189	6388	3623
比2015年增加数量（个）	2696	890	678	324	563	241
比2015年增长率（%）	6.5	7	4.3	8.4	9.7	7.1

数据来源：《2016年下半年关于会员和组织发展情况的通报》，中华全国工商业联合会网站

3.3　对我国商会组织发展变化的现状分析

由我国商会组织历史的发展情况可知，商会组织产生于市场和国家政令的综合作用，并受政局治乱、市场波动和政策法令等环境因素的影响[8]。主要体现在以下三个方面：第一，宏观的经济体制。这对商会组织的发展具有根本性的影响。以计划经济为例，当时，由于整个国家的物质资料提供由政府机构控制和安排，商会组织所发挥的作用微乎其微。而进入市场经济，由于政府、市场均存在"失灵"之处，社会组织的作用便体现出来，商会组织作为其中最为活跃的组织之一，通过整合分散的企业等资源，利用自身的价格调节机制以及信息平台，减少会员企业间的无序竞争，维护会员的利益，促进当地经济及区域经济的发展。同时，商会组织也是一个民营企业与政府交流的平台，在有效传递民营企业诉求的同时，确保政府政策的实施及管理与市场调节的良性互动[9]。因此，商会组织随着社会经济的发展形成繁荣之势，并在更大程度上满足会员企业的共性需求，同时，商会组织也接受政府的委托提供部分社会公共产品服务，体现其社会作用。Brett Crawford通过组织制度主义观点说明商会在很大程度上以利益为偏好的方式来处理事务，即利益由组织领域决定或分离[10]。在承接政府部分公

共服务职能的这一过程中，由政府购买服务，提供给商会组织所需的资金和资源，可谓合作其赢。可见，宏观环境对于商会组织的发展是根本性的。第二，政府为商会组织的发展定位。在政府的职能转变、简政放权的做法下，商会组织获得了自己的发展空间，而且得到相关的法律保障，这才使商会组织在各地区、各行业间的发展兼具数量和规模的同时并进。第三，社会对商会发展的认可与促进。我国商会的发展经历了较长的历史时期，已经具有一定的数量和规模，商会组织越来越多地得到历史学界、经济学界、社会学界、管理学界等专家学者高度关注，并针对各类商会组织进行大量的研究，在促进了商会组织质量提升的同时，也带来整个社会对商会发展及其作用的高度认同。

4　我国商会组织存在的主要问题

我国商会组织在其历史发展阶段，形成了一些固有的特点。商会组织介于政府组织与企业组织之间，存在着诸如资金和资源问题、民主问题、工作方式方法问题，现代化商会和传统商会与行业协会之间的矛盾，以及商会组织法规体系滞后等方面的问题。

4.1　商会组织的资金和资源问题

由于资金和资源方面的问题，无论是工商联或是其下属的商会组织，都表现出对政府的依附性。多数商会组织的大部分资金是来源于会员缴纳的会费。会员通过加入商会组织，缴纳会费，成为商会组织的会员，享受商会组织提供的会员服务，并承担相应的会员义务。但是，随着一些企业发展状况的发生变化，如在不景气的经济背景下出现破产或经营状况不好等情况，部分企业在入不敷出的情况下，依靠其他企业的经费，出现"搭便车"的情况，导致商会组织会费收入的减少。此外，商会组织的资金来源还可能是政府部门购买服务提供的经费。商会组织在相关领域接受政府委托、承接因政府职能转变过程中让渡给社会组织的公共服务，由此而获得资源和经费。这部分经费取决于此商会组织是否可以与其他社会组织或其他商会组织之间通过竞争胜出，取得政府的信任，获得提供公共服务的权限。在这一过程中，面对政府提供经费，商会组织便有可能通过依附政府来争取相应的资源和经费。而各大商会所归属的工商联，其经济资源、行政资源、人事资源等均由政府供给，体现出其对政府具有极强的依赖性[11]。

4.2　商会组织的民主与自治问题

商会组织一般设立会员大会、理事会和秘书处三大基础性机构。其中，会员大会选举产生决策机构——理事会，再由理事会产生执行机构——秘书处，各权力机构根据商会组织制定的章程自主治理。然而，在实际的操作过程中，商会组织的自治问题便突显出来，例如：会长（理事长）把持商会、实行家长制治理；强势的龙头企业会员控制商会、挟持商会做出对自身有利的决策；结盟的部分会员左右商会决策；以及从理事中选任的、掌握日常执行权的秘书长成为商会的实际负责人。以上的种种情况，必然会影响到中小企业的合法权益，限制了行业内的民主发展，属于商会的"内部人控制"问题[12]。此外，工商联及其所属的商会，是国家实现统战的组织，国家权力的介入在一定程度上将商会的自治权变成了相对自治权。当然，国家权力的介入应按立法权、司法权、行政权排序，即司法和行政干预需以法律为依据，司法干预优先于行政干预。这是商会的"外部干预"问题。也就是说，商会在其发展过程中，受到内外部因素的影响，而无法实现完全的自治，需要恰当地处理好内外部各影响因素，从而实现有效自治。"自上而下"主导的商会治理模式应让位于"自下而上"的商会自治模式，并通过市场竞争机制更有效地供给公共品和针对商会组织会员而专供的"俱乐部产品"[13]。

4.3 商会组织存在因循守旧等问题

商会组织在早期政府的积极倡导下，很多地方商会由当时当地的行会、会馆、公所直接转变而来，形成了近代中国商会以行帮组织作为基础和支柱的特征。尽管后来进行了整顿改组，商会、行会兼容到现代商会组织体系中，实现了商会组织由传统的行会向新式工商业组织商会的转型[14]，但在这一漫长的过程中，商会组织融合了工商联政治团体和民间商会的双重身份，始终无法完全摆脱一些旧的传统、思想及做法，这些因循守旧的规则和处世方式，有碍于商会组织在当代社会的继续发展前进。因此，商会组织应当因势利导、合理推陈出新，创新工作方式和方法，以便更好地服务社会。

4.4 传统商会组织一定程度上遭到忽视

在漫长的发展时期，新旧商会组织之间存在许多不同，当代商会组织因符合时代发展的需求，在更大程度上得到企业的青睐，也更具有竞争力。相对而言，一些曾经发挥过重大作用的传统商会（如温州商会、山西忻县商会等），尽管现在仍然具有举足轻重的地位，但与许多具备强大实力更符合当前需求的新兴商会相比，传统商会组织失去了往日的光彩，遭到忽视。一方面，市场环境和制度背景会制约或促进商会组织的发展，对传统商会而言，是更大的挑战；另一方面，由于商人和商业本身所具有的追求经济利益最大化的本质，商会组织本身具有能动性，它所发挥的作用，可以在一定程度上对当时当地的经济及商业发展产生深刻的影响。Hon 和 Tze-Ki 认为商人基于强化精英与官场密切合作的老绅士文化方式处理与官员相关的事务。授予商会为商人和官员之间更密切的互动提供了一个制度平台，认为"网络革命"只是在支持现状，无论是帝国制还是共和政府，似乎都不是革命性的[15]。因此，无论面对新旧商会，都应将商会组织的发展融入具体的市场环境和制度背景中，引导各类型的新老商会在自己擅长的领域发挥作用。对更多已经存在的行业协会商会来说，如何在直接登记、"一业多会"等新政策环境中谋求生存则显得更为重要，它们对行政资源的需求也处于上升状态[16]。

4.5　商会组织法规体系滞后

当前，我国商会组织法规体系滞后，现有的《社团登记管理条例》并不是实体法，属于行政法规、程序法，无法规定商会的性质、存废、功能等问题，落后于商会发展对立法的需要[17]。法规体系的完善与否，关系到商会组织是否能够健康有序发展，关系到商会组织运行过程中的秩序和安全问题，同时也关系到商会组织是否能够在相应的领域发挥应有的作用，以及商会组织是否能够为我国经济的发展和社会的需求提供高效优质的服务。随着我国商会组织的不断发展，亟需一部对其当前的重大问题具有规范与管理作用的《商会法》，以推动商会组织的发展适应快速发展新形势，对商会组织的发展指明前进的道路。

5　我国商会组织未来发展建议

5.1　提高商会组织在资源汲取和资金筹措方面的能力

商会组织面临的资源和资金方面的问题，本质上是商会组织在公共服务供给方面的动力和财力保障问题。关于这一问题的解决，要求各个商会组织一定要首先从自身服务能力提高的角度来考虑问题。如果仅依靠会员入会缴纳的会费，或是依靠有实力会员的捐赠，则有可能使自己陷入资金短缺的困境中。而想通过承接政府的项目或通过政府购买服务来争取资源和资金，前提条件是商会组织所提供的服务符合市场需求，这便要求商会组织具备相关项目的运作能力，包括项目开拓、论证、实施、评估等多个方面[18]。因此，商会组织应该在发展过程中不断提升自己的竞争能力，拓展商会组织的业务范围。具体而言，商会组织要通过职能创新、机制创新等方式，努力争取会企合作、政会合作、行业合作等机会，进而为自己争取到足够的资源和资金，提高自身竞争力和影响力。当前，就有不少这样的商会组织积极整合业界力量，联合其他组织或部门合力破解风险难题，充分体现商会组织的影响力。当然，在这一过程中，政府让渡出来的部分职能，会通过引入竞争机制，以向社会转移或委托代理的方式，转移给贴近市民、自发组织的民间商会组织来承担，以达到提高行政效率和公共服务供给的质量、节约财政开支的目的[19]。Robert J 利用爱尔兰商会的服务来研究企业管理者如何调整服务中的长期平衡，并对短期挑战作出反应。他采用集体行动理论、交易成本经济学、组织演化理论与国家支持相互作用的理论，探讨商会管理战略如何适应经济和制度环境中的挑战。通过适应服务包和资源组合，展示了 200 年历史的长期耐用性，证明主要的"变化点"对于重新平衡服务和收入来源至关重要，以此利用 2008—2012 年爱尔兰经济收缩"变化点"所引起的挑战的例子，展示了短期适应机制如何运作[20]。

5.2 解决商会组织的民主和自治的问题

商会组织要实现充分的民主，必须对基本的权力机构行使职权进行规范和制约，各个商会成员，不论规模与实力的大小，都应该具有平等参与的权利，能够对关系商会发展及成员利益的事项做出符合自身意愿的决定。实现商会组织的民主，除了通过相关的制度条例进行约束，还需要商会成员的自觉行为以及必不可少的权力监督过程。只有真正的民主，才能带来商会成员的齐心协力，共同为商会组织的发展建言献策，共同为把商会组织建设得更加强大而共同付出努力。我国商会组织发展的制度环境正在逐步改善，事实上，商会组织存在较大的自治空间。一方面，商会组织内部的各个权力机构应该严格根据商会组织制定的章程进行自主治理，包括在各个商会组织内部设置相应的自治机构，并赋予各机构相应的权力，通过内外部的监督促使权力机构合理发挥自治作用，具体如图 1 所示。另一方面，重塑政府与商会组织的权力与义务边界，做好职能定位，明确规定工商联与民间商会的机构属性，确定相应的权利义务关系，使商会组织切实实现对自身的管理与自治，做好权力维护和利益代表等方面的相关工作。在政府与商会组织的相对关系中，强化商会组织与地方政府的互动，通过自身组织化程度和能力的提高等方式使商会的制度资源得到不断扩大[21]。在坚持党的领导同时，要保证商会组织的自治性，不要过多干涉商会组织的各项事务，为商会组织提供良好的发展环境，在中观、微观事务的分配上实现商会组织的自主权利，切实放权给商会组织，进而做到从制度上保证其决策的自主、自治性[22]。

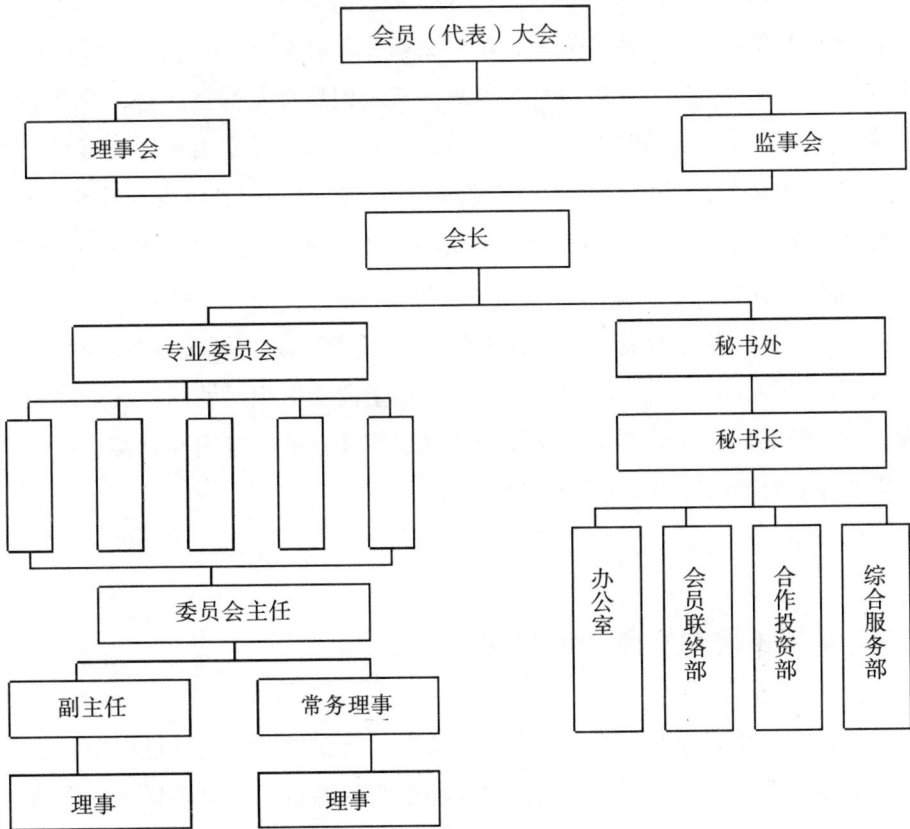

图8—1 商会组织架构图

5.3 商会组织的创新性发展

商会组织陈旧的思想与服务理念、工作方法已经无法适应当前不断变化发展的社会需求。放眼全球，当今时代乃是利益主体多元化的时代，不同的需求主体来源于性质各异的阶层、地域及群体，他们对公共物品与服务有自己特定的需求，体现出较大的差异性。现代商会组织面对这一主体的变化，只有不断进行自我调适，创新职能，才能符合社会需求，实现多样化发展。它们创新性地通过利益交互、资源配置、组织体制等方面进行自我革新而充分展现，无论是以血缘、地缘或业缘为纽带建立的商会组织，都不能再依靠传统、原始的那一套工作模式继续运作，旧事物在发展过程中，必然要经历变革才能获得新生，才能不断向前发展。新时期的商会组织，应当积极面对互联网时代瞬息万变的社会需求，及时更新服务理念与工作模式，借助当前先进的科技与信息力量，进行自我革新，实现创新性发展。同时，商会组织不能仅顾及商会成员的眼前利益和商会组织的短期收益而出现目光短浅、因循守旧的思想观念，也不能因畏惧变革和创新过程的痛苦蜕变而止步不前。面对新形势新局面，所有的困难都不应成为商会组织前进的绊脚石。相反，新时期的商会组织要具备大局意识和发展远见，不再是单纯依靠企业培训、协调、信息、中介等服务，而是要着眼于国家经济的持续发展[23]。相应地，政府应适时地支持商会组织的职能创新，给予商会组织足够的发展空间和政策支持，鼓励商会组织的变革与创新，以促使其在服务方式和种类、优化服务质效等方面得到进一步的发展和提升。

5.4 重视不同类别商会组织的作用

随着市场经济体制改革不断深化，市场经济在发挥作用的过程中，不断有新事物出现在人们的面前，人们对物品与服务的需求变得多样化，供给方的供给格局便产生了根本性变化，在供给主体和供给渠道等方面就变得相对复杂。从这一角度上看，我国商会组织与西方国家的商会组织在分工上出现了类似性，即政府主要提供基本公共物品与服务，市场提供私人物品与服务，社会提供非基本公共服务[24]。不同类别的商会组织在各自擅长的领域竞相发展，满足不同的需求群体的差异性需求，并在不同的领域发挥不同的重要作用，这些领域小到企业的利益，大到国家政治，关系民生和社会的发展。以我国香港为例，香港民间商会已遍布社会各个行业和领域，并彰显出其维护行业及会员利益、协调经济、参政协政、服务社会、参与社会公共事务管理等社会治理功能，有效地化解香港的社会矛盾与冲突，一定程度上维护了香港社会的稳定与繁荣发展[25]。再以德国为例，德国工商会参与立法、经济决策等国家事务，协调、维护工商业者的合法利益。工商会在整个社会经济秩序中占有重要地位，其会员代表大会在法律框架内所作的决定对整个地区的经济界都有效[26]。Schulz 和 John D 认为美国商会在一定程度上推动了大选，以便国会通过相关的地面交通基金项目[27]。可见，在当今时代，商会组织在不同的领域发挥着自己举足轻重的作用，受到社会各界的关注与重视。国家和政府不仅为商会组织搭建平台，而且为不同类别商会组织的发展提供越来越宽松的政策环境，促进商会组织的不断向前发展。

5.5　完善法规加强监督

当前，我国商会组织法规体系滞后，无法适应商会组织快速发展的新形势[28]。因此，亟需健全商会组织法律体系的立法工作，完善法律法规，以适应经济发展所带来的社会需求多元化、异质性的变化。同时，为保障商会的自治权，促进商会依法自治，需要通过立法对商会的自治权加以确认，并明确自治权的边界，进一步推进商会的"去行政化"改革，规范行政权力对商会的干预；完善法人治理结构，为行业协会商会排除内外干预建立制度的"防火墙"；提供各种学习平台，提高私营企业主阶层政治参与能力和水平，以及提升实现自治权所必需之组织能力；并通过完善立法、行政监督和司法救济等手段规制行业组织[29]。在完善立法的前提下，还必须适时引入内外两方面的监督。一方面，成立监事会，或由第三方的监督机构来对商会组织的领导层进行相关的监督，利于商会组织顺利解决民主问题，健康发展。另一方面，建立科学合理的外部监督和管理制度和机制，加强公众监督的力度。此外，各地商会组织可通过相互之间增加交流联谊的机会，促进共同合作与学习，促进区域之间的合作发展。而通过政府平台，海外商会系统的建立，则可以在更广阔的领域发挥商会组织的作用、提供更优质的服务。Kuo-Lung Yu 认为，中国人民在 19 世纪中叶时结束了宗族协会、地区协会、关帝庙和非洲商会的互相帮助，使原来的群体分为行业协会或商业协会生存下来，许多职能互相重叠。20 世纪末，新移民仍建立地区协会和商会，并把这些组织的职能扩大到国际非政府组织，在外交使团的"领事"职能的驻地国家和政府组织进行社会公益活动，出现了新时期的海外商会组织，帮助中国人民在海外妥善生存[30]。

5.6 利用"互联网+"技术与环境，促进新时期商会组织整体转型升级

在"大众创业、万众创新"的时代背景下，互联网经济的全球化扩张，"互联网+"带来的新共享经济模式，同时在技术和环境两个方面使新时期商会组织面临挑战和机遇，迫使新时期商会组织对自身的组织优势与功能定位重新思考并作出改变。一方面，原有的组织优势在新时代背景下，由于科技进步等原因，可能相对地转变为弱势，需要重新寻找突破口，结合时代背景进行创新；另一方面，共享经济使得新时期商会组织可以更加便利地运用新技术、新资源、新渠道，以及寻找新的合作伙伴，为自己所发挥的功能和职能进行重新定位。与此同时，新时期商会组织在选择激励机制、竞争方式、监督方式、资本积累方式、技术发展方式等方面面临着严峻挑战，必须依靠创新和改变这一新时代的永恒主题而选择有利的生存和发展方式，充分应用共享模式进行商业模式创新，进而促进新时期商会组织的整体转型升级，使自己的商业活动具有战略价值，把握新时期经济社会的发展动向，更好地服务于经济社会和人民的生产生活等各个方面的各种需求，服务于国家经济的快速发展和人们不断提高的对优质服务的需求。

6 本章小结

我国商会组织经历了漫长的发展时期，并在相应历史时期的国家政治、经济、社会等各个领域发挥着积极的作用。同时，我们也看到商会组织存在

的诸多问题，包括历史遗留问题和伴随经济发展而产生各种的问题。站在新时期的社会发展、民生需求和国家需要的角度，商会组织当前所面临的问题可以通过多方努力共同解决。一是国家层面，通过立法及法律体系的完善，党和政府对商会组织在方向引导下的空间让渡和资金、资源方面的支持，以及政府搭建平台促进海外商会组织的发展等；二是商会组织自身层面，要着力提升自身的服务能力和竞争能力，创新职能和工作方法，重视自身的自主性和自治问题的解决；三是社会和民众层面，要重视商会组织的功能和作用，加强对其外部监督，并给予商会组织足够的发展空间。如此，我们便能解决商会组织当前和今后可能会遇到的各种问题，我们也有信心促进中国特色商会组织大踏步向前发展，并继续在各个领域展现其特有的魅力，为国家的经济发展作出贡献，为人民的生活提供优质高效的服务，也为行业企业实现诉求做好平台服务。

参考文献

［1］Grahame Fallon，Reva Berman Brown. Does Britain need public law status Chambers of Commerce? ［J］. European Business Review，2000，12（1）：19-27.

［2］Tina Janus，Massimo Manzin. Vpliv prenove poslovanja na zadovoljstvo odjemalcev：primer Gospodarske zbornice Slovenije = The Influence of Restructuring Business Practices to Satisfy Customers：The Case of the Chamber of Commerce and Industry of Slovenia ［J］. Management，2008，3（1）：39-54.

［3］Ulrich Pröll. Health prevention in small firms：How can Chambers of Commerce assist the implementation of a basic management of health and safety?［J］Arbeit，2012，21（1）：52-64.

［4］Hendrik J. Kraetzschmar. Associational Life under Authoritarianism：The Saudi Chamber of Commerce and Industry Elections ［J］. Journal of Arabian Studies，2015，5（2）：184-205.

［5］Anonymous. Michigan Chamber of Commerce；Michigan Chamber of Commerce Identifies $1 Billion Alternative to Raising Business Taxes ［J］. Politics &amp；Government Business，2008（1）：117-129.

［6］马敏，付海晏. 近20年来的中国商会史研究（1990—2009）［J］. 近

代史研究，2010（2）：126-142.

［7］中华全国工商业联合会，2016年下半年关于会员和组织发展情况的通报．2017-4-24.

［8］方勇骏．区域商会研究的新思考——张芳霖《市场环境与制度变迁——以清末至民国南昌商人与商会组织为视角》述评［J］．中国社会经济史研究，2015（1）：108-111.

［9］黄建．论我国民间商会改革之路径选择［J］．商业研究，2016（9）：181-186.

［10］Brett Crawford. The historical and cultural construction of legitimated interests: the rise of American chambers of commerce［J］. Management & Organizational History，2015，10（3-4）：230-250.

［11］黄建．我国民间商会功能运行阻滞机制研究——基于结构功能主义的分析视角［J］．商业研究，2015（5）：144-151.

［12］周俊．行业协会商会的自治权与依法自治［J］．中共浙江省委党校学报，2014（5）：38-44.

［13］赵永亮，张捷．商会服务功能研究——公共品还是俱乐部品供给［J］．管理世界，2009（12）：48-56.

［14］张玉莲，唐庆红．规范与自治：近代山西忻县商会组织演变探析［J］．山西档案，2016（2）：24-27.

［15］Hon, Tze-Ki. Modern China's Network Revolution: Chambers of Commerce and Sociopolitical Change in the Early Twentieth Century［J］. Journal of World History，2013，24（1）

［16］周俊，周莹．政策压力下的行业协会商会组织同形——以温州商会为例［J］．中共浙江省委党校学报，2017（2）：32-39.

［17］吴志国．当代中国同乡商会组织兴起背景与原因的分层探讨［J］．湖南社会科学，2017（1）：141-146.

［18］袁方成，陈印静．社会治理现代化进程中的商会改革：风险及其化解［J］．国家行政学院学报，2015（4）：68-72.

［19］吴巧瑜．粤港民间商会社会治理功能比较研究［J］．中国行政管理，2011（12）：109-112.

［20］Robert J. Bennett. Management adaptation of business association services: long-term stability 1783–2012 and "change points" for Irish Chambers of Commerce［J］. The Irish Journal of Management，2016，35（1）：58–73.

［21］别亚楠，徐卫东.论我国地区行业商会发展的逻辑图景［J］.当代经济研究，2016（2）：92–96.

［22］浦文昌.行业协会商会参与国家治理的顶层设计与配套改革——建设中国特色商会组织的比较研究［J］.中共浙江省委党校学报，2016（2）：12–22.

［23］林拓，虞阳，张修桂.现代商会与国家治理：历史与国际的视角——兼论我国商会的"中国特色"［J］.复旦学报（社会科学版），2015（4）：108–115.

［24］吴志国.传统民间组织资源与现代社会公共服务供给——以我国同乡商会组织为中心［J］.湖南社会科学，2013（3）：136–139.

［25］吴巧瑜，王文俊，周潭.香港民间商会组织社会治理功能研究——基于香港工业总会的个案分析［J］.武汉大学学报（哲学社会科学版），2011（4）：69–76.

［26］张家林.商会的性质、机制与我国商会的转型［J］.上海经济研究，2009（7）：54–61.

［27］Schulz, John D. Multi-year transport funding programs key part of U. S. Chamber's 2014 goals［J］. Logistics Management（2002），2014，53（2）.

［28］邢建华.福建省商会组织与私营企业主阶层的政治参与［J］.科学社会主义，2012（6）：80–83.

［29］郁建兴，宋晓清.商会组织治理的新分析框架及其应用［J］.中国行政管理，2009（4）：59–64.

［30］Kuo-Lung Yu. Effects of African Chinese society and involvement on subjective well-being［J］. Journal of Interdisciplinary Mathematics，2015，18（6）：841–855.

第九章　中国特色公益组织发展研究

1　引言

随着我国经济迅速发展、综合国力不断加强，我国公民生活水平得到明显提高，但不能否定的是我国贫富差距问题比较严重，影响社会经济发展稳定，而解决我国贫富差距问题不仅要依靠社会经济的不断发展、生产力水平提高和收入分配的调节，还要依靠社会公益力量发展慈善，实现社会利益再调节，促进社会公平发展从而缓解收入差距大而带来的社会问题，缓解社会矛盾。公益慈善活动是人类社会建设、社会发展过程中不可缺少的社会实践活动之一，慈善事业体现了中华民族优良传统，是实现社会主义五位一体全面发展的需要。随着我国转型发展步伐加快，面对各类社会问题以及诸如汶川、玉树、雅安、鲁甸地震等自然灾害的突发，公益慈善组织和政府的合作发展使慈善公益事业得到社会各界的认可和需要。公益慈善组织对各类突发问题的应对，以及对公益文化事业发展的促进作用大大减轻了政府在社会保障方面的负担，减轻国家财政压力，成为社会公众和政府之间联系的纽带。与此同时，我国政府也不断加强对公益慈善组织的培育发展。改革开放以来，在各级党委、政府的高度重视下，在社会各界的广泛参与下，在各级民政部门和有关部门的积极努力下，我国公益慈善组织蓬勃发展，初具规模[1]。我国公益组织在社会各个领域中都得到迅速发展，覆盖到了慈善、扶贫、教育、文化、卫生等各领域，使公益慈善文化深入人心。但是，我国公益组织发展过程中仍然存在诸多问题，特别是近年来不断出现的慈善丑闻事件更是暴露了我国公益慈善组织发展中存在的监管、财务、运作等问题，成为公益慈善组织发展的一大阻力，严重影响公众对我国公益组织的信任，只有直面我国公益组织发展中存在问题的根本原因，才能使我国公益组织发挥出更大力量。

2　文献综述

公益组织一般是指非政府的以社会公益事业为主要追求目标的社会组织，其活动主要是致力于社会公益事业以及解决各类社会性问题。西方国家对公益慈善组织研究较早，已有上百年发展基础，如 Robert H. Bremner[2] 的《美国慈善事业》至今对相关公益慈善事业相关方面研究依然有着深远影响。Stephen Brammer, Andrew Millington[3] 以英国一个企业为样本分析了公益事业对企业声誉的影响，指出良好的公益慈善行动能够明显提升企业声誉，为企业建设发展提供支持。Smith C[4] 认为公益慈善事务发展为企业在新兴市场竞争以及企业在国际上发展提供强有力的竞争优势，可以对企业发展带来重要影响。在企业发展中如此，在国家建设中亦是如此。Sue Llewellyn, Iain Saunders[5] 指出公益组织能够为社会提供资源分配，调节社会资源供给与公共需求不平衡问题。

改革开放以来，国内贫富差距、城乡差距扩大，区域发展不平衡，弱势群体得不到相应保护，社会突发状况以及自然灾害频发等问题逐渐引起人们关注，由此而带来的公益慈善组织的迅速发展也引起广泛关注，国内对公益慈善组织的研究开始起步。近年来我国公益慈善组织也得到了快速发展，但是孙录宝[6] 认为公益组织自身还存在许多问题，这些问题严重影响其社会公信力，影响其对经济发展、社会建设等方面价值的发挥，因此需要对公益组织发展机制进行研究从而促进其健康发展。王振耀[7] 指出，我国公益慈善事业已经开始出现转型发展，并且对社会建设作用也逐步增强，但是不容忽视的是我国公益组织发展面临一定挑战，需要引起社会重视。刘文光[8]着重于分析我国公益组织在发展过程中的存在的诸如不够独立、法律法规不全、监管不到位等问题，并为其良好发展提出相应的意见和建议。程云蕾[9]则针对我国公益组织存在的公信力下降等诚信危机进行分析，并提出提高公益组织公信力的主要措施。张志伟和卢慧[10]也指出了我国公益慈善事业的发展依赖于我国公益组织的完善，而我国公益组织的完善最终是需要制度的构建、政府的支持，及民众的广泛参与。朱正平[11]也指出了我国公益组织发展的困境，认为虽然近年来公益组织发展迅速，公益事业取得很大进步，但是必须直面其发展困境并认真分析成因寻求出路。不能忽视的是，我国正处于社会经济发展重要转型期，这为公益慈善组织的发展带来新的机遇和挑战，对于我国公益组织未来发展的趋势，第三届慈展会"中国公益慈善事业发展状况发布会"[12]做出简要陈述。赵甜甜在其论文中对公益组织未来发展趋势做出简要分析，并指出"随着资金、人才、能力建设、福利待遇等的逐步改善，我国地方公益型组织必将迎来一个黄金发展期"[13]。南方和李萍[14]通过实证研究的方法，对儿童慈善公益社会组织在这种新形势下面临的困境和挑战进行分析，预测了未来发展趋势，认为未来公益组织发展会更加多元化，专业领域会更加细分，行业之间会形成联盟，会有专门的支持型和枢纽型平台来连接不同公益组织，提供更好更专业的服务。张娟、张春蕾[15]对比分析了国外慈善事业发展与我国慈善事业发展的主要运营模式，提出公益慈善组织已经成为国家文明发展的重要组成，因此需要为我国慈善组织发展建立良好制度，形成良好的公益慈善事业的运营模式。廖建军[16]通过考察当前我国公益慈善组织管理机制的现状，剖析其存在的问题，并借鉴发达国家公益慈善组织管理的先进理念，提出了创新我国公益慈善组织管理机制的对策建议。张鑫[17]通过对"壹基金"的进一步了解使"微公益"的理念、模式更加深入人心，让人们意识到"微公益"可能将是未来公益组织发展的一种趋势。本章将在前人研究基础上，进一步分析我国当前公益组织发展状况，深入剖析未来公益组织发展的趋势，为相关政策制定提供一定参考。

3 我国公益组织发展现状

3.1 发展环境的改善

2015 年是法治公益进入大众视野的元年。《境外非政府组织管理法》《慈善法》先后公开征求意见；公益学术界和社会组织联手助推国家开门立法；行业协会商会与行政机关脱钩，实现去行政化；民政部门探索建立新型监管体制，实现对社会组织的综合监管[18]。2015 年大众公益、全民公益开始进入公益主流中，"互联网+公益"的形式越来越普遍，互联网支持下的任何时间、任何地点线下线上相结合的"指尖"捐赠也开始遍地开花，这种愈加多元化的发展环境使公益事业、公益组织成为当前颇具文化创意的行业，拓宽公益组织发展渠道，改善公益组织发展环境，更让公益组织与人们越来越贴近，使公益的社会影响力被无限放大，为无声的平民英雄、平民公益也提供了良好平台。此外，随着政府去行政化改革的推进，简政放权不断深化，诸如政府购买养老、助残等服务等逐步列入政府购买公益服务范围；民政部门也在不断改革公益组织登记管理制度，制定相关直接登记制度实施办法，并建立促进公益组织发展的平台，各地区也不断建立公益组织孵化基地，促进公益组织发展。

3.2 数量增长、规模扩大

由中国社科院等机构联合发布的 2016 年《慈善蓝皮书：中国慈善发展报告（2016）》显示，截至 2015 年 12 月底，全国共有社会组织 65.8 万个，比 2014 年的 60.6 万个增长 8.6%。其中，其中有社会团体 32.6 万个，基金会 4784 个，民办非企业单位 32.7 万个（见表 9—1）。另据测算，2015 年全国登记注册志愿者超过 1 亿人，占人口总数的 7.27%；实际参与志愿服务的活跃志愿者总量为 9488 万人，2015 年志愿者捐赠率为 6.9%，捐赠志愿服务时间为 15.59 亿小时，全国志愿者捐赠价值为 600 亿元。与 2014 年相比，2015

年活跃志愿者捐赠总量增加了 487 万人，增长率为 5.4%；志愿者捐赠率提升了 4.9%，志愿者捐赠时间增长了 3.37 亿小时，增长率为 27.5%。志愿者捐赠价值增长了 157 亿元，实际增长率为 29%[18]。2015 年，预期社会捐赠总量达 992 亿元。其中，基金会系统接受的捐赠总额预估为 374 亿元；慈善会系统的捐赠款物预估为 362 亿元；民政系统接受的社会捐赠款物预估为 56.23 亿元，其他机构接受的社会捐赠款物预估为 200 亿元。同时，越来越多的企业、名人、志愿者、公益爱心人士等开始设立公益慈善组织或者积极加入公益慈善组织的活动，帮助弱势群体、提供公共服务，公益慈善组织已经成为吸纳就业人口、促进经济发展、完善社会建设的重要平台。

表 9—1　2007—2013 年我国基金会数量变化情况

年份	2011	2012	2013	2014	2015
基金会	2614	3029	3549	4117	4784
非公募基金会	1389	1733	2205	2724	3323

数据来源：根据国家统计局数据和国家民政局社会发展公报数据整理

2007—2015 年接收社会捐赠情况

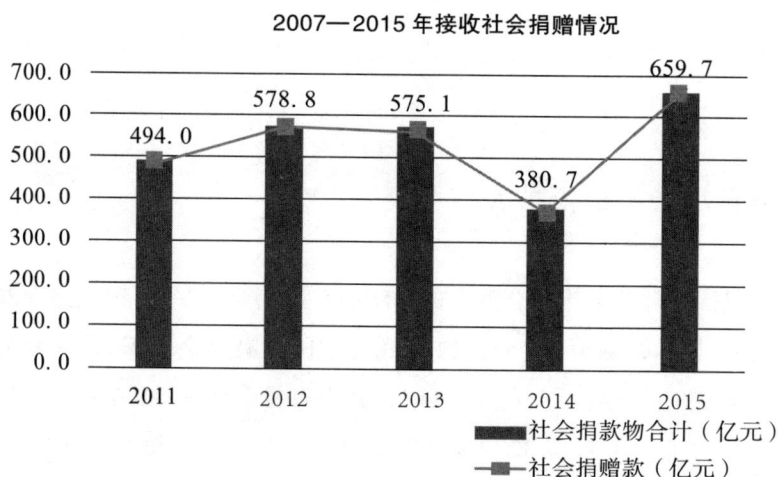

图 9—1　2011—2015 年间我国接收社会捐赠情况

4 公益组织发展存在的主要问题

虽然近年来我国公益慈善组织发展环境不断改善，发展数量及质量也呈上升趋势，我国的公益慈善事业也不断完善和推进，但是，我国公益组织在自身发展、促进经济发展和社会建设方面仍存在一定问题。

4.1 缺乏宏观发展规划

我国公益组织发展过程中，政府的宏观规划、调控、引导明显滞后，除了相关立法不足以外，需要思考的问题就是政府在公益慈善领域充当什么样的角色。拿社会捐赠来说，一个较为敏感的话题就是，政府是否是民众捐款、捐赠的接收主体，社会捐助的财物是否应当进入财政收入，纳入财政体系，还是说慈善捐款应由民众信任的机构掌控而非混入到国家、政府账户。我国对于工商、税务、行政等其余部门参与公益也缺乏一定规划，制度不够成熟，政府的引导、工商税务的支持、行政法规监督等均需要完善。政府部门缺乏相应整合资源，没有建立专门为公益组织发展提供服务的组织机构，缺乏针对公益组织注册登记、政策咨询、资金技能支持的相关服务。

4.2 服务大局能力有待提升

面对国际经济萧条，国际需求市场的不断萎缩，国内企业生产也面临重重困难，许多企业开始陷入低迷状态。在国内经济发展不协调和国际经济增长乏力的双重压力之下，各种潜在风险不断增多，我国企业走出困境，但还需一定时日，企业低迷发展大大减少企业利润也对其捐助行为、公益行为等产生负面影响。但是这种情况下，困难群体的需求反而大大提升，经济萧条、生活困难，带来的是对政府和公益组织提供社会保障的更多的需求，在这种情形下对公益组织服务大局和公关能力的要求则更高，要求公益组织要与企业共同度过这一难关。一方面帮助企业解决经营中遇到的困难，从而可以赢得企业信任，增强企业公益捐助的意愿。另一方面，利用企业进行社会救助不仅树立了企业形象还对公益组织进行了一定宣传，能够实现公益组织与企业的共赢。

4.3 我国公民参与度不高、慈善观念落后

近年来我国公益组织蓬勃发展，公益事业也得到迅速发展，公民参与公益事业意识有所提升，但是，由于传统观念等原因束缚，我国公民参与公益事业的积极性仍然较低，对公益组织活动进行监督的意识也比较淡薄，这也就意味着我国公益文化发展仍然相对落后，这对建设社会主义和谐社会具有一定影响。首先，由于传统观念的束缚，我国公民大多数都会有"公益慈善是富人的消遣、游戏，与我们普通人无关"这样的观点，而没有认识到参与公益慈善是每个公民的责任，公益是社会必须提供的"公共产品"[11]。于是普通百姓和小微企业或者一般企业等都没积极参与到公益活动中。其次，由于我国公益慈善长期以来以行政命令进行捐款方式导致了民众公益意识没能得到有效合理培养，使我国公益文化落后，我国每次大规模募捐活动都会有以"自愿捐款"为旗号又充斥着强制性捐款的号召的活动，有的甚至规定了干部级别对应的捐款额度，这样不仅不利于公益文化培养，还在一定程度上减少了公益组织资金渠道，影响公益组织发展。

4.4 我国公益组织公信力差

某著名演员某某的"诈捐门"风波还未尘埃落定，2011年我国最大公益组织中国红十字会又陷入由于一个女孩引起的巨大信任危机，这就是令人震惊的"郭某某事件"，随后这场信任危机席卷我国各类公益慈善机构，紧接着2014—2016年微公益事业发展，微信公益深入人心。与此同时，带来的微信公益谣言在大众盲目的转发下产生巨大负面效应，降低了人们对公益组织

和活动的信任，严重影响公益组织公信力。公信力是公益慈善组织的生命力，公信力差严重阻碍公益慈善组织的发展，我国公益慈善组织的信任危机主要表现有公益慈善组织的趋利性、公益慈善组织偏离公益性等。首先，我国有部分公益组织从事营利性活动，并想方设法获取巨额经济利益，严重违背了社会公益组织非营利性的宗旨[9]。公益慈善组织凭其税收优惠优势参与营利活动，对同行业造成不公平竞争，破坏市场秩序，影响公益慈善组织在公众心中的形象，大大削弱其公信力。其次，公益慈善组织内部资金管理混乱、信息披露制度不完善、披露信息不真实等情况，导致内部工作人员公款消费、公款旅游、享受豪华办公条件等，偏离原来公益性宗旨，欺骗政府与广大民众，对公益组织诚信建设、公信力建设造成极大负面影响。

4.5　官办公益组织行政色彩浓厚

我国公益组织的各项公益活动大多由政府组织策划并通过各级行政组织进行具体实施，公益捐赠活动大多也由单位领导带头，根据职位设定不同捐赠额度进行捐赠，这样就不可避免地使我国公益组织带有较多行政色彩，而浓厚的行政色彩削弱了我国公众参与的积极性。我国公益组织的行政色彩使公众对慈善事业造成误解，会有大多数人认为公益事业属于政府救济行为，政府应承担公益事业的主要责任，严重影响公众对公益组织的理解和参与公益事业的积极性。但是，公益组织如若与相关政府部门"距离"太远，不和相关政府部门处理好关系又会影响公益组织的许多活动的进行。公益组织和政府的这种微妙关系使公益组织不能放手发展，政府以"管理者"自居，缺乏对公益组织相应的信任和支持，将公益组织置于绝对的被管理地位，极大地挤压公益组织的发展空间，限制公益慈善组织独立性，使公益慈善组织的发展仍保留一定的行政色彩[9]。

5 我国公益组织发展面临的机遇与挑战

5.1 公益组织的发展机遇

5.1.1 网络社会增强了公益组织公共服务能力

一方面，公益组织以为公众提供公共服务为自身发展的宗旨，是政府实现职能型政府向服务型政府转变的主要助力，是连接政府、企业、公众的重要桥梁，公益活动的顺利进行主要依靠于公众社会及其较高的公信力。随着互联网 3.0 时代到来，网络为公益组织同样带来广泛的信息和自己筹集渠道、方式等。利用互联网技术（诸如微博、微信、论坛等形式）公益组织拉近了自身与公众之间的距离，使公益组织可以更加直接了解公众需求，可以更好与公众进行沟通，使自身举办的活动更加具有针对性，可以更直接的解决公众最迫切的需求，使资源得到最有效的配置，使大众对公益组织提供的公共服务更满意。另一方面，利用微博、微信等先进互联网技术，公益组织可以更好宣传自己，让公众更加了解公益组织性质，让公众更愿意拉近自己与公益组织之间的距离，公益组织知名度得到提高后，可以更加广泛地发动社会各界力量进行募资活动，吸引各界优秀人士参与到公益组织中，具备充足的人力、物力资源的公益组织便可以提供更好更优质的公共服务，增强自身公共服务能力。

5.1.2 创新时代促使公益组织理念创新

中华民族具有乐善好施、扶危济困、安老扶幼、助人为乐的传统，在这种传统文化的洗礼下，捐赠被看作是少数富人的行为和责任，而且捐赠应该是一种完全利他主义的行为，不求回报，不问索取[19]。现在，越来越多的众筹活动逐渐改变了传统公益事业理念，无偿捐赠活动变成一种自身的投资行为，虽然这种投资并不能与商业投资相比，但是众筹带来的小物件或者非物品形式的象征回报的意义远大于商业投资带来的巨额财富。通过这种创新型筹集资金的方式，一方面约束着公益组织，它们已经不是传统无偿接受的一方，它们需要考虑这种公益活动能否给投资人带来回报（包括物品回报、精神回报），虽然参与众筹的投资人并不在意这样的回报，而更加关注公益活动本身。另一方面，众筹活动也充分调动了公众参与公益事业、公益活动的积极性和主动性，培养和发展了公民的责任感，促进了平等、博爱、互惠、信任的社会资本的形成，而平等、博爱恰好与互惠合作社会资本在价值规范和内涵上具有一致性[20]。这种创新模式无形中培养了公益组织、社会、企业和公民之间的合作意识与契约精神，促进了平等、自由观念的形成，使公益组织更加和谐地开展活动，改善了公益活动的生态环境，为公益组织的更好发展提供机遇、构建精神文明根基。

5.2　公益组织发展面临的挑战

5.2.1　管理治理的挑战

加强组织内部管理和行业自律是当前互联网社会给公益组织带来的一项重大挑战。虽然公益组织、社会组织相关立法已经趋于完善，但是互联网社会带来的"互联网+公益"的许多公益活动还是缺少法律支持，甚至有些活动，如公益众筹，与国内现行法律存在一定的冲突[21]。因此公众对于公益组织还存在许多质疑和声讨，需要公益组织完善自身建设，需要相关立法给予一定支持和监督管理。互联网时代带来的高速信息共享也使得公益组织充分暴露在社会公众面前，公益组织的发展状况、运营方式等情况都是公众可以通过互联网得到的信息，这些都关系着社会公众、乃至政府对公益组织的信任和支持。这就要求公益组织从自身角度主动加强行业自律，提高组织内部管理水平，不要惧怕信息暴露在公众眼中，要主动透明化自己的管理信息，这样才能使公众更加信任组织，更加有主动意愿支持公益组织各项活动，使公益组织承担应尽的社会责任。但是，在互联网时代，加强行业自律、加强外界监督需要有一定度，不能制约组织发展创新，这之间的平衡需要政府、公益组织、大众相互磨合和探索，这种平衡发展给公益组织带来一定挑战。

5.2.2 信息披露带来的诚信风险挑战

以往信息不发达的社会，公益组织对于信息披露可以有选择性地进行公开，选择对公益组织发展有利的信息加大宣传，对公益组织发展不利的信息则缩小公开范围或者隐瞒不公开，这就使公益组织能够掌握外界对自己形象的认知。现如今信息公开度明显提高，信息披露已经不在公益组织自身掌控范围内，这给公益组织带来极大挑战。信息披露不及时的社会尚有众多"虚假公益"丑闻被曝光，当前社会公益组织面临的更是前所未有的公众信任危机：许多网络捐款活动看起来"有图有真相"，仿佛就发生在我们身边，激发我们同情心、同理心，大众纷纷慷慨解囊，而结果往往会被曝光是一起诈捐事件。公益组织在这种环境下，自身组织能力较差，缺乏危机应对机制，信息传播速度快，信息真实性得不到及时认定，这个过程中也有许多打着公益组织旗号的不法分子发布信息为个人谋取私利，这些都极大损害公益组织形象，摧毁公众对公益组织的信任，使公益组织诚信风险剧增，给公益组织公信力带来极大挑战。

5.2.3 公益组织自身能力的挑战

这里讲的公益组织自身能力包括公益组织项目创新能力、项目设计能力、组织传播能力、应对危机能力和组织内部人员素质能力等方面。从应然的角度来讲，创新社会给公益组织带来理念创新机遇，需要公益组织具备项目创新、设计能力来抓住这样的机遇，公益组织在互联网的洪流中要用新的思维模式吸引到大量的人参与公益组织和公益活动，需要创新性，需要公益组织将这种创新具备的强大吸引力传播出去，让更多人了解，让公众在面临选择时可以说服自己选择公益。国家的开放型发展使公益组织的发展也面向世界，为了激发公众自主参与感，调动公众自主参与积极性，需要公益组织具有较强的传播能力。利用传播，公益组织可以拉近自身与公众之间的距离，并为自己争取到与公众直接交流分享的机会，有利于增强公益参与者与公益受惠者之间互动，让公益参与者了解到自己到底作出哪些贡献，给其一种公益精神奖励，同时也塑造了公益组织良好形象。但在实践中，公益组织的创新性、传播能力等往往不能让人满意，其主要原因就在于公益组织内部人员素质能力不足，一方面缺少专业人才，需要公益组织加大力度培养各类专业人才，也需要政府给予相应政策支持。另一方面需要不断加强公益组织内部人员职业道德素养教育，要做到德才兼备，以德为先。

6　我国公益组织未来发展趋势预测分析

6.1　公益组织多元化与专业化发展相结合

近年，公益组织发展势头迅猛，服务对象愈加多元，涉及"留守、残障儿童""老人养老""贫困家庭"等方面，每个也均有细分项目，例如，儿童公益事业包括儿童教育问题、健康问题、留守儿童发展问题、残障儿童发展问题，其中残障儿童根据不同情形也有细分不同的公益服务组织，老人养老又包括了空巢老人关怀、社区居家养老发展等方面，主体的多元化决定了公益组织发展多元化，多元化与专业化密不可分，公益组织多元化的发展就要求在每一个分类下都要有更加专业化的人员服务。公益组织不能仅限于"输血"，仅仅"输血"并不能解决公益组织内部人员能力问题，需要将"造血"与"输血"相结合，需要招收大量社工专业学生，这给大学专业教育也提出了较高要求。发展社工队伍可以让公益组织更具专业水准，这是公益组织发展必须经历的一个环节，从目前我国公益组织运行模式来看，社工提供有偿服务，需政府购买，未来公益组织发展趋势必定会走"人员专业化，服务有偿性"这条路[22]。

6.2　众筹等基金筹集方式的成熟化

公益组织发展报告显示，公益组织基金筹募中，自 2010 年开始，非公募基金会开始超过公募基金会总数，说明非公募基金会逐渐成为公益组织慈善资金的重要筹资平台和筹资核心力量。公益众筹在西方国家实践逐渐成熟，伴随着互联网新媒体传入我国，公益和众筹在理念认同上的天然契合使之被看作"新常态"下公益组织的重要工具，在引导去行政化公民公益、促进公益领域市场机制、信用机制的创新、解决公益组织特别是草根公益组织筹资困难等方面而被寄予厚望[20]。微信微博等微公益形式降低公益传播的成本，降低了公众参与公益的门槛，微信支付、支付宝支付更是为众筹、公益募捐提供平台，随着互联网技术不断发展，"互联网+公益"立法的不断完善，公益组织和筹募平台的不断磨合，将会为公益组织和公益参与者提供更加成熟完备的基金募集平台。众筹衍生出的"拍卖募集""行走捐""线下消费转换能量捐树""点赞捐"等形式日益成熟，使公益与公众之间距离越来越近，充分调动了公众参与工益的主动性和积极性，使公益不再神秘，不再是少数富人或者企业才能参与的活动。

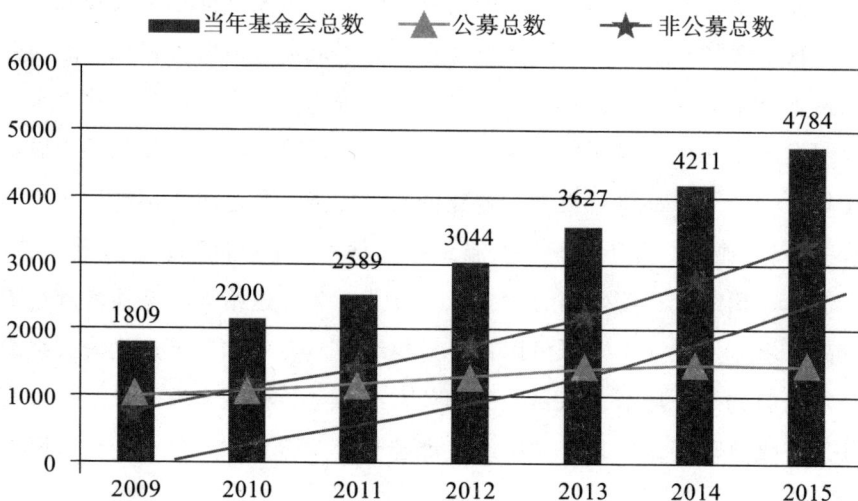

图9—2　历年基金会数量变化（2009—2015年）

资料来源：基金会中心网（截止时间2015.12.）

6.3　"互联网＋公益"的普及化

伴随着"互联网+公益"平台的发展，互联网公益为我国公益组织发展注入新活力，使公益以更加贴合90后、95后的网络话语新方式走入普通大众生活。"互联网+公益资金筹集"方式探索实践开始于2011年7月，"点名时间"的上线，使"互联网+公益"走入大众视线，紧接着"团圆打拐""自然之歌""蚂蚁森林""绿动计划""一JIAN公益联盟"等利用互联网践行公益的优秀项目开始走进大众生活，人们越来越习惯于每天参加"公益项目"，互联网使公益成为我们每个人生活中不可缺少的一部分。目前，随手打开微信运动，即可把当天积累的步数，通过益行家平台捐出去；刷刷朋友圈，便能与朋友一起，为某个公益项目"一起捐"。移动互联网的创新应用，让人们能够用更生动、更有趣、更便捷的方式参与公益，公益不再只有悲情，随手公益、快乐公益通过各种方式向这个世界来传递善念，并真正带来改变[23]。

6.4　政府、市场与公益组织形成跨界发展

随着互联网技术迅猛发展，跨界将成为公益组织发展的一个趋势，政府、企业影响公益组织发展，公益组织也将影响政府和企业管理模式。例如电子商务的发展极大刺激人们消费欲望，逐渐成为人们主流消费模式，企业在这种大环境下选择互联网技术支撑的公益项目，用企业自身商业服务来促进公益项目的发展，在商业服务中嵌入一定公益捐赠（例如支付宝的蚂蚁森林），这种创新模式一方面吸引着大众参与，另一方面带动消费升级，持续稳定地提升消费贡献率，促进国家供给侧结构性改革步伐。互联网和公益组织的联合很巧妙地提升了大众消费力量，逐渐将消费变成拉动GDP增长的主要理论，对于国家改革政策具有相当影响力。

7 公益组织未来发展建议

7.1 完善法规加强监督

公益组织和公益事业的发展需要法律的护航，长期以来我国针对公益组织缺乏相应完整法律监督体系，相关法律法规不够健全，不够完善，已有法律法规缺乏应有的约束力，针对这些问题，必须建立完整的配套法律制度法律体系，从而规范公益组织发展模式，激发组织发展动力，促进我国公益组织健康发展。在原有《慈善事业法》立法完善的基础之上进一步出台《公益事业法》，将所有公益事业涵盖在内，根据不同性质公益组织制定出台相应单行法，以优化公益组织发展空间，为公益组织更好发展提供应有的法律保障。此外还要健全内外部监督体制，外部加强信息公开和媒体公众舆论监督，确保公益组织信息的公开透明，并及时曝光问题从而使公益组织可以在公众监督之下及时整改；内部方面加强行业自律，实行民主化管理，构建自我监督机制，形成自我监督、自我管理、自我改善的运行模式。

7.2 制定宏观发展计划 提高服务大局能力

在支持公益组织发展方面，加强公益宣传，将公益宣传作为全国社会主义文明建设的重要内容进行，形成良好且广泛的社会影响；同时不断扩大政府购买，并分清政府财政和捐助物资接收周转机构，避免将慈善捐款混入国家账户从而引起信任危机；此外，还应该整合政府相关部门的职能和资源，形成为公益组织发展进行服务的机构，引导公益组织健康发展。针对公益组织服务大局和公关能力方面，一方面，公益组织发挥其公益性帮助企业渡过难关，并通过慈善捐助扩大企业和组织自身的社会影响，实现双赢；另一方面，面对社会环境多变和国际经济形式的低迷状态，公益组织应着力提高自身话语权，传播公益正能量，运用现在愈加强大的社会舆论作用加强宣传，提高话语权，还可以将公益慈善优秀成果集合成书籍进行编辑出版，树立宣传公益文明形象，用明星做代言进行公益文明宣传（较好的例子有：成龙和姚明的"没有买卖就没有杀害"的系列公益广告）。

7.3　培养公益文化

我国自古就有扶贫济弱、助人为乐的传统美德，培育我国公民的公益慈善意识有利于公益组织和公益慈善事业的发展，政府更应该建立一定的公民公益意识教育机制，广泛培育我国的公益文化。当前"微公益"的发展成熟也是我国公益组织逐步成熟的标志，"微公益"可以以简单并且易于参与的形式培育更多人的公益理念，从而在百姓之间弘扬传播公益文化，政府也更容易借助于这种新的公益形式进行宣传，培育公民参与公益事业的积极性，保持公民参与公益事业的持续性，为公益组织的发展提供良好发展空间，共同为促进建设五位一体的社会主义和谐社会出力。同时，越来越多的公益广告、公益短片、公益电影也大大促进了公益文化的传播和公益组织的发展。

7.4　构建信任体系

公信力是公益慈善组织的生命力，公益慈善组织的良好发展，要求我们要理性应对我国公益组织的信任危机，使我国公益组织走上促进社会建设经济发展的正轨。现如今，媒体是公众信息的主要来源，对公众影响极大，公益组织可以利用媒体对公益慈善宗旨和文化进行宣传，使更多人了解公益。当前网络技术又日益发达，网络也可以更快更便捷地将公益带入每家每户，例如鲁甸地震期间，名人通过微博呼吁救灾，参与救灾，参与捐助，名人这种较大的社会影响力和较高的社会关注度，使公益更快地走进人心。而针对当前社会依靠行政力量强行推进公益的"被慈善、被公益"的事件使得公益慈善资金渠道流失，政府部门不应该设立统一标准强制要求，应该根据人们自身能力参与公益，实现平等自愿，同时公益组织可开展多样化募捐活动，也可以与网络"联姻"设立网络捐赠支付平台来扩大资金渠道，培育公益组织的募捐能力。提高公信力最重要的一点就是公开透明，社会公众的诉求就是看到自身捐赠物资的流向，捐赠物资最终是否进行公益慈善活动等都是公益组织需要解决的核心问题。只有解决这些问题，公众才会看到自身捐赠物资确实是用在公益慈善之上，公益组织才能获取公众信任，这样得到的公信力会成为公益组织的最宝贵的无形资产支持公益组织的发展。

7.5　转变政府角色促进公益发展

公益组织没有政府支持无疑不能良好发展，但是政府不应该继续充当主导角色，应该以一个支持者、监督者的角色出现，实现与公益组织的互利互助。政府加快转变角色也可以给公益组织更广阔的的发展空间和更多的发展机会。随着我国经济的快速发展，公益组织这种由政府垄断服务的发展模式以及远远不能满足经济发展需要和社会公民需求，政府放手使公益组织进行自我管理从而解决公共服务问题，政府则站在合作伙伴的角度与其合作共同发展。政府可以鼓励名人、富人建立基金会，形成影响势头，降低公益组织门槛并优化简化登记注册制度，同时给予税收优惠，使公益组织数量质量都得以提升，增加公益组织人力物力，形成公益组织之间良好竞争模式，在竞争中谋合作，求发展，使公益组织的发展环境日益改善，政府以监督者管理者身份进行监管，保证公益组织的正确发展方向。

7.6　扩大公益组织队伍

我国社会建设落后于经济发展的现状使公益组织发展有着更为广阔的空间，除了推动公益组织的快速发展以外，还应该积极鼓励更多组织参与公益慈善事业，例如鼓励社会组织参与社会保障服务、救灾服务、医疗卫生、帮扶孤寡老人等社会公益性服务公众，推动各类公益组织的发展。不仅要鼓励社会组织参与公益，还要在公益慈善组织中突出慈善的社会服务功能，使公益慈善与社会服务结合起来，提高公益专业性。同时，在鼓励更多组织参与公益过程中建立服务评比制度，使更多公民参与社会组织和公益组织提供服务的评比，从而形成组织间的竞争，各类社会组织和公益组织在其提供的公益社会服务中吸收公众评比意见和建议，在竞争中合作，不断提高服务质量和服务品质，使公益组织更好地发展。

7.7　学习国际公益组织优秀经验

我国经济发展和社会建设离不开世界，我国公益组织的发展更离不开国际公益组织的支持与经验学习。西方公益慈善事业发达，公益组织发展规范并形成其独特运营模式，我国公益组织在发展中更应借鉴其优秀经验。比如我国公益组织面临的较为重要的问题就是捐助问题，捐助渠道的长期不透明和政府"绑定捐助"长期形成的捐助依赖使我国公益组织捐助资金少，面对这样问题不仅要树立公信力，培养募捐能力，更重要的是公益组织的自身发展，可以向英国公益组织学习建立"社会企业"，社会企业向社会提供有偿服务，形成资金来源。除了学习借鉴优秀经验外，公益组织还可以多参与国际公益会议或者由政府支持举办国际会议，实现与国际公益组织的交流合作，形成伙伴关系，在国际公益事务中进行竞争，在竞争中交流经验，相互学习。

8　本章小结

我国社会经济发展带动我国公益组织的发展，公益组织的不断成熟也促进了社会经济的发展。本章分析了我国公益组织发展现状，以及在互联网技术发展背景下公益组织未来发展趋势。同时发现其发展中存在的相关问题，认为要使公益组织更好地提供服务，实现更长远的发展，就要解决其发展中存在的问题。要完善相应法律法规体系，培养我国特色的公益组织发展的良好公益文化环境，加强公益组织公信力建设，政府加快角色转变，扩大公益组织队伍，使更多组织参与到公益组织的队伍中，同时也要学习国际公益组织的优秀经验，实现"互联网+公益组织"良好发展。

参考文献

［1］孙伟林.适应转型期社会发展需要积极培育公益慈善组织［J］.社团管理研究，2012，（01）：5-7.

［2］Robert H. Bremner. American Philanthropy［M］. Chicago：University of Chicago Press，1988.

［3］Stephen Brammer，Andrew Millington. Corporate Reputation and Philanthropy：An Empirical Analysis［J］. Journal of Business Ethics，2005（01）：29-44.

［4］Smith C. The New Corporate Philanthropy［J］. Harvard Business Review，1994，（72）：105-116.

［5］Sue Llewellyn，Iain Saunders. Tracking Resource Use in a Welfare Organization：Needs，Costs and Co-production［J］. Financial Accountability & Management，1998，（01）：39-56.

［6］孙录宝.公益慈善组织发展机制研究初探［J］.学会，2013，（05）：25-29.

［7］王振耀.我国公益慈善事业的转型与挑战［N］.人民日报，2013-5-12（5）.

［8］刘文光.我国公益慈善组织发展中存在的问题及其对策分析［J］.行政与法，2009，（01）：4-6.

［9］程云蕾.公益组织的诚信危机与治理［J］.人民论坛，2014，（08）：134-136.

［10］张志伟，卢慧.疾风知劲草——我国公益慈善事业发展中的困惑［J］.社会观察，2010，（05）：37-39.

［11］朱正平.我国公益慈善事业发展的困境与出路［J］.中州学刊，2013，（11）：59-63.

［12］编辑整理.未来五年公益慈善组织发展的六个趋势［J］.中国社会组织.2014（19）：19.

［13］赵甜甜．我国地方公益型社团组织发展研究［D］.山西大学，2011.

［14］南方，李萍．中国儿童公益行业发展和趋势的实证研究——以北京、上海、广东和云南四地公益组织为例［J］.中国青年研究，2016（04）：63-69＋108.

［15］张娟，张春蕾．我国慈善事业运营模式研究［J］.中国商界，2010，（09）：209，211.

［16］廖建军．论我国公益慈善事业管理机制的创新［J］.北京行政学院学报，2011，（03）：27-31.

［17］张鑫．"壹基金"：让公益成为习惯［J］.思想政治工作研究，2010，（04）：23-24.

［18］慈善蓝皮书：中国慈善发展报告（2016）.

［19］王守杰．论慈善事业从传统恩赐向现代公益的转型［J］.河南师范大学学报（哲学社会科学版），2010，（1）：74-77.

［20］许小玲．契机抑或挑战：公益众筹介入下社会组织发展问题析论［J］.理论导刊，2016，（04）：36-40.

［21］柏亮．众筹服务行业白皮书［M］.北京：中国经济出版社，2014：86.

［22］杨建芳．公益组织如何才能走得更远——我市公益组织发展现状调查［N］.陇南日报．2016-8-28：（002）.

［23］窦瑞刚．腾讯公益慈善基金会："互联网＋"构造新的公益生态［J］.中国社会组织．2017（01）：30-31.

第十章　美国社会组织发展及启示

1　引言

　　社会组织是一个比较宽泛的概念，我国著名学者张曙认为："社会组织是人们为了达成共同的目标，按特定的结构形式、活动规律结合起来的一个随着环境变化而不断进行自我适应与调整的开放性群体"，而在具体的现实生活中，我们常常将社会组织的定义具体化，多数情况下可与"非政府组织""非营利组织""民间组织"或"第三部门"等互换使用，是区别于作为第一部门的政府组织以及市场体系中的企业组织而独立存在的。美国非营利组织的产生可以追溯到 1620 年《五月花号公约》明确提出的：最早抵达新大陆的人"自愿结为民众自治团体"，美国作为最早产生社会组织的国家，同时也是社会组织发展体系最完善、组织建构最发达的国家，这与其具有源远流长的志愿传统与强烈的自治精神是分不开的。此后经过将近四百年的发展，社会组织已经在美国的经济发展中占有举足轻重的地位，是美国经济社会发展的重要组织部分，与政府组织、营利性组织形成三足鼎立的局面。美国前总统乔治·布什曾将社会组织看成是为美国公众"点亮了千盏灯光"，可见社会组织在美国的社会地位非同一般，这极大地肯定了社会组织的积极影响。根据美国 NCCS 组织发布的有关数据（来源：NCCS Business Master File 4/2016），美国拥有 1571056 个非营利性组织，其中包括 1097689 个公共慈善机构，105030 个私人基金会，368337 个其他类型的非营利组织，包括商会、兄弟会组织和公民联盟等[1]。庞大的社会组织规模和完善的组织体系很好地弥补了政府与市场失灵的缺陷，从另一个角度整合了社会资金、人力、信息等资源，鼓励了社会大众共同参与经济建设，有效扩大公共服务供给的覆盖面，同时也为塑造志愿服务、强化慈善心理、培育互帮互助的民族文化提供了协调共进的社会环境，这为美国成为世界经济第一大国奠定了坚实的组织支持。基于此，系统研究美国社会组织的经济创造功能和社会发展贡献具有较强的典型性，有利于为优化我国的社会组织发展环境提供一定的借鉴和参考意义。

2　国内外研究综述

根据法国著名政治学家托克维尔对 19 世纪 30 年代的美国社会的记述，美国在 19 世纪初出现了大量的非营利社团，并且他认为"美国是世界上最便于组党结社和把这一强大行动手段用于多种多样目的的国家"。伴随着资本主义的发展，美国非营利组织数量逐渐增多、规模增大、涉及范围也更广、种类亦不断丰富。日益完善的社会组织体系带动着国内外学者对其的理论研究深度逐步加深，使得相关理论基础逐步全面化、系统性。国外学者 Lester M. Salamon、Helmut K. Anheier 开发了关于社会组织通用的、最有价值的定义，并归纳了社会组织的五个基本特征：正式的、私人的、不以营利为导向、自治的以及自愿的；James M. Ferris 探讨了在自治社会中非营利组织的作用，并运用不同的理论框架解释了在美国社会中所观察到的各种类型的非营利组织；Susan L. Q. Flaherty 通过比较研究分析了日本和美国慈善事业的不同方法和目标、以及公司捐赠和企业公民的各个方面，期望为世界慈善事业能有新的发展突破提供参考；Christine Panchaud、Sandro Cattacin 强调非营利组织的重要性，并且认为非营利组织与政府间新形式的合作能够重新管理当前西方福利国家所面临的主要社会问题；Todd M. Hines 认为非营利组织是美国经济的一个重大组成部分，许多研究人员和图书馆员面临与非营利组织间的处理问题，特别是关于筹资、游说以及管理特定的非营利组织应承担的费用，他们主要关注三个主要类型的非营利组织，即慈善机构、基金会和协会组织等等。

改革开放以来，我国的社会组织规模迅猛壮大，因此国内学者对社会组织的理论研究产生了空前的兴趣。周春霞从发展规模和速度、结构分布、发展效益三方面描述了我国社会组织尚处在初级阶段的现状，并从社会组织自身和外部环境两方面剖析了其面临着的问题，在此基础提出了适应两者关系发展新特点的三点建议；张军文提出应通过结合"公益创投"的方式使我国社会组织尽快摆脱资金紧缺、技术水平较低等因素的制约，实现长足发展；鲍绍坤则强调可通过完善、制定法律法规等方式为中国社会组织的发展保驾护航[2]；李贤柏深入分析了我国社会组织带动就业的数量、就业弹性、就业结构和工资，并提出相关对策促进社会组织就业；郑琦回顾了美国在建国之后，政府与社会组织之间经历了压制关系、扶持关系和伙伴关系三个不同阶段，发现了自治精神、政策取向及扶持政策对形成伙伴关系的有效引导和积极影响；戴昌桥从全局的角度探讨了美国社会组织的发展现状，为我国社会组织的进一步完善提供了发展经验；王丽丽通过研究发现，美国政府通常采取鼓励社会组织参与国家公共服务项目招投标的方式，促进其相互合作，取长补短，提高协同能力[3]；曾岳雄认为美国非营利社会组织的蓬勃发展，得益于美国政府为培育非营利社会组织而制定出台一系列政策措施，特别是其税收优惠政策、志愿者服务制度和多维度的监管手段等。这些丰富的研究理论为解决社会组织发展的核心问题提供了方向指导和改善思路，本文将立足于前人研究的基础上，进一步阐述美国社会组织发展的现状，分析其对美国经济社会发展的贡献表现，从而总结出美国社会组织发展的可取之处，为我国培育和发展社会组织提供借鉴。

3 美国社会组织发展的历程

3.1 美国社会组织发展早期

美国社会组织的发展历程比较悠久，早在独立战争前就开始有非营利组织，哈佛大学、新泽西大学（普林斯顿大学）等著名大学就建立于17世纪，而在独立战争期间也出现了大批志愿者组织，但这一时期的社会组织规模较小、结构不完整、比较松散，且与商业性的营利组织的界限并不清晰。随后19世纪初大量具有社会运动色彩的非营利组织不断涌现，以争取某一目标或利益进行对抗，如废奴协会、改良运行组织、互助社等。到了19世纪中期，美国大多数州开始制定成文法以用于规制三种不同类型的法人：商事法人、非营利法人及合作社法人，即非营利组织开始以非营利法人的形式存在，其中典型的三种形式是慈善法人、基金会以及社会企业。这一段时期的慈善仍与现在的概念不同，主要提倡"自助"的慈善理念，即社会组织只提供弱势群体一些友善的建议而非捐赠或救助。直至19世纪中后期，资本主义的发展进入一个新的阶段——垄断资本主义时期，为了维护自身利益逐渐出现一些与强势阶级相抗衡的劳工组织或互益性协会，如1886年的劳动者联盟，这一时期的社会组织具备浓厚的社会运动色彩。

3.2　美国社会组织发展成熟期

20世纪初，美国社会组织不仅在数量规模上大幅度增加，在组织类型上也日渐多样化。随着财富的高度集中，阶级矛盾不断激化，资产阶级为了缓和阶级矛盾成立了各种形式的基金会或信托机构，如卡耐基基金会、福特基金会等，大大刺激了现代基金会的发展，标志着美国社会组织发展进入科学慈善阶段。20世纪80年代以来，伴随着全球化的经济浪潮，美国的社会组织发展呈现出突破性的增长，社会组织开始承担部分的原属于政府的公共管理、服务职能，为如今社会组织成为影响经济社会发展的第三方力量奠定了重要的基础。自此以后，美国社会组织迅猛发展，在调动社会资源、解决社会问题、改善公共管理等方面显现出了惊人的作用，成为了推动美国民主自由、文明发展的重要角色。如今，慈善服务组织、社区互助和公益服务组织以及各种公益基金会已经成为了美国影响最大的社会组织类型，且其总量长期保持着上升态势。从结构上看，美国社会组织的类型也是包罗万象、种类丰富的，行业分布比较广泛，包括各类专业协会、工会、商会、学术研究机构、慈善机构、青年组织、老年公民组织、志愿组织、民间基金会及其他公益性团体等等，几乎所有人的日常生活或多或少都会与非营利组织产生联系。由此可见，美国社会组织已经涉及到美国公民生活、行业发展的方方面面，形成了门类齐全、覆盖广泛的社会组织体系，在缓和社会矛盾、增强社会经济效益发挥着不可取代的重要作用。

4 美国社会组织的贡献分析

由于社会组织的志愿性特征和不以营利为目的的公益导向，使得社会组织相比于政府和企业组织，更具"亲民性"，与公民间的联系尤为紧密，整合、动员社会资源的空间更加广阔，更容易得到社会的信任和支持，极大地推动了美国经济愈加蓬勃、社会更加融洽的和谐局面。美国社会组织对经济社会的独特贡献主要表现在以下几个方面，如图10—1所示：

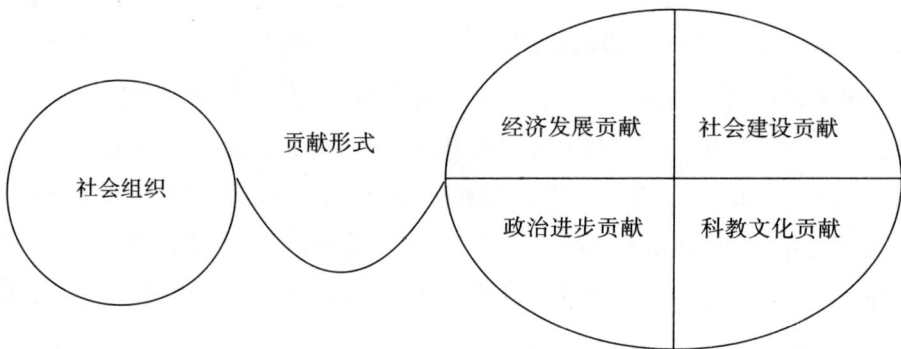

图10—1 美国社会组织对经济社会的贡献表现图[5]

4.1　经济发展贡献

4.1.1　直接创造经济价值

虽然社会组织是一个不以营利为目的的公益组织，但其存在本身也会取得一定的组织效益，公益服务的特性决定了美国社会组织主要集中于第三产业，如教育、健康、人力服务、艺术文化等方面，通过社会组织有序的管理运行为全社会提供有价值的最终产品，从而实现产业效益，成为国民收入总值的一大组成部分；美国国家和社区服务公司数据显示，2015 年约有 6260 万美国人总共参加了 78 亿小时的志愿服务工作，总价值接近 1840 亿元。每人每周贡献几个小时用于非营利性活动，相当于在原有的劳动力资源水平上增加了相关领域的劳动者数量，提高相应的劳动生产率，刺激经济长期增长。

4.1.2　创造更多的就业机会

就业是每个国家或地区经济发展面临的直接问题，美国也不例外，失业率尤其严重。由于 2008 年金融危机影响，2009 年美国失业率为 9.3%，2010年上升至 9.6%，直至 2015 年以来才逐渐将失业率水平控制在 6% 以内。[6]社会组织同政府或企业组织一样，是吸收社会上劳动资源的"吸盘"，由于其组织特性，不受特定条件限制，与政府、企业相比，其劳动力吸纳能力可能更强大。美国的社会组织体系十分庞大，涉及日常经济活动的多个方面，又均以第三产业为主，所以其劳动力需求非常大，故社会组织的存在为社会发展提供了相当多的就业岗位，也丰富了就业岗位设置，为每一个就业者拓宽了就业空间。据有关资料统计，目前美国大约有 800 万人在社区从事各类服务工作，占全国就业人数的 10%，此外每年还有 9000 万人次的志愿者，从事社区服务工作。

4.1.3　带动投资消费

为了防止财富的过度集中，美国的公益基金会自 19 世纪 20 年代后迅速崛起，卡耐基基金会、洛克菲勒基金会、比尔及美琳达·盖茨慈善基金会、各类社区基金会等极大地拓展了社会组织筹资的渠道来源，捐赠资产总额大幅度增加，有利于带动社会投资、刺激更多人消费。通过这一手段，将富人的多余资产进行再一次的"社会分配"，捐赠给社会底层的弱势群体或是需要发展的产业，受益群体的实际可支配收入随之增加，使得财富的两极分化问题得到了较好的解决，刺激了家庭、企业、政府等经济主体进行相应的投资与消费支出，从而进一步提高了社会资金的流动速度，不仅营造了和谐的社会生存和发展环境，还有力地拉动了美国经济的持续增长，形成社会效益与经济效益兼顾的协调循环格局。

4.2 社会建设贡献

4.2.1 完善服务体系

社会组织的宗旨和使命就是为公民提供更多的服务项目和更好的服务水平，关注公民生活质量的提高，集中于社会的和谐发展，因此美国社会组织必然对优化社会公共服务系统产生至关重要的积极影响。在医疗卫生领域，美国拥有慈善性的医院，主要面向弱势群体施医赠药，大幅度提高居民的医疗保障水平；在灾害救援服务方面，美国红十字会和全国积极参与灾害救援志愿组织这两个社会组织被明确列入美国救灾服务系统，确保灾难发生时或发生后相应服务供给的及时性和专业性，此外，仍有大量社会组织参与社会救灾服务但并未列入政府救灾体系。除此以外，还有大量的妇女组织、儿童保护组织、青少年组织等不断涌现，逐步优化了美国社会组织的结构层次。同时，美国规定社会组织具有公共政策制定的参与和表达权利，而社会组织又是公民权益的"代言人"，力求保障公民权益最大化，这也有利于为改善医疗卫生水平、提高社会保障力度等提供了良好的政策环境。

4.2.2 促进社会公平

社会组织的群众参与机制是扩大社会公平、实现经济增长的利器。社会组织主要是在群众的直接监督下独立于政府、企业而运行的，倡导资源运用的透明性、反对自私的贪污行为。比如美国对受赠、捐赠行为有严格的法律规定，捐赠款项达到一定数额，要求给捐赠者开具收据；并且为了保证社会组织的公益性，国税局要求非政府组织私人基金会每年至少要将其资产的 5%用于捐赠，否则就强行扣税等。加之，社会组织不仅自身是促进社会公平的产物，还是制约政府或企业组织的第三方力量，有利于阻止政府部门权力的过度膨胀、有效维护市场秩序，最大化地保障公民的合法权益。因此，从公平论的角度出发，社会组织有效整合了分散的社会资源，并提高了资源的配置效益，增进了社会公平，从而有利于经济社会的稳定健康发展。

4.3　政治进步贡献 [7]

美国的非营利组织在巩固其民主政治体制根基方面发挥着重要作用，它充当着美国民众参与民主政治的重要桥梁，以之为媒介，美国社会力量与广大民众得以更加广泛参与社会治理以及相关政策决策。在美国，部分非营利组织的主要职能就是监督政府，例如"公务员政策中心"及遍布全美的"卡门考草根游览组织"等，其主要宗旨就是通过参与公共管理，调查分析政府官员的不良行为，并给政府提出相应的建议与反馈，以调高其公共管理能力。数量众多的美国非营利组织通过构建民主参政议政渠道、民主监督政府施政行为、培养公民权利及责任意识等多种途径，使其民主政治体制更具活力与生命力，能够更加快速、及时地响应社会大众的呼声。

4.4　科教文化贡献

非营利教育组织是非营利组织的重要组成部分，对传播教育思想、提升教育质量、改善教育水平有着积极的影响。美国不仅是世界经济大国，同时也是世界教育大国，教学质量为国际认可，拥有多所国际出名的世界名校，而当中的很多高校已经成为了非营利组织的代表，如哈佛大学、普林斯顿大学等都是比较典型的非营利组织类型。根据美国全国非营利机构协会的数据，在何范围内的占比？教育类社会组织约占非营利社会组织的 17%，各类学术研究机构、教育培训机构共同为深化美国教育水平贡献了巨大的力量。同时，美国各个研究机构之所以能够取得辉煌的教育成果或研究成果，也同样依赖于与政府、企业等组织的良好伙伴关系，美国开放的政治环境、有序的制度环境和舆论环境都为各类非营利教育组织的发展壮大提供了契机，教育研究事业的欣欣向荣必然推动经济社会朝着可持续健康的方向发展。

5　美国社会组织发展的成功经验

美国社会组织的发展体系十分发达，对其经济社会的发展有着不可或缺的积极影响，已经成为一种重要的经济力量。因此，总结其发展的成功经验对于进一步提高我们社会组织的质量水平有着深远的意义。

5.1　强大的群众参与机制

美国社会组织之所以能够迅猛地发展壮大，与其强有力的群众参与机制是分不开的。正如托克维尔所言："只有美国人特有的民情，才是使全体美国人能够维护民主制度的独特因素"，因此，自由意志、志愿精神、人民主权的价值观已经深深地扎根于每一个美国公民的心中，成为主导他们争取公民权益行为的内在动力，故任何代表民众利益的组织或群体都能在美国得到很好的群众回应，有着强大的群众基础。据相关统计数据分析，在美国有75%的家庭有个人志愿捐款给非政府组织，捐款数额占到每个捐款家庭收入的2%；还有很多富人创设的公益基金会，也是公益慈善捐款的重要组成部分等。因此，要想提高社会组织的价值，就要与群众间建立扎实的信任机制，动员更多有能力的人奉献其志愿劳动力或捐赠资产，鼓励全社会公民积极投入到社会组织的公益性活动当中。

5.2　与政府建立友好的伙伴关系

"小政府、大社会"是美国政府进行社会治理活动的鲜明特征，政府侧重于对整个社会的宏观统筹、指导管理，而社会组织则负责公共服务领域相关活动的开展，是独立于政府干预开展的公益性活动，同时社会组织又代表美国公民权益与政府组织进行沟通，影响政府的相关决策；政府也可以采取政府购买或投资的方式对社会组织给予资金上的支持，并监管社会组织的成立、管理标准，因此美国社会组织与政府间已形成良性、平等的互动模式，共同致力于营造和谐有序的社会环境。另外：在美国社会组织登记注册的制度十分简单，不需要政府的审批允许，并且拥有完备的税收制度，包括严格的免税资格认定、特殊的免税区别对待以及税前扣除优惠等，因此社会组织成立、发展的制度管理比较明确、人性化。还有，为了保证社会组织能够顺利开展相关活动，和谐的政策法律环境也是支持社会组织的推动要素之一。美国法律明确赋予了其公民具有的广泛的结社自由权，并赋予社会组织自我管理的自主权，开放的法律环境很好地鼓动了美国社会组织最大化的提高其活动的公益价值。

5.3　注重社会组织的内在与外在约束

群众与社会组织间的信任机制是支撑美国社会组织健康发展的内在力量，因此维护这一信任机制、避免公民对社会组织的存在价值产生怀疑至关重要。基于此，美国社会组织高度注重其活动行为的公益性、扩宽资源利用的透明性和合理性，不断加强对社会组织的监管和约束。美国的独立部门在题为《志愿组织中共同的基本价值和道德行为的总结报告》中，专门提出了9项NGO伦理守则标准，包括无私奉献、道德承诺、公益使命优先、尊重个人的价值和尊严、对社会多元性的包容并维护社会公平、对公众负责、公开和诚实、慎用社会资源、遵守法律。这些标准和准则极大地提高了各个美国社会组织的内在约束力，促进了美国志愿事业的进一步发展。另外，美国特别注重各界对社会组织发展的监督，尤其是信息时代发达的今天，社会监督已然成为了监督体系中的核心，这也使得在信息公开、资源使用披露等方面，社会组织公开的要求和标准比其他组织更高。

6 美国社会组织的发展对我国的启示

与美国社会组织的发展模式相比，中国的社会组织发展还处于初级阶段，社会广泛存在的"信任危机"严重制约着其组织规模的壮大、束缚着社会组织的活动能力，单薄的群众基础导致我国社会组织的发展"先天不足"；同时，我国社会组织发展的后天环境亦不佳，社会群众的支持回应、政府政策环境、制度环境、文化背景等都极大阻碍着其进一步发展，导致"后天发展不足"的尴尬现象。因此，引入美国社会组织发展的成功经验，总结美国社会组织对改善我国社会组织停滞不前这一发展现状的积极启示，具有十分重要的现实意义。

6.1 强化社会公益意识

我国社会整体的志愿意识、服务心态薄弱是阻碍公益事业健康发展的内在要素，因此强化社会公益意识、树立社会整体的慈善精神迫在眉睫。首先，学校应当充分发挥其教育职能，注重锻炼学生公益思维，鼓励设置社会组织及其相关领域的课程，并且高校应对义务劳动、志愿服务的相关学生活动给予经费、人员上的支持，鼓励更多学生建立"为人类发展谋福祉"的积极性心态，逐步动员社会上更多的精英人才以身示范、投身公益事业。其次，企业作为经济社会发展的重要主体，其进行生产活动、服务输出、商品交易等的公益眼光十分重要。各个企业领导应当清晰认识到企业在谋取经济利益的同时兼顾社会发展效益的重要性，企业积极组织公益活动、加入社会组织这一团体，不仅能够带动整个社会的经济进入良性发展轨道，同时对于塑造本企业的品牌文化、社会形象具有不可估测的经济拉动力。最后，政府应当是鼓励公益事业蓬勃发展的积极倡导者，建议有层次性地改善社会组织发展的舆论环境，加强对个人、企业、事业单位等组织的志愿思想宣导，合理运用新媒体手段，加大对个体及组织的志愿服务行为的鼓励力度，并予以表彰和推崇。同时，由于政府特殊的社会身份和地位，要求其必须以身作则，因此在政府内部强化公务人员的志愿服务意识也是不可忽视的。要鼓励在政府公务人员的绩效中增加社会公益服务考评指标，不断优化公务人员队伍的道德水平，从而提高政府对社会组织发展的重视程度。

6.2　加强社会组织能力建设

美国社会组织对其经济发展具有积极的推动作用，一大原因在于美国社会组织整合社会资源、动员社会闲暇劳动力、开展公益活动等的能力较突出，与之相比，目前我国的社会组织存在着严峻的能力不足问题。因此，有针对性地进行能力建设是提高我国社会组织的经济社会贡献力的必经之路。首先，社会组织能力建设的核心是培养更多的相关领域的专业型人才或精英队伍，通过提高人才的组织管理能力、危机应对能力、动员协调能力、专业知识能力等，改善社会组织的人才要素质量，从而将社会组织的整体能力水平上升一个高度，以求更好地满足我国社会经济发展的服务需求，从而提高社会组织的社会经济价值。其次，我国社会组织发展道路不够顺畅的原因之一是同政府、企业间的关系处理不当，三方分别代表不同利益群体进行利益较量，合作基础十分欠缺。我国社会组织应该改变发展的眼光，加强与政府或营利性组织的沟通交流，以谋求社会利益最大化为原则进行三方力量整合，提高我国社会组织发展的自主性，避免互相攻击、彼此伤害，学会求同存异，共同为社会进步、经济发展、政治和谐、文化昌盛贡献一份力量。最后，社会组织的发展应更具多元化和专业性，要注重教育、就业、医疗卫生、社会保障、信息共享等领域的协调发展，而不能只集中于某一领域的功能建设，忽略其他方面的能力提升，因此，提升专业能力、与社会其他力量进行合作交流、注重多方面发展壮大都是社会组织能力建设的重中之重。

6.3 优化社会组织发展环境

社会组织的发展环境包括内在环境与外在环境，内在环境主要体现在社会组织的内部管理机制上，而外部环境则表现为社会组织发展的政策、法律法规环境。一方面，我国社会组织严重缺乏内在管理规范，因而常常出现贪污、浪费丑闻，大大降低民众的信任度。所以，我国社会组织应当实行大刀阔斧的管理规范改革，正确认识社会组织的发展理念，逐步克服行政化、官僚化的消极倾向，完善社会组织内部管理结构，建立科学化的决策制度，健全公开透明的财务管理制度以及规范有序的人力资源管理制度，不断追求社会组织内部环境的健康发展。另一方面，我国严苛的社会组织登记注册制度严重降低了公民的公益服务热情，故建立科学有效的社会组织准入机制是壮大社会组织队伍的前提；同时，我国现行的社会组织管理模式是双重管理机制，其行为直接受制于政府的管理之下，政府可对社会组织的日常管理进行全面干预、指导，使得我国社会组织的发展自主性过分不足，政府性倾向尤其严重，因此我国社会组织应当明确其自身发展使命，主动与政府进行郑重谈判，要求维护其合法权益，从法律制度上明确社会组织的社会地位、权利义务，保护其应有的独立发展自主权，从而逐步解除我国社会组织的外部环境制约。

6.4 完善社会组织监督机制

由于社会组织的发展需要扎实的群众参与基础，所以保持社会公众的公益热情、维护与社会公众间的信任机制非常重要，这就要求进一步完善我国社会组织发展的监管机制、加大对其的监督力度。首先，政府不仅应当给予社会组织较大的自主发展空间，避免过分的政策干预，还应对社会组织实行规范的监督考核机制，对于大量的已登记注册、未登记注册的社会组织进行定期或不定期的财务监督、管理监督，鼓励先进的、公开透明的部分组织，废除部分以服务为名牟取暴利的社会组织，并追究其法律责任。其次，鼓励第三方组织对这一特定组织的社会行为进行严密监督，检举情况属实的予以一定的报酬或其他奖励，从而提高社会组织的社会使命感、鞭策其更好地为社会大众、尤其是弱势群体提供服务和及时的帮助。最后，大多数情况下社会组织与人民群众间的联系比较密切，使得群众对社会组织是否存在贪污、浪费行为的敏感性较高，同时结合网络媒体的高速发展，社会监督逐步成为了一种非常有效的制约手段，既有利于揭露社会组织的"伪善"行为，又能很好地调动群众的参与热情，增加群众对公益事业的信心和期盼，有利于推动我国社会组织逐渐"明朗化"发展。

7　本章小结

社会组织对经济社会的贡献日益突出。通过把握美国社会组织的发展历程与现状，发现美国社会组织对经济社会的贡献主要表现为六大方面，包括直接创造经济价值、创造更多的就业机会、深化教育水平、带动社会的投资与消费、完善服务体系以及有效促进社会公平，继而总结出美国社会组织发展的成功经验，最后结合我国社会组织发展"先天不足""后天不利"的尴尬现象，提出强化社会公益意识、加强社会组织能力建设、优化社会组织发展环境以及完善社会组织监督机制等建议与启示。

参考文献

［1］张曙编．社会工作行政［M］．北京社会科学文献出版社，2002：22.

［2］丁晶晶、李勇、王名．美国非营利组织及其法律规制的发展［J］．国外理论动态，2013，（07）：95-102.

［3］哈贝马斯．公共领域的结构转型［M］．曹卫东等，译．上海学林出版社，1999：29.

［4］Lester M. Salamon，Helmut K. Anheier. In search of the non-profit sector. I：The question of definitions［J］. Voluntas：International Journal of Voluntary and Nonprofit Organizations，1992，3（02）：125-151.

［5］James M. Ferris. The Role of the Nonprofit Sector in a Self-Governing Society: A View from the United States［J］. Voluntas: International Journal of Voluntary and Nonprofit Organizations, 1998, 9（02）: 137-151.

［6］Susan L. Q. Flaherty. The voluntary sector and corporate citizenship in the United States and Japan［J］. Voluntas: International Journal of Voluntary and Nonprofit Organizations, 1991, 2（01）: 58-77.

［7］Christine Panchaud, Sandro Cattacin. The contribution of non-profit organisations to the management of HIV/AIDS: A comparative study［J］. Voluntas: International Journal of Voluntary and Nonprofit Organizations, 1997, 8（03）: 213-234.

第十一章　日本社会组织发展对中国的启示

1　引言

社会组织是区别于企业和政府的第三部门组织，其在社会福利、教育、文化、经济以及国际事务交流中发挥着重要作用。目前对于社会组织缺乏统一的定义，日本将非营利组织（NPO）、非政府组织（NGO）和地缘性社会组织都列入社会组织的范畴[1]。一方面，社会组织与企业不同，主要收入来源是募捐，较少从事营利性活动；另一方面，社会组织又不能像政府一样享受公共权力，靠财政资助。因此社会组织独立于政府和企业，被人称为第三类组织或第三部门[2]。随着日本战后的经济复苏，西方文化的涌入对日本的传统思想和文化产生了冲击，进而暴露出一系列社会问题。另一方面，频发的自然灾害，在给经济造成重创的同时，让日本政府在应对突发社会事件时显得捉襟见肘。日本政府的"失灵"恰恰为日本民间社会组织的发展提供了契机。日本社会组织通过在处理社会问题和自然灾害方面的出色表现，赢得了日本政府与民众的信任[3]。日本政府也积极鼓励和推动社会组织的发展，并为其创造了良好的条件。作为亚洲近邻，日本与中国的发展有着许多相似之处。经济高速发展伴随着利己主义风行，道德滑坡产生了许多社会问题迫切需要引起重视。党的十八大报告提出，"要围绕构建中国特色社会主义社会管理体系，加快形成党委领导、政府负责、社会协同、公众参与、法治保障的社会管理体制，加快形成政府主导、覆盖城乡、可持续的基本公共服务体系，加快形成政社分开、权责明确、依法自治的现代社会组织体制"。国务院也正积极推动机构改革和政府职能转变，力求在 2017 年基本形成政社分离、权责明确、依法自治的现代社会组织体制。本章通过分析日本社会组织对经济社会发展作出的贡献，从中借鉴对于我国社会组织发展有利的经验，为能更好地发挥社会组织弥补"政府失灵"的作用提供政策建议。

2 日本社会组织发展概况

日本社会组织的萌芽于明治维新之后。明治维新是日本学习西方先进文明的开端，社会组织作为西方资本主义社会制度的组成部分，也是在此时通过教会创立的一些医院、慈善机构和学校传入日本[4]。当时日本还是一个儒家思想为核心的保守的封建国家，民众对于社会组织和民间力量的理解还比较肤浅，日本政府更多地采取的是以政府为主导的推动政策。早期的日本社会组织大多是"官办"的，有着浓厚的政府背景，与西方自发形成的民间社会组织形成了鲜明的对比。

随着日本战败，战时发展几乎处于停滞状态的日本社会组织重获新生。日本宪法提出的结社权为日本民间社会组织发展提供了法律保障。日本经济的复苏和国民参与社会事务意识的提升，帮助更多的民间社会组织获得发展机会。但是过于繁杂的申请程序，使得不少民间组织甘于保持"未经核准"的状态，这对于社会组织开展活动，提升自身的社会公信力和影响力是十分不利的[4]。民间社会组织的发展面临了新的瓶颈。

1995 年的阪神大地震给日本带来严重的伤害的同时，却给了日本社会组织一次证明自我的机会。在大灾大难面前，日本的民众自发组织自救，不顾生命危险奔赴灾区开展抗震救灾行动。而日本政府在应对此次灾害时的表现则相形见绌，备受诟病。日本舆论在抨击日本政府的反应迟钝与相互推诿的同时，对民众自发组织的自救行动给予了高度的赞扬，为后来日本政府逐步放开对公共事务的垄断权力奠定了舆论基础。1998 年颁布《特定非营利活动促进法》，为日本社会组织吹响了前进的号角[5]。在随后不到 20 年的发展时间里，日本社会组织的数量从最初的 23 个快速增至 2016 年的 51449 个，如图 11—1 所示[6]。

单位：个

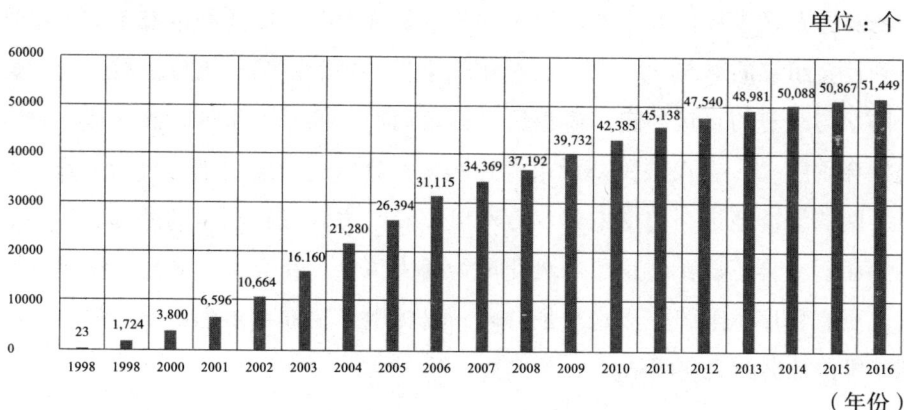

图 11—1　日本 NPO 组织数量

3　日本社会组织对社会和经济的贡献

日本社会组织作为除日本政府和企业的之外的另一个重要主体，在经济和社会领域都发挥着重要作用。其发展并非一帆风顺，在历经坎坷之后最终得到了日本政府和民众的肯定。日本社会组织的发展很好地克服了"市场失灵"和"政府失灵"，作为日本社会结构中的重要组成部分为日本社会的发展作出了贡献[7]。日本社会组织作为自由结社的团体，为普通民众表达自身诉求，化解社会矛盾创造了条件，在平衡各阶层利益，提高国民素养等方面均发挥了重要作用。

3.1　反映民意的重要渠道

来自民间的社会组织对于民间的疾苦最为熟知，在反馈政策效果和社会需求上具有较高的效率。日本社会组织的发展，是日本民众表达利益诉求的重要保障。社会组织扎根于民间，在政府决策过程中可以为政府提供更为准确的需求信息，为政府制定相关改革措施提供咨询。日本的《为增进环境保护的意愿及推进环境教育的法律》和养老护理保险制度的制定都不同程度地受到社会组织的影响[7]。通过社会组织来反映民意的另一大好处就是可以减少民众与政府的直接冲突，避免民众抗议而产生的暴力事件，破坏民主祥和的社会秩序[8]。在反映民众诉求的过程中，日本的社会组织形成了民众与政府之间的缓冲地带，使得主体双方可以以和平方式进行纠纷的处理，进而有效地化解社会矛盾，防止矛盾激化成为暴力事件。社会组织领导下的民众抗议也更有秩序，组织工作也更加井然，既捍卫了民众基本的政治权利，又有利于维护社会的安定团结。

3.2　平衡阶层利益，缩小社会阶层差异

一方面，对于社会中的弱势群体来说，能够通过结社尽可能争取更多的社会支持是十分必要的。日本有众多的关爱老人、妇女和儿童的社会组织，这些社会组织为社会中的弱势群体提供必要的看护和帮助，不仅在经济上缓解了弱势群体的家庭困难，同时在情感上为弱势群体传达了人间的关爱，传递了社会正能量，满足这些人群的情感需求，为构建和谐社会作出了贡献。另一方面，社会组织在监督政府和企业的违规行为中，又限制了政治和经济权力的滥用，通过第三方力量对政府和企业进行制约。对于政府的制约主要体现在对公共事务上的参与。当政府的政令失效，领老百姓不满时，日本社会组织能够做出快速的反应，通过社会组织对政府进行监督比无组织的公民个人监督更具有威慑力。而对于企业损害公众利益的外部性行为，尤其是和环境与食品安全相关的问题，相比依靠政府治理的低效，社会组织也可以更有效地团结广大民众与企业进行交涉，索取应有的赔偿。

3.3　营造互助合作的社会氛围

　　日本社会组织是日本公益事业的中流砥柱，日本民众热衷于参加志愿活动离不开日本社会组织的积极宣传和引导。在日本社会组织尚未成型的时候，日本的社会管理主要依赖于"官方"，政府主导型的社会管理方式在为日本带来大规模的基础设施建设的同时，却引发了大量的社会问题。这种体制下的社会管理令不少日本民众感到不满，也为日本的社会组织真正萌发集聚了民意。为了提高公共服务的质量，消除民怨，日本政府不得不放弃对公共事务的垄断，这给社会组织的发展创造了契机。民众积极投身社会公益事业，从另一方面也促进了日本社会组织的蓬勃发展。两者相互作用下，逐渐营造出互助合作的社会氛围。在如图11—2所示，日本内阁府2016年3月30日发布的《2015年市民社会贡献现状调查》报告中显示，有59.6%的日本民众表达了对志愿活动的关心，有23.3%的日本民众表示在过去的三年内参与过志愿活动[9]。虽然这两项数据相较2014年有小幅下降（2014年日本民众的关心和参与程度分别为62.3%和26.8%），但从总体看来基本处于稳定，大多数日本民众对于社会志愿活动保持着关心的态度，并且积极地投身到志愿活动中来。

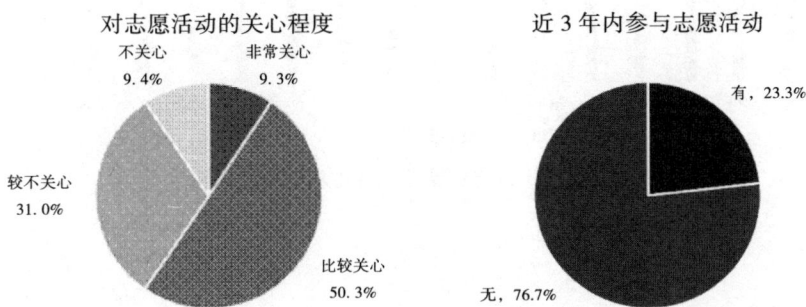

图11—2　日本民众对志愿活动的关心和参与程度

3.4　创造机会，促进就业

日本的社会组织除了在维护社会和谐稳定方面发挥着作用，还为日本民众增加就业机会，促进了日本的就业。截至 2017 年 1 月 31 日，日本总务省统计局发布的 2016 年劳动力调查报告显示完全失业率仅为 3.1%，为 1994 年以来的最低水平。就业人数为 6446 万人，连续 25 个月实现增长，完全失业人数为 193 万人，连续 79 个月减少[10]。其中，日本的社会组织在吸纳就业方面也发挥了积极作用。根据日本内阁府发布的《2015 年国民经济计算》的数据显示，2012 年日本民间非营利组织一共吸纳就业者 201.4 万人，占总就业人数的 3.04%[11]。如图 11—3 所示，日本的民间非营利组织在创造就业岗位的数量和对总就业的贡献程度都呈现出逐年上升的趋势。不仅如此，日本社会组织还能够利用其社会闲余劳动力，通过对失业者和退休人员的再培训，帮助他们实现自我价值，创造工作机会。

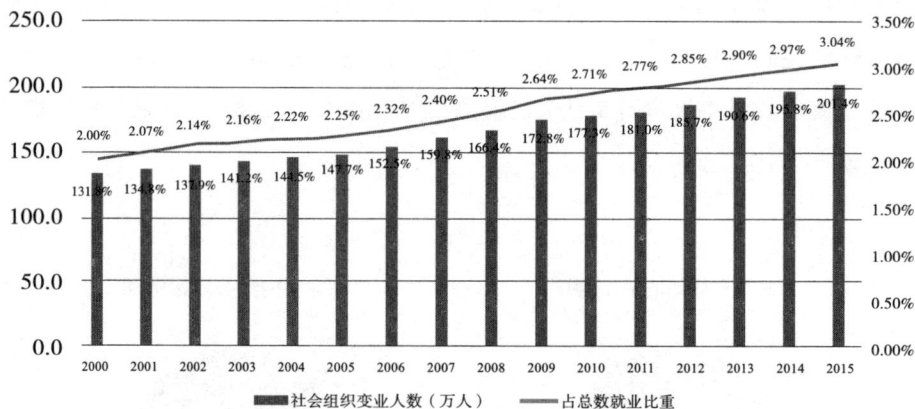

图 11—3　民间组织就业人数占总就业的比重

4　日本社会组织的成功经验

从前文的分析不难看出，日本社会组织在经济和社会领域都做出了突出的贡献。对于还处于发展初级阶段的中国社会组织，日本社会组织有许多成功经验值得借鉴。

4.1 政府层面

4.1.1 日本政府在资金上对社会组织的支持

政府对民间社会组织的资金支持是日本社会组织资金的主要来源，尤其是卫生保健和社会服务领域的机构，其 45.2% 的资金来自于公共部门的财力支持[5]。政府对于社会组织的资金援助主要体现在三个方面：委托项目支持、提供资金扶持和引导市民捐赠。除了这些传统方式，政府还对社会组织在接受行政委托业务时筹借的过渡性借款进行利息补贴，或者在债务担保中提供保证金，活用各类金融工具以捐赠、借贷、债券和投资等方式吸纳民间资金用于帮助社会组织解决资金难题[12]。

4.1.2 日本政府在法律上对社会组织的支持

完善的法律制度是社会组织健康发展的根本[13]。日本的民间社会组织正是得益于日本完整细致的各项法律法规，才能实现跨越式的发展，取得了今天的成绩。日本于 1946 年颁布的宪法明确提出了公民具有结社权利，这也为之后一系列相关法律法规，如《社会福利服务法》《特定非营利活动促进法》等的颁布创造了条件[14]。完善的法律制度主要归功于规范的社会组织分类制度，不同类型的社会组织都可以找到与之对应的法律法规进行监管[5]。日本 2/3 以上的社会组织都拥有与其配套的相关法律法规，日本政府可以很好地约束这些组织的行为[15]。另外在税法方面，通过严格界定收益组织和收益活动[16]，确保了民间社会组织能够享受到合理的税收优惠，同时约束了假借"非营利"名号的逃税行为。

4.1.3 日本政府在政策上对社会组织的支持

2009 年，主张将国民生活摆在第一位的日本民主党执政，实施了一项名为"新公共"的政策。该政策将改变原来由政府垄断的公共服务，在全社会推行以社会和公民为主体的新型公共服务，最终实现"国民主导"的社会[17]。该项政策主要分为"新公共"圆桌会议和"新公共"推进会议两个阶段进行。第一个阶段首先提出了《"新公共"宣言》和《"新公共"圆桌会议的提案与制度化要求》；在第二阶段主要围绕如何充实并有效实施提案以及如何构建"新公共"与公共行政之间的关系问题进行了探讨。"新公共"政策在国家的高度上对日本的社会组织给予了支持。

4.1.4　日本政府在管理上对社会组织的支持

在对社会组织的管理方面，日本政府也给予了许多帮助，包括派遣专家对社会组织进行业务指导，对社会组织的成员进行必要的专业技能培训，帮助新成立的社会组织能够尽快规范化，尽快正常运营[17]。日本政府还在全国范围内成立了许多社会组织支持中心，这些支持中心在硬件设施、开展活动、建立与政府和企业合作关系等支持性功能方面发挥着重要作用[15]。

4.1.5　日本政府在国际事务上对社会组织的支持

日本的外务省承担着日本的官方开发援助（ODA）政策执行的任务，而日本的社会组织，尤其是非政府组织在机构和人员规模上都更加精简，具有较高的灵活性，是日本政府执行ODA的最佳伙伴[12]。日本外务省因此也在国际事务上给予了日本非政府组织很多的帮助，将许多对国外的援助资金都交给非政府组织进行运作，一方面提升了日本社会组织的国际影响力，另一方面也使得日本的社会组织也可以充分发挥其传递友好、缓解国际间冲突的外交使命。

4.2　社会组织层面

4.2.1　服务多样化

日本的民间组织为日本国民提供了非常丰富的服务，弥补政府在公共服务领域上的不足。以养老服务为例，众所周知日本少子老龄化问题严重，老年人在生活中所遇到的困难不尽相同。为了满足老年人养老的多样化需求，日本的社会养老机构提供了入户服务、日间服务、短期服务、长期服务等多种类型的服务。对于行动不便、存在精神障碍或身体障碍的老人，许多养老机构还提供接送服务。

4.2.2　人才专业化

组织是由人构成的，人才是任何组织能够健康发展的必要因素。日本政府为了培养社会福利专业人才设立了许多专门机构和全国性的考核制度[18]。社会组织中的成员通过全国统一的资格考试后，可以获得相关的从业资格和证书。通过人才的专业化，可以保证社会服务的专业化，提升社会组织的服务能力。

4.2.3　意识独立化

日本的民间组织往往具有较强的独立法人意识。虽然日本绝大多数的民间社会组织都是有其主管机构的，但与中国社会组织的主管机构不同，日本的主管机构很少干预社会组织的活动和人事任免，只是对社会组织进行监督和资金上的支持。许多社会组织虽然接受了主管机构的资金，却仍然积极地拓宽自身的资金渠道，不愿意受制于主管机构，希望得到更大的自主性。

4.3　国民层面

日本社会组织的快速成长与其坚实的国民基础是分不开的。能够有如此高的支持率和参与程度，首先是归功于日本社会组织自身取得的出色成绩，获得了日本民众的认可；其次，这与日本政府和社会组织重视对国民公共意识的教育是分不开的；最后，由于日本频发的地震、海啸和火山等自然灾害给日本民众带来了许多惨痛回忆，日本国民对以抗灾救援为代表民间组织具有天然的好感。

5　日本社会组织对我国的启示

提升我国社会组织的发展水平，帮助民间组织承担更多的社会公共事务，有利于实现我国政府职能的转变，提高人民社会生活水平，促进社会和谐。但目前我国社会组织发展的整体水平与欧美日本等发达国家相比还存在较大差距，尤其是在组织的独立自主性、法律法规的完善性、组织服务能力和民众的公益意识方面还有待进一步加强。

5.1　完善法律法规

完善的法律体系构建有助于社会组织管理的规范化，使管理行为有章可循，有法可依。法律法规的健全在一定程度上可以防止部分组织假借公益的旗号侵吞公益资金。日本民间非营利组织可以得到长期健康的发展，也正是得益于日本政府颁布的300多部相关法律，这些法律是建立日本民间组织健康发展长效机制的根本。反观国内，目前社会组织所处的法律法规环境主要是由两部分构成：一部分是以《社会团体登记管理条例》《基金会管理条例》和《民办非企业单位登记管理暂行条例》等规章为基础的登记管理制度；另一部分则是《企业所得税法》《公益事业捐赠法》《民办教育促进法》等法律中涉及社会组织的部分构成的法律制度环境。随着对社会组织的重视，国内社会组织在数量和种类上势必会出现大幅的增长，而缺少专门性的法规约束，将对社会组织的健康发展形成不利影响。这里的关键之处在于对公益活动的界定与分类和对社会组织的界定与分类，在法律上必须更够给出严格可操作的定义。只有明确对公益活动和社会组织这两个概念在法律上进行严格分类和定义，才有利于后续专门性法律法规的颁布，社会组织的活动和行为才能受到法律的保护。举例来说，如果不能准确界定何种活动为公益性质的活动，公益活动能享受到的相关税收减免和优惠也不能实现，作为非营利的社会组织的活动成本因此提高，制约了社会组织的发展。

5.2　提升组织自主性

社会组织的民间性和草根性使其可以及时应对和满足国民多种多样的公共需求，克服政府提供公共服务的单一性。另外，作为第三部门组织，社会组织可以很好地对前两个部门的组织进行监督和约束。因此，保障社会组织的自主性是发挥其作用的重要前提。如果社会组织不能以独立自主的法人身份参与社会公共事务的管理，其无异于政府部门的附属品，就不具备灵活性和草根性，也无法保持中立的立场对政府部门权力进行约束。目前我国的社会组织的自主性还比较薄弱，许多组织行为还受制于主管单位和部门，提升社会组织独立性，首先是要减少社会组织对主管机构的资金依赖。在这方面，日本的"市民资金"为我们提供了多渠道筹措公益基金的良好借鉴。其次，要与主管单位划清权责。组织的运作和管理应当由社会组织自己承担，主管机构更多的是以监督和辅导的身份参与对社会组织的管理。最后，有条件的社会组织应当尽量在国际舞台上发挥作用，提升自身的影响力。

5.3　增强服务能力

社会组织服务社会的能力是其组织的核心竞争力，也是其在国家公共生活中发挥的基本职能。社会组织的服务能力，其实质就是社会组织创造社会价值的能力。目前国内的社会服务仍然处于国家主导的阶段。政府提供社会服务的低效率和单一性阻碍了我国社会事业发展的。日本在释放社会组织活力之前，也主要依赖于政府来提供社会公共服务，和现在的中国面临了同样的困境。随着日本社会组织的准入门槛的降低，社会组织的数量和种类都得到了增长，同类社会组织在良性竞争中进行了优胜劣汰。同时，大量专业人才的培养也为日本的社会公共服务质量提供了人才保障。日本的社会组织受到日本民众的广泛支持也是归功于其服务的高质量。增强社会组织服务社会的能力，首先是丰富社会组织服务的领域，细化每一项服务，发挥出社会组织的灵活性，满足广大人民群众的多样性公共服务需求。其次，增强社会组织服务能力的关键在于专业化人才的培养，一方面需要高校社会工作等相关专业的学生提升自身的专业技能，另一方面国家应当加速相关专业资质认证机制的建设。最后，国家应当成立相关社会组织支援中心，在业务和服务技能上帮助社会组织提升自身的竞争能力。

5.4 强化公民公益意识

强化公民的公益意识有助于提升社会道德水平，是构建社会主义和谐社会的有效举措之一。中日两国在大力发展国内经济的过程中面临着相似的社会问题危机、过分的个人意识淡化的传统文化中的家族意识和邻里间的互助意识。日本通过刺激社会组织发展，鼓励公民参与社会公益事业，有效地增强了日本民众的公益意识。日本社会组织经常组织青少年参与社区的义务劳动和环保活动，从小培养他们投身公益事业。另外，通过一些社会的互助活动，促进社区形成和谐的社会氛围，降低社区犯罪率。强化公民的公益意识一方面应当加强对于社会公益事业重要性的宣传，从娃娃抓起，帮助青少年从小树立热心公益的观念。另一方面，社会组织应当严格自律，杜绝一切破坏社会组织形象的行为。社会组织的自身形象提升了，才会得到公众的认可，民众才会支持社会组织开展的公益事业活动。

6 本章小结

社会组织在当今世界已经发挥着越来越重要的作用，作为弥补政府和企业不足的第三部门，其重要性引起了学界的广泛关注。本章基于日本社会组织的发展概况，通过分析日本社会组织帮助反映民意、缩小阶层差距、营造良好社会氛围和促进就业等方面都发挥着重要作用，从政府、社会组织和国民三个层面提炼出值得借鉴的成功经验，最后为我国社会组织更好地服务社会提出四点建议：提升组织自主性、完善法律法规、增强服务能力和强化公民公益意识。

参考文献

［1］邓辉.日本和新加坡社会组织在社会治理中的实践与启示［J］.厦门特区党校学报，2013（2）：38-41.

［2］李永忠.中国社会组织发展研究［M］.北京：中国书籍出版社，2012：7.

［3］王名，李勇，廖鸿.日本非营利组织［M］.北京：北京大学出版社，2007：27-28.

［4］周强.日本非营利组织发展简史［J］.学会，2007（3）：13-17

［5］罗曼.发达国家非营利组织的制度借鉴与启示［J］.时代金融，2014（2）：54-55.

［6］俞祖成.日本"新公共性"指向的NPO政策体系分析［J］.中国非营利评论，2011（2）：133-160.

［7］内閣府市民活動促進課.特定非営利活動法人の認定数の推移，2017-1-31，https：//www.npo-homepage.go.jp/about/toukei-info/ninshou-seni，2017-3-2.

［8］张豪，张向前.日本政府购买服务、社会资本合作与社会组织发展［J］.现代日本经济：2017（1）：15-26.

［9］内閣府市民活動促進課.平成27年度市民の社会貢献に関する実態調査，2016年3月30日，https：//www.npo-homepage.go.jp/toukei/shiminkouken-chousa/2015shiminkouken-chousa，2017-3-2.

［10］総務省統計局.労働力調査（基本集計）平成28年（2016年）12月分，2017-1-31，http：//www.stat.go.jp/data/roudou/sokuhou/tsuki/index.htm，2017-3-2.

［11］内閣府.2015（平成27）年度国民経済計算年次推計，2017-1-19，http：//www.esri.cao.go.jp/jp/sna/data/data_list/kakuhou/files/files_kakuhou.html，2017-3-2.

［12］俞祖成.日本第三部门的"资源格差"困境及其对策创新——以"京都地域创造基金"为例［J］.中国非营利评论，2012（2）：189-211.

［13］李承伟；罗峰.美英日第三部门制度建设及对我国的启示［J］.调研世界，2012（2）：61-64.

［14］郑新超；史小华．刍议南通社会组织基层服务功能及其社会管理的创新——兼及日本社会组织的相关经验与借鉴［J］．太原城市职业技术学院学报，2013（9）：62-64．

［15］邓辉．日本和新加坡社会组织在社会治理中的实践与启示［J］．厦门特区党校学报，2013（2）：38-41．

［16］刘星．日本教育非营利组织（NPO）研究及对中国的启示［J］．日本研究，2012（2）：98-106．

［17］俞祖成．日本"新公共性"指向的NPO政策体系分析［J］．中国非营利评论，2011（2）：133-160．

［18］金艾裙，孙计红．非营利组织参与居家养老服务——日本的经验及启示［J］．皖西学院学报，2012（3）：10-13．

第十二章　英国社会组织发展及对中国的启示

1　引言

　　社会组织有着悠久的历史，与人类文明和社会进步息息相关。伴随着近代资本主义的产生和发展，在各主要的资本主义国家，先后出现了一些带有政治色彩的社会团体，以及主要开展慈善救济等社会公益活动的社会组织。可以说，早期社会组织产生与发展的直接背景，就是资产阶级政权的建立和资本主义生产方式的确立及其发展。英国作为世界上最早确立资本主义制度的国家，社会组织的发展历史非常悠久。20 世纪 80 年代以来，社会组织已经在全球范围内迅速发展，在政府中发挥越来越重要的作用，弥补市场缺陷，提供公共服务，维护社会公正。英国长期以来是有慈善和志愿组织社会传统的国家，在经济和社会生活中发挥着重要的作用，尤其是布莱尔政府执政后，在政府和社会组织的推广中付出巨大的努力[1]。英国的社会组织在就业人口上大约有 150 万，超过整个经济领域内就业人口的 6%，社会组织的总体支出为 749 亿美元，占 GDP 的 6.6%[2]。其社会组织活动最为集中的是教育、文化娱乐和社会服务三个领域。英国社会组织的一个重要特点是资金来源上对政府资助的依赖较大。另一个特点是慈善组织高度发达并与政府建立了良好的合作关系[3]。1601 年颁布的《慈善法》是世界上最古老且沿用至今的一部社会组织相关法规，其中规定了政府要对慈善组织提供各种支持。1998 年以来，英国各级政府陆续和社会组织签订了有关促进政府和社会组织合作的协

179

议，进一步明确了政府支持社会组织发展的各项政策措施，鼓励社会组织积极参与各种公共服务和社会事务，推动了社会组织与各级政府部门之间的广泛合作。在英国的社会组织中，较著名的有英国皇家学会、科学技术研究所、爱丁堡皇家学会、工程研究所协会、生物学协会、科学促进协会、皇家研究所等[4]。这些组织都具有悠久的历史，通过出版科学刊物、资助科学研究、举行各种形式的科学会议等，促进科学技术的发展。本章试图总结英国社会组织的发展经验，得出若干对中国社会组织发展的启示。

2 理论基础

1945 年前后，英国的社会组织处于最混乱的发展阶段。面对着日益增多的贫困群体和日益紧缩的资源，社会组织的工作受到种种批评[5]。但是，政府仍雇佣了超过 90% 的社会工作者。社会组织在 1945—1975 年间得到迅速扩大，发展的高峰是 1970 年《地方政府社会服务法》的出台。英国的社会组织活动是一种充满生气的活动，经历了相当大的变化，并且将会继续变化。到 70 年代中期，一系列方法，包括团体与社区工作，在社会组织得到了广泛应用。然而，英国的社会组织受到了新上台的"新右派"和 80 年代撒切尔夫人政府的主要挑战，对社会组织的攻击是对福利制度广泛批评的一部分。这个过程从 80 年代末开始，一直延续到 90 年代，这不是社会组织日益改进完善的过程。从实质上说，而是国家的一种重新组合，与数量日益增加的贫穷人口关系的重新调整[6]。但是，社会组织在撒切尔主义的攻击下仍然生存下来。与从前相比，出现了越来越多的社会组织，并且迅速繁荣起来。

2.1 市场失灵理论

所谓市场失灵就是指市场机制在解决资源配置方面的无效率或低效率。

市场失灵主要表现为外部性、垄断、分配不公平、宏观经济不稳定和信息不对称。外部性指的是社会成员在从事经济活动时，其成本和效益不完全由行为人承担或享有，而被外部强加了成本或赋予利益的情况。在一个充分竞争的市场之中，没有哪一个买家或卖家能够通过控制自己的销售量或购买量来对均衡的市场价格产生影响。若按垄断价格出售商品就会导致低效率，生产能力过剩，社会资源不能得到最优配置，导致资源分配的扭曲，从而破坏正常的市场运作，使其不能发挥自发而有效的调控功能。每个国家在经济发展中都会遇到如何将蛋糕做大以及如何分配蛋糕的问题，也就是如何处理经济发展中的公平和效率问题。公平本来就是具有一定的公益性质的，市场在提供具有效益外溢的公共产品时，总是难以避免失灵[7]。作为市场经济基本规律的价值规律，一方面，它以生产比例不断遭到破坏和生产资料、社会劳动的巨大浪费为代价；另一方面，它又能自发的调节社会生产，使社会再生产维持适当的比例。当生产的比例遭到破坏时，经济就处于萧条期，失业率和通货膨胀率都将上升，为社会发展埋下了不安定的伏笔[8]。市场经济中的各个主体间信息是不充分的，各主体只是根据其所掌握的信息进行决策。交易中的双方若是出现信息的不对称，就存在掌握更丰富信息的一方通过逆向选择和道德风险在与对方的交易中利用自己的信息而造成市场失灵。而社会组织恰恰是为了弥补市场失灵而存在的，因此英国出现了很多的社会组织。

2.2 政府失灵理论

"政府失灵"，又称"政府失败"，是指个人对公共物品的需求在现代民主政治中得不到很好满足，公共部门在提供公共物品时趋向于浪费和滥用资源，致使公共支出规模过大或者效率降低，预见上出现偏差，政府的活动并不总像应该的那样或向理论上所说的那样"有效"。政府机构的低效率就是政府执行政策的效率不高，官僚机构作风严重。制定和实施公共政策是政府干预经济活动的主要手段，然而政府在政策制定和执行时存在诸多阻碍因素，使得干预调控的政策并没有提高资源配置效率，反而导致资源配置效率降低或浪费资源[9]。非市场领域内部性的存在，意味着政府组织的"私人"的成本和利润很可能支配了他们的公共决策行为，并在很大程度上左右了那些意志力薄弱的行政部门和贪图享乐的政府官员，诱使其行为准则可能会偏离服务的宗旨，以至于他们很可能无视国家和人民的利益，致使政府失灵[10]。寻租是指政府的无意创租、被动创租和主动创租可使经济中产生巨额资金，经济人通过各种政治的或经济的、合法的或非法的手段从政府官员处获得某种垄断特权或者是政府机构及其官员直接凭借其垄断特权而取得的非生产性利润的活动[11]。寻租导致不同政府部门及官员争权夺利，影响政府声誉和增加廉政成本；大权在握的政府官员极有可能受非法提供的金钱或其他报酬诱惑，做出有利于提供报酬的人从而损害公共利益的行为。行政职能是行政机关是在管理活动中的基本职责和功能作用，主要涉及政府管什么、怎么管、发挥什么作用等问题。行政职能的划定为政府活动划定了疆界，职能定位不当，必将影响到政府效能的发挥[12]。英国政府在某段时间某些事件上的处理并没有那么有效，而社会组织的存在则可以在一定程度上弥补政府失灵。

2.3　志愿失灵理论

志愿性是社会组织的重要特征，社会组织的活动是以志愿为基础的，组织的服务是通过志愿者来提供的，组织的经济来源也是由社会捐赠而来的。当社会组织无法单靠自己的力量来推进慈善和公益事业之时，就出现了"志愿失灵"[13]。社会组织活动所需经费不是通过强制的税收和追逐利润来取得，而主要依靠私人的慈善捐赠。社会组织应以实现社会公益作为其最高价值观，但是事实上并不存在面向全体社会成员、涵盖社会公益各方面的公益组织，致使社会组织的慈善捐赠总是服务于特定的群体。慈善组织的特殊主义就是由于社会组织服务的狭隘性，使得其公益只是组织所服务的特定对象的共同利益，而不是整个的社会公益。慈善组织往往具有很强的父权心态，那些控制着慈善资源、掌握慈善组织经济命脉的人员对如何使用资源具有很大的发言权，他们往往只是凭借自己的偏好和利益做决策，忽略了组织的宗旨和社会的需求，由此往往导致提供了许多富人喜爱的服务，而真正需要帮助的群体的需求却得不到满足。社会组织在社会中常常将其职能定位为弥补政府无力或不能涉及的领域，但是在这些领域提供服务往往需要更加专业的技能。然而，志愿组织受资金、现实表现不尽如人意等的限制难以吸引专业人员的加入。社会组织的工作往往只能由富有爱心的业余人员来承担，这就不可避免地影响到志愿服务的效率与质量，使资源难以发挥最大的效用。

3 英国社会组织的发展经验

政治家、学者和媒体发现，介于市场和政府之间的组织正在各个方面为英国经济社会作出越来越多的贡献[14]。由于致力于解决这个时代的社会和经济问题，社会组织在英国已经开始占据越来越重要的位置。从全球来看，英国社会组织的规模相对较大，成长速度也远远快于其他地区的社会组织。

3.1 教育

3.1.1 实现基础教育的均衡供给

基础教育是人们在现代社会需要接受的基本教育。基础教育一般包括正规的小学和中学阶段的教育，而广义的基础教育还包括家庭教育和幼儿阶段的学校教育。基础教育应主要由政府提供并负责调节，并且尽可能向全体国民提供相同质量的基础教育，实现基础教育的均衡供给。根据亚洲开发银行的报告，目前世界上190多个国家中已有170多个国家实行了免费义务教育。英国政府自20世纪90年代以来，一直注重薄弱学校的改造。2008年6月，英国政府公布了"国家挑战计划"，2009年至2011年的3年时间投入4亿英镑，支持"国家挑战计划"的学校建设项目，包括为学生提供更多一对一辅导和学习支持，为学校的教学带头人提供更多支持，成立"国家挑战专家顾问团"，为薄弱学校提供支持[15]。

3.1.2 扩展高等教育职能

高等教育是建立在基础教育之上的高等专业性教育，担负着培养高级专门人才和发展科学技术文化的重要任务。英国政府意识到高等教育社会服务职能关系到国家的兴旺发达，开始通过立法等形式，注重并加大对高等教育的干预程度[16]。从第二次世界大战后到 20 世纪 60 年代初，英国政府连续多次组建特别委员会，就高等教育社会职能的发展问题，制定出台了一系列重要的政策和文件，其中对高等教育社会职能的发展产生决定性作用的报告有三个：《珀西报告》《巴洛报告》和《罗宾斯报告》，再加上 1956 年发表的《技术教育白皮书》，为高等教育社会职能的发展以及校企合作的开展铺平了道路。到了 20 世纪 80 年代，高等学校与工业的这种良好的伙伴关系，由于政府的一系列重大决策和步骤以及所颁布的一系列政策性、指导性文件和报告等，从根本上得到了强化。所有的高等学校都与工业、企业建立了联系，合作的形式多种多样，来自企业的科研、技术开发和合作办校的资金已成为高等学校生存发展的重要条件。

3.1.3 建立多元化职业教育体系

在英国，由于传统的教育偏重精英教育，职业教育在资源、质量和声誉等方面很难与普通教育相抗衡。因此，青少年能接受和愿意接受义务后教育的人数比例较低。因此，英国政府努力打破职业教育与普通教育的传统界限，提高职业教育的地位与质量，充分发挥职业教育的作用。在提高职业教育的地位方面，确立了职业性课程与学术性课程的相同地位；同等对待普通中等教育证书和后期中等教育阶段可获取的其他证书；对学习学术课程或职业课程的青少年在课业成绩、奖励机制、机会获得等方面同等对待。

3.2 卫生

3.2.1 富有特色的模式

以英国为代表的国民健康服务制度于 1948 年建立。第二次世界大战期间，英国将全社会的医疗资源作为保障力量投入到了战争中，为军人和民众免费提供医疗服务。第二次世界大战结束后，英国政府曾试图退回到战前的医疗保障制度体系，但在当时一些国家普遍推行高福利的社会经济政策压力下，战时形成的全民医疗保障制度被继承下来，主张实行国家统一的全民医疗保障制度的意见越来越多地为人们所接受[17]。英国的卫生服务是中央集权型的，由中央政府提供资金，分配预算到地区卫生部门，再由地方卫生局分配预算到医院和全科医生，免费向全民提供医疗卫生服务。近年来，英国卫生服务管理分权化进程加快。

3.2.2　社区卫生是基础和重点

英国是社区卫生的发源地。早期的社区卫生服务是相对医院服务而言的，人们习惯于将非住院医疗服务称之为社区卫生服务。20世纪50年代后期，由于医疗技术的进步，使社区卫生服务首先在精神病康复治疗领域发展起来，并逐步扩大到老年人、孕产妇、儿童和残疾人等重点人群的医疗卫生服务领域。1976年，英国工党政府发表了《英格兰卫生服务与个人社会服务的优先权》白皮书，提出用低成本的方式满足社会脆弱人群卫生需求的战略。1986年，英国将预防保健服务从医院转移到社区，一部分甚至转移到家庭中，使社区卫生范围进一步扩展。使得在提高人民健康水平和控制卫生费用上效果显著。

3.2.3　加强监管

为了加强对国民健康服务制度的管理，评价和改善服务质量，英国成立了许多新的组织，其中包括国家卫生与临床评价研究所和健康促进委员会。为了对医院的运行状况进行评价，英国卫生部于2001年引进医院星级评审制度，评价指标体系主要涉及四个方面的内容：医疗服务供给、医疗事故、病人满意度以及工作人员表现。英国尤其注意加强对药品和医生的监管，英国对药品价格的监管主要是根据药品价格调整方案对制药公司总体利润水平的控制来实行间接监管的。英国政府还采取了全面药品价格削减措施[18]。

3.2.4 重视突发事件应急机制的建设

英国卫生部"突发事件计划协作机构"颁布的《国民健康服务体系突发事件应对计划》，构成了英国突发事件应对体系的综合框架[19]。根据 2002 年 4 月修改的计划，英国更多的公共卫生突发事件应对职能从国民健康服务体系的地方卫生局转向初级卫生保健信托机构。新计划构建了更为完善的突发事件应对网络，包括初级卫生保健信托机构、卫生局、健康与社会保健理事会和卫生部门医药官员、执行官员等。到 20 世纪 80 年代中期，英国的卫生费用上涨速度趋于稳定。

3.3 就业

3.3.1 健全的就业组织与法律体系

1910 年，英国开办了世界上第一个国家职业介绍所。就业组织是国家降低失业率、协助特定对象就业、促进经济发展的力量的重要组成部分。英国的就业公共组织是隶属于英国就业及退休保障部的一个行政部门，名称为就业服务中心。就业服务中心是采用垂直管理的管理体制，为那些能够工作的人提供就业机会，为那些暂不能工作的人提供就业服务，帮助并促进其就业，为企业提供招聘服务，企业只需列出所需人员的专业与数量，即可得到尽可能的帮助，预防福利诈骗并对诈骗案进行调查。

3.3.2 内容系统化手段多样化

1964 年，国际劳工组织通过关于就业政策的公约和建议书，每个会员国都应当为了鼓励经济增长和发展、提高生活水平、满足对劳动力的需求以及克服失业与就业不足而宣布和执行一项积极的政策，促进充分的、生产性的和自由选择的就业，并将它作为一个重大的奋斗目标[20]。在英国，求职者去职业介绍所的第一天，可以从职业介绍所获得全部工作信息，包括关于培训、就业、失业救济金等方面的建议。此外，英国还有许多私立的职业介绍所为失业者提供便捷的就业服务。

3.4　社会保障

3.4.1　完善的社会保障体系

在发达国家中，社会保障已不再是可有可无的权宜性措施或随时可以改变的特殊政策，它已经成了一种社会制度，具有法律依据[21]。在英国，颁布有多部法律与社会保障有关的部门法律、法规，失业保障、医疗保障、养老保险、工伤保险都以立法，既有明确的法律规定，也有完善的运行机制。法律制度的健全，使各项社会保障事业发展均有了具体的法律依据，为社会保障实现法制化、规范化起到了保证作用。

3.4.2　多层次性和普及性

第二次世界大战结束后，英国工党政府按照经济学家威廉的建议推进本国的社会保障制度建设，先后颁布了《国民保险法》和《国民健康服务法》等一系列社会保障新法规，1948年英国首相艾德礼正式宣布，英国建成"从摇篮到坟墓"均有保障的福利国家。它使英国公民解除了疾病风险的顾虑，有利于提高国民素质，并且资源利用率高。由于国内老龄化压力以及国际上对老年保障制度认识上的新变化，英国近年也逐渐强调补充制度的作用，甚至强调减少国家对补充制度的干预程度。

4　英国社会组织对中国的启示

事实上，社会组织活跃在转型时期中国的社会经济生活的各个方面，社会组织已经并在成为我国社会经济发展中的一支重要力量。但是和英国社会组织的发展相比，和正在兴起并日趋完善的市场经济的发展相比，和在改革创新中逐步走向现代化与国际化的政府公共管理体系相比，我国的社会组织不仅先天不足，而且动力不足，难以表现出勃勃的生机和令人鼓舞的前景。

我国社会组织的社会资源不足，公益产权基础薄弱，受到双重管理限制，法律政策环境不利，并且缺乏专业能力，多元力量难以整合，而且社会监督乏力，受到市场机制的挤压。面对存在的问题，我国社会组织要大大提高管理能力，通过学习英国社会组织的发展经验，努力使我国社会组织成为经济社会发展的中坚力量。

4.1　建立多元化的教育组织供给机制

我国的教育在近些年取得了突出成就，城乡免费九年义务教育全部实现，高等教育大众化水平进一步提高，职业教育取得突破性进展。但是我国教育还不完全适应国家经济社会发展和人民群众接受良好教育的要求。教育观念相对落后，内容方法比较陈旧，中小学生课业负担过重，素质教育推进困难；学生适应社会和就业创业能力不强，创新型、实用型、复合型人才紧缺，教育结构和布局不尽合理，发展不平衡；教育机制不完善，投入不足，学校办学活力也不足。教育投资是发展教育的必要前提，也是提高教育质量的物质基础。教育财政公平是教育公平的最重要手段和基础，实现教育公平，就必须优化配置资源，让每个人公平的享受教育资源。建立多元化的供给机制，继续鼓励多种主体参与办学，在坚持教育公益性前提下将市场竞争手段运用于教育服务领域。大力吸引社会组织获得政府授权参与，弥补政府供给缺口，调节社会教育需求。

4.2　注重卫生组织公平与效率的平衡

卫生总费用是反映一国用于医疗卫生保健服务消耗的资金总量的指标，分为政府预算卫生支出、社会卫生支出、个人现金卫生支出三部分。改革开放以来，我国对卫生事业的投入逐年增多，但与世界其他国家相比，我国卫生费用支出仍显不足。我国将基本医疗卫生制度作为公共物品向全民提供，着力解决群众反映强烈的突出问题，逐年加大城市社区、农村医疗卫生建设。

改革城市卫生服务体系，积极发展社区卫生服务，初步形成功能合理、方便群众的卫生服务网络。通过完善的管理制度和建立经费保障机制，逐步推进基本公共卫生服务均等化。在运行机制上，探索新型服务模式，通过国家扶持，创办社区卫生服务中心体制。有效利用有限的卫生资源，探索多元化的卫生服务形式，健全卫生服务评估机制，推动卫生组织的良性竞争。促进卫生组织跨部门和跨国界的合作，超越狭隘的卫生供给，调动各组织的积极参与。

4.3　完善多层次的就业组织体系

20 世纪 80 年代以来，我国已经初步建立起就业公共服务体系。借鉴英国的经验，建立统一的标准化的服务流程，为求职者服务。大多数就业组织的客户群体所需要的求职帮助可以利用自助服务设施自行完成，互联网的普及使这一职能的价值得以充分体现。为失业者提供一般服务，帮助失业者提高就业能力、克服再就业障碍，重新融入工作环境效果明显。针对特殊群体提供特殊服务，集中体现了就业组织的公益性。使有限的财政投入发挥更有效地促进就业功能，为就业组织引进竞争机制，及时满足公众的就业服务需求，提高就业组织的服务质量。加快就业组织的相关法律法规的建设，维护劳动者的权利，以就业服务法治化为保障，使就业组织在服务过程中有法可依、有法必依。

4.4　健全社会保障组织的监管体制

20 世纪 80 年代以来，经过 20 余年的努力，我国已基本上建立起适应社会主义市场经济体制的社会保障体系。但从总体上看，我国社会保障依旧滞后。健全社会保障监督机制，增加透明度，发挥社会保障组织参与管理和监督的积极性。建立规范的财务管理体系，以便准确制定政策，预防不测，进行有效调控。扩大社会保障的覆盖面，建立多层次社会保障体系，加快建立健全农村社会保险体系，使广大农民能够享受到国家经济发展所带来的社会经济安全感。完善城镇职工和居民社会保险制度，推进最低生活保障制度和其他社会救助制度的全面覆盖，减轻政府财政压力，改善参保人员的待遇水平。实施多渠道筹资，以保证社会保障体系的正常运转。引入竞争机制，提高社会保障组织的实施效率。

5　本章小结

英国作为世界上最早确立资本主义制度的国家，社会组织的发展历史悠久。社会组织为英国的社会与经济作出了越来越多的贡献。当前经济社会发展变化非常快速，社会组织的变化也是非常快速。我国社会组织要实现快速健康的发展，可以根据实际情况，借鉴英国社会组织在教育、卫生、就业以及社会保障方面的发展经验，从而促进我国社会组织健康有序发展。

参考文献

［1］王名，李勇，黄浩明．英国非营利组织［M］．北京：社会科学文献出版社，2009：167.

［2］Mayer W. J., Wang H. C., Egginton J. F., Flint H. S. The Impact of Revenue Diversification on Expected Revenue and Volatility for Nonprofit Organizations［J］. Nonprofit & Voluntary Sector Quarterly，2014，43（2）：374-392.

［3］Chernega J. Capitalism and conscience：Social enterprise employment programs and the privatization of job -training services［D］. Doctoral Thesis，Loyola University Chicago，2007：345.

［4］Cooke J. Ariss S.，Smith C.，Read J. On-going collaborative priority-setting for research activity：a method of capacity building to reduce the research-practice translational gap［J］. Health Research Policy and Systems，2015，13（1）：

1–11.

［5］褚松燕.中外非政府组织管理体制比较［M］.北京：国家行政学院出版社，2008：291.

［6］李爱华，苏明慧，高欣慧.英国推荐实务公告对我国慈善组织会计的启示［J］.商业会计，2015（14）：4–6.

［7］徐云霄.公共选择理论［M］.北京：北京大学出版社.2006：39.

［8］Katz H. Internally Displaced Persons Between Nonprofits and Government：Comparing Two Israeli Wars［J］. Journal of Civil Society，2014，10（3）：273–293.

［9］林修果.公共管理学［M］.吉林人民出版社，2006：29–31.

［10］查尔斯·沃尔沃.政府或市场—权衡两种不完善的选择［M］.北京：中国发展出版社，1994：134.

［11］奥斯特·罗姆.制度分析与发展的反思：问题与抉择.［M］.北京：商务印书馆，1992：67.

［12］邱忠霞，胡伟.公共治理何以失灵？——基于结构—功能的逻辑分析［J］.学习与实践，2016（10）：50–59.

［13］Salamon L. M. Partners in Public Service：The Scope and Theory of Government Nonprofit Relations［M］. The Nonprofit Sector：A Research Handbook. New Heaven：Yale University Press，1987：110–113.

［14］Chaney P.，Wincott D. Envisioning the Third Sector's Welfare Role：Critical Discourse Analysis of "Post–Devolution" Public Policy in the UK 1998–2012［J］.Social Policy Academy，2014，48（7）：757–781.

［15］刘一飞，文军.英国社会福利政策的演变及其启示——以国家与社会的关系为分析视角［J］.学习与实践，2013（4）：57–60.

［16］Thompson P.，Williams R. Taking Your Eyes Off the Objective：The Relationship Between Income Sources and Satisfaction with Achieving Objectives in the UK Third Sector［J］. VOLUNTAS：International Journal of Voluntary and Nonprofit Organizations，2014，25（1）：109–137.

［17］李长远.社区居家养老服务的国际经验借鉴［J］.重庆社会科学，2014（11）：21–27.

［18］闵凡祥.互助的政治意义：英国现代社会福利制度建构过程中的友谊会［J］.求是学刊，2016，43（1）：152-163.

［19］王村村.组织化合作动员：社区建设的新范式［J］.南京社会科学，2014（11）：62-67.

［20］Berry D. A. The Brave New World of clinical cancer research：Adaptive biomarker-driven trials integrating clinical practice with clinical research［J］. Molecular Oncology，2015，9（5）：951.

［21］Weaver B. Control or change? Developing dialogues between desistance research and public protection practices［J］. Probation Journal，2014，61（1）：8-26.

第十三章　中国特色社会组织建设战略研究

1　引言

改革开放以来，随着我国经济建设步伐的不断迈进，社会组织获得了良好的发展机遇。但近年来我国正处在转型时期复杂的经济结构和政治制度环境中，一方面我国经济发展进入"三期叠加"的新常态，经济增速放缓，经济下行压力较大，经济系统的调整势必对社会系统产生影响，另一方面当前我国处在现代治理体系改革的攻坚阶段，社会格局面临调整、社会利益重新划分，社会矛盾进一步凸显，社会组织发展面临的不确定因素和外部挑战增加。但复杂的整体环境也为社会组织在优化社会管理、拉动经济增长、促进和谐稳定等方面发挥作用提供了可能，社会组织凭借其独特的优势，在构建多元主体的新型社会关系，进一步优化制度和非制度化的社会规范中具有关键作用，在促进政府改革和社会建设，推动现有社会管理体系转型升级中发挥积极影响，是社会治理体系创新和现代化经济建设的有效依托[1]。

近年来国家对社会组织的重视程度不断提高，社会组织的内涵在我国经历了一个不断深化的演变过程，2016 年 8 月，中共中央办公厅、国务院办公厅印发的《关于改革社会组织管理制度促进社会组织健康有序发展的意见》第一次提出"要走中国特色社会组织发展之路"的重要思想，进一步丰富了社会组织的理论体系，中国特色社会组织是以中国特殊的政治、经济、文化背景为逻辑起点，以马克思主义社会组织理论为指导，具有中国社会属性的

第三部门组织形态[2]，除社会组织的固有属性外，中国社会组织还具有独立性和自主性统一的二维特征，即对政府呈现出依附性自主的状态[3]，社会组织的成长既是国家对其科学管理的过程，也是社会组织主动寻求合作的结果。因此，在党和政府的领导下，构建适合我国国情的中国特色的社会组织体系是符合社会组织发展的实践需要，也是顺应现代社会管理体制改革要求的必然趋势，本章在前人的研究基础上，分析了中国特色社会组织建设的现状和战略路径选择，以期对中国社会组织的发展研究提供有价值的参考。

2 国内外研究综述

20 世纪 60 年代，Chandler[4] 提出的"组织追随战略"观点奠定了战略管理理论的研究基础，经过了半个多世纪的发展，战略管理理论被系统地设计、定位、深化和创新，其理论演变可划分为经典战略理论、竞争战略理论和资源基础观理论三个主要阶段[5]。Sushil[6] 认为在动态变化的环境中，传统的战略管理范式不能完全适应外部的不确定性，新的战略管理框架和理论正在形成，包括战略柔性、动态能力理论、核心竞争力理论、蓝海战略等。Ferreira 等[7] 将战略管理领域的研究结构分成战略创业、战略决策、战略行为、战略资源、战略知识和战略管理技术这六个主要集群，并提出未来战略管理的研究重点将是基于行为意图的战略创业。由于中国的环境复杂性和主体的竞争优势产生机制不同于西方国家，因此解释中国的战略管理不能采用普适性的研究范式，必须尊重国家特色，从全局性、特殊性和系统性的视角出发进行分析[8]。魏江等[9] 也指出中国存在特殊的国情，在研究中国的战略管理理论时必须立足于中国情境的特殊性：制度背景相对特殊、社会网络模式界限模糊、国际化进程全面嵌入、社会责任亟待重塑、创新创业面临调整、信息技术影响深化。李宇环[10] 构建了适合中国制度情景的政府战略管理能力评价模型，包括战略规划、战略协同、战略创新以及战略绩效管理四种能力。已有国内外学者对战略管理的研究成果对于寻求我国社会组织发展的战略路径有着重要的指导意义，但由于特殊的政治、经济、文化背景的存在，研究我国社会组织的发展战略不能机械地借鉴西方战略管理理论思想，应该适应国情、立足实践，实施具有中国特色社会组织发展战略。

3　中国特色社会组织建设的现状分析

运用 SWOT 战略分析工具，以中国特色社会组织建设为总体目标，从社会组织内部条件和外部环境出发，对组织发展具有的优势和劣势、面临的机遇和挑战进行分析、归纳、比较和匹配，尝试进一步探索社会组织建设的可能思路和政策建议。

3.1　社会组织发展拥有的优势

3.1.1　社会组织的概念内涵深化

社会组织在我国最早使用的概念是自 1950 年颁布《社会团体登记暂行办法》后开始使用的"社会团体"，直到 2000 年，国务院对"社会团体"的内涵与外延进行扩充，开始使用"民间组织"的说法，随着西方社会组织理论对我国学术界的影响，学者更倾向用"非政府组织""非盈利组织"等更能体现社会组织特点的概念，十六届六中全会后我国政府官方正式用"社会组织"一词代替"民间组织"[11]。2016 年，中共中央办公厅、国务院办公厅立足中国国情，进一步创新提出中国特色社会组织的重大命题。随着党和政府对社会组织建设认识的不断成熟和社会治理改革理念的不断进步，社会组织的内涵体系不断深化，为社会组织的科学定位和又好又快发展奠定了理论基础。

3.1.2 社会组织数量增加，经济贡献增大

首先，近年来社会组织在我国发展迅速，组织数量明显提高。根据 2016 年第 4 季度的统计数据，我国已成立社会组织 69.95 万个，包括社会团体 33.5 万个，民办非企业 35.9 万个，基金会 5523 个。其次，我国社会组织对促进劳动力就业、活跃经济增长方面做出突出贡献。截至 2015 年底，全国社会组织共吸纳社会各类人员就业 734.8 万人，全年累计收入 2929.0 亿元，形成固定资产 2311.1 亿元。最后，社会组织在社会救助、公益慈善、社区服务等诸多公共服务领域发挥重要作用。2016 年度，社会组织的社会服务实际支出达 4472.6 亿元，为弱势群体筹集资金活动的社会捐赠款达 41.9 亿元，共计受益人 937.6 万人次，为居民提供社区服务设施数 373973 个。

3.2 社会组织发展存在的劣势

3.2.1 社会组织党建工作相对薄弱

党的领导是中国特色社会主义的最本质特征，但目前我国社会组织的党建工作还存在很多不足：第一，社会组织中党的组织和党的工作需进一步推进，数据显示，2015 年我国社会组织中党组织整体覆盖率约 41.9%，2017 年 2 月，民政部主管的 173 家社会组织的党组织覆盖率已达到 81.5%，但不同省市、不同类型社会组织的党建进度却参差不齐。第二，尚未建立社会组织党建工作的官方平台和线上入口，已有的民政部社会组织党建平台围绕部管社会组织展开，而全国近 70 万社会组织统一的党建工作线上平台尚未建立，工作信息分散、统计数据难以收集。第三，社会组织党建工作的任务归属不明确。目前党委部门、登记管理部门和业务主管部门共同负责社会组织的党建任务，"多头"管理是社会组织管理机制不畅下的产物，但各管理主体间的权责划分不明确容易导致相互推诿、管理不当等问题。

3.2.2 社会组织能力建设有待加强

首先，我国社会组织数量虽不断增长，但总量相对较小，每万人拥有的

平均组织数量较少，不能完全满足社会经济发展的长期需要，且受到社会组织的发展战略以及国家对其规模和跨区限制的影响，单个社会组织的规模没有实质性突破[12]。其次，我国社会组织受到政府行政部门控制的程度较高，从成立之初起对政府有较强的依赖性和延伸性，行政化管理手段过强不利于发挥社会组织的自身能力和优势。再次，社会组织的市场运作能力相对较差，维持我国相当一部分社会组织日常运作的所需资金来源于政府机构等挂靠单位，缺少自我运行和自我发展的"造血"机制，无法实现经济上的相对独立。最后，社会组织自身管理能力有待加强，包括专业人才的引进与培养、内部工作流程的优化、自我监管的强化等。

3.3　社会组织发展存在的机遇

3.3.1　国家对社会组织发展的现实需求

中国特色社会组织是推进社会主义现代化建设和撬动社会改革创新发展的关键力量，政府非常重视社会组织的发展。一方面，社会组织价值存在的前提之一是政府和社会组织间存在相互的资源依赖[13]，基于当前经济建设和社会发展的阶段性特征，政府需要社会组织发挥提供公益服务、合理干预政府和市场主体以及协调各方利益的组织功能。另一方面，随着现代化进程的推进和社会管理主体功能的优化，政府通过政府购买和社会资本合作的方式越来越将其服务职能和社会责任向私人部门和社会力量转移，这也为社会组织承接政府职能和拓宽发展空间提供了契机，此外，随着现代化社会治理体系的形成，政府和社会组织的互动合作机会也不断增加，政社沟通和政社协商的工作氛围也为社会组织发展提供更多机遇。

3.3.2　市场机制的完善推动社会组织的发展

改革开放以来，我国为建立社会主义市场经济体制进行了全方位的经济体制改革，这引发了我国社会结构体系、社会流动情况和社会利益分配的整体调整[14]，而社会组织对平衡调整引发的各种社会矛盾具有独特作用。为进一步推进市场机制完善和构建更为行之有效的社会治理体系，必须将更广泛的社会力量纳入社会运行调控机制的工作中。社会组织作为政府和市场之外的关键主体，越来越需要发挥其对社会建设的价值引导和催生社会资本的作用[15]。除此，市场机制目前已成为帮助政府解决现实困境的重要制度安排[16]，市场机制的发展有助于改变"重国家、轻社会"的管理模式，为我国社会组织避免过多的权力控制，从而赢得更大的发展可能预设前提。

3.3.3　全球化带来的发展契机

当前我国社会面临的整体国际背景是经济全球化趋势不断加剧，世界范围内的政治、经济、文化交流频繁，但人类社会共同面临的许多问题需要联合全球力量解决，如环境保护、国际贫困、种族平等，这为我国发展跨越机构边界和国别界限的社会组织提供契机，近年来国际社会组织的兴起也正证明了这一点。此外，随着全球化步伐的推进，我国社会组织也逐渐走上国际舞台，社会组织通过直接加入、间接连接以及开展和国际组织的项目合作等方式，一方面提高了我国社会组织在国际上的影响力，另一方面也有利于我国社会组织获得国际资源和市场，为学习国际上社会组织运作管理的先进经验和新型有效的发展模式提供渠道。

3.3.4　公民意识不断增强

一方面，中国特色社会组织发展和作用发挥的微观基础之一是公民意识的增强和个体参与的扩大[17]。公民意识包括法治意识、民主意识、公德意识、责任意识以及环境意识，作为社会主义现代化建设的内在动力，公民意识的增强有利于形成民主参与、关注民生、热衷公益的文化氛围，为社会组织吸引人才加入、壮大义工队伍、开展慈善捐款、发展福利事业等提供便捷和助力。另一方面，当前我国的经济建设已取得阶段性成果，人民生活水平显著提高，社会的主要矛盾从物质文化需求与现实的供给间的矛盾向大众的公共参与意识与实际的参与限制间的矛盾转变[18]，随着公民意识的增强，社会公众参与社会管理的自由意识和权利需要要求不断壮大社会组织力量，拓宽社会管理参与途径。

3.4　社会组织发展面临的挑战

3.4.1　社会组织法律保障存在缺陷

我国现行对社会组织的法律体系尚不完整，具体表现在：第一，目前社会组织的专门立法缺位。已有的如《社会团体登记管理条例》《民办非企业单位登记管理暂行条例》等社会组织法律规定多属于指导意见、条例等规范性政府文件的范畴，在法律位阶体系中只属于行政规章，社会组织的法治依据不够完整。第二，已有法律规定中存在立法缺失和不足。当前立法成果对社会组织的法律地位、职能定位方面缺乏保障，如社会组织捐款的税收规定、志愿活动的相关保障方面法律依据模糊，在社会组织失职问责方面的立法较为薄弱。第三，法律实施过程中的配套措施和规定不够细化。现有规定有的过于笼统和抽象，在具体实施过程中容易产生误区，且相应配套的细化规定出台的滞后使已有法规的真正落地存在困难。

3.4.2　社会组织制度环境不够完善

目前我国社会组织所处的制度改革尚未完全实现，社会组织管理制度还存在一定缺陷，使社会组织存在活力不足、对体制依附性强的问题[19]。第一，准入制度：目前虽已对四类社会组织进行登记改革，但其他社会组织仍处在双重登记和双重负责的制度设计中，登记注册方面受到限制。第二，管理制度。双重监管机制运行多年，对社会组织的管理控制程度深，在实际监管中，民政部门、业务主管部门和财政部门都是社会组织监管的主体组成，但分工不明，职责不清，不能形成工作合力。第三，监督制度。社会组织日常运行、财务状况等信息披露机制不完善，阻碍社会力量发挥其应有的监督作用，信息不透明也易导致组织公信力受质疑的问题。第四，评估制度。社会组织的工作评估是组织管理中较为薄弱的一环，如何确定评估者、如何发展第三方评估机构以及如何使评估结果效用最大化都是应进一步探讨的问题。

3.5 我国社会组织发展的战略分析与选择

基于对我国社会组织自身存在的优势和劣势以及外部环境中的机遇和威胁的分析，构建了我国社会组织发展的 SWOT 分析矩阵，并在此基础上提出了四种可能的战略选择，如下表 13—1 所示。

表 13—1 我国社会组织发展的 SWOT 分析矩阵

内部要素 外部要素	优势（S） 社会组织内涵不断深化 社会组织数量增加，经济贡献增大	劣势（W） 党建工作相对薄弱 能力建设有待加强
机遇（O） 国家的现实需求 市场机制的完善 全球化带来发展契机 公民意识不断增强	SO 战略 （1）政社分离，厘清政府和社会组织关系，充分发挥社会组织优势； （2）促进政府职能向社会组织转移； （3）学习国际社会组织先进的管理经验和发展模式。	WO 战略 （1）推进社会组织的党建工作； （2）创新社会组织能力建设，多方联合，共同作用； （3）完善社会组织的线上平台和信息门户，优化社会组织工作方式。
威胁（T） 法律保障存在缺陷 制度环境不够完善	ST 战略 （1）构建完善的社会组织法治框架； （2）加强政策引导，改善社会组织发展的制度环境； （3）完善社会组织监督管理和评估反馈机制，规范其健康成长。	WT 战略 （1）加强政府对社会组织的扶持力度和政策保障； （2）创新思维，改变社会组织发展思路。

4　中国特色社会组织建设的战略选择分析

4.1　社会组织在国家现代化治理体系中的战略地位

4.1.1　社会组织是国家治理体系的重要主体

国家治理现代化的最重要标志之一是实现治理主体的多元化，现代民主政治和治理体系中的参与者涉及党和政府等公共部门、企业等私人部门、社会组织以及社会个体，公共部门在国家治理中承担固有的法定责任，而社会组织在国家现代化治理模式中担负必要的道德义务和社会责任[12]，各主体各司其职，才能更好发挥协同作用，形成长效的主体机制。此外，为形成政府和社会共同治理的现代化管理格局，需要构建多主体共同参与、协商沟通和有效互动的关系模式，从而实现社会共治，在此过程中，社会组织占据着重要的主体地位。

4.1.2　社会组织建设是国家治理体系现代化的重要内容

在原有政府"大包大揽"的治理时代中，作为国家治理的绝对主体，政府职能几乎涵盖和包揽了所有公共管理、社会服务的事务，政府进行统筹和支配，而市场和社会力量作用甚微。但是在社会主义制度改革不断深化和社会主义市场经济不断发展的背景下，要求政府将部分带有"公共性质"的权力让渡给市场和社会，权衡政府行为、市场行为和社会行为在治理体系中的位置安排，从而实现社会生产关系的调整以及国家治理体系现代化进程的演变。因此，社会组织更好发挥社会管理作用的前提是国家将职能向社会组织逐步转移，在公共领域构建起社会组织治理的体系支撑，是我国在现代化建设中解决社会矛盾和挑战、推进国家治理体系和治理能力现代化的重要内容。

4.2 社会组织在我国社会主义建设中的职能定位

4.2.1 承接政府职能

首先，在"小政府、大社会"的公共治理倾向驱动下，政府和社会组织的角色定位和界限划分将更加合理，全能型政府角色难以适应现代管理的时代要求，必须向有限政府转变，鼓励社会组织承担更多的管理职能。其次，政府在社会治理和建设中存在很多难以解决的问题，即可能产生"政府失灵"的困境，而社会组织介于政府主体和市场主体之间，可在保证市场机制有效运行和公共产品有序供应之间充当协调器和润滑剂，且只有各主要主体联动作用、责任共担、分工合作才能从根本上处理好公共难题。最后，政府职能转移是政府权力下放、减少权力寻租行为的重要途径，而社会组织深入基层，了解民生，加之社会组织非营利的组织本质，是承接政府职能的最优选择。

4.2.2 拉动经济增长

社会组织在文化教育、环境保护、社会福利、困难救助、社区服务等诸多领域具有直接的经济带动作用，我国社会组织体系对经济建设和增长的作用体现在[20]：社会组织所提供的公共产品和服务支出具有经济价值，是我国国内生产总值的组成部分；社会组织对弱势群体开展的救助行为能够在一定程度上增加其实际收入，从而提高其消费能力，社会组织的慈善公益活动能够带动其他社会经济主体的投资和消费，具有支出乘数效应；近年来随着社会组织规模扩大，其吸纳社会从业人数不断增加，有助于增加就业机会和缓解就业压力。

4.2.3 提供社会服务

党的十八届三中全会通过的《关于全面深化改革若干重大问题的决定》明确指出，实现政府职能转变，必须激发社会组织活力，适合由社会组织提供的公共服务，交由社会组织承担。社会组织在提供公共服务时具有反应灵敏、应对快速、成本节约、效果明显等优势，加之政府部门在提供普惠性公共设施和服务过程中具有的统一规划和面向全民的特征，难免存在政策难以辐射到的区域和人群，社会组织的补充性功能就显得尤为重要。近年来随着"五位一体"建设步伐的推进，社会组织在社会建设中的地位不断突出，在教育、医疗、养老、环保、慈善等领域所提供的社会服务对缓解公共压力起到至关重要的作用。

4.2.4 建设精神文明

精神文明建设分为思想道德和教育科学文化两个方面的建设。就思想道德来说，社会组织从事的公益事业和慈善活动对传播爱心奉献精神、传递社会公平正义起到积极作用，社会组织对公众的公益带动和志愿鼓励，实际上是对公民的道德积累，同时，社会组织所提供的活动平台无形中将社会成员纳入到社会责任激发和公民意识觉醒的范围中，促进公民关注社会秩序、提高自我责任以及规范个人行为。就教育科学文化建设而言，教育类、公益类社会组织帮助弱势儿童享受教育权利、参与教育政策与教育评估、关注落后地区的教育水平等，这对我国实现整体的教育公平有着重要作用；而科技类社会组织在技术创新和知识创新方面具有重要的贡献价值[21]，可进一步促进我国科技文化和国家软实力的提升。

4.3 中国特色社会组织发展的战略目标

中国特色社会组织建设目标要契合国家治理体系现代化建设的总体目标。党的十八大以来，我国党和政府提出了社会组织建设的战略目标，要求加快形成政社分开、权责明确、依法自治的现代社会组织体制，逐步建立结构合理、充满活力的社会组织发展格局。总的来看，可以把中国特色社会组织的建设目标概括成以下两个方面。

第一，实现社会组织又好又快发展。首先，社会组织自身能力显著提高。从逻辑推演上来说，社会组织在多方面的作用发挥程度与其自身的发展成熟度紧密相关[22]。要充分发挥社会组织的内外部带动作用，必须进一步提高社会组织自身质量，一方面政府扶植为社会组织创造成长机会，同时社会组织也积极主动寻求发展途径，缓解对政府的资金依赖，达到自我管理和自我发展。其次，社会组织数量规模加快增长。就社会组织的平均数量而言，2016年我国每万人的社会组织拥有量约5个，与国际标准和发达国家仍存在明显差距，结合我国实际需求和现状，实现社会组织数量的实质性扩充。最后，社会组织组成结构明显优化。对公益慈善类、社会服务类、行业协会类和科技类社会组织发展的重视程度显著提高，并逐步成为社会组织构成体系中的真正主体。

第二，形成现代化的中国特色社会组织管理体制，具体为统一登记、各司其职、协调配合、分级负责、依法监管。登记准入方面：可直接登记的社会组织和继续实行双重负责的社会组织分类准入的管理秩序规范，审核流程完善。监管方面：形成全方位、多元化的社会监督体系，政府、社会组织、行业、媒体、个体等力量都在社会组织监督体系中充分发挥力量，组织信息公开、监督渠道畅通以及各主体的监管参与自觉性高。评估方面：社会组织的工作评估和结果反馈机制建立健全，社会组织评估对规范其发展起到明显促进。保障方面：社会组织拥有健全的法治保障和政策支持，地位独立、依法自治。

综上，中国特色社会组织建设的战略选择分析从社会组织在国家现代化治理体系中的战略地位、社会组织在我国社会主义建设中的职能定位以及我国社会组织发展的战略目标三个方面展开分析，如图13—1所示。

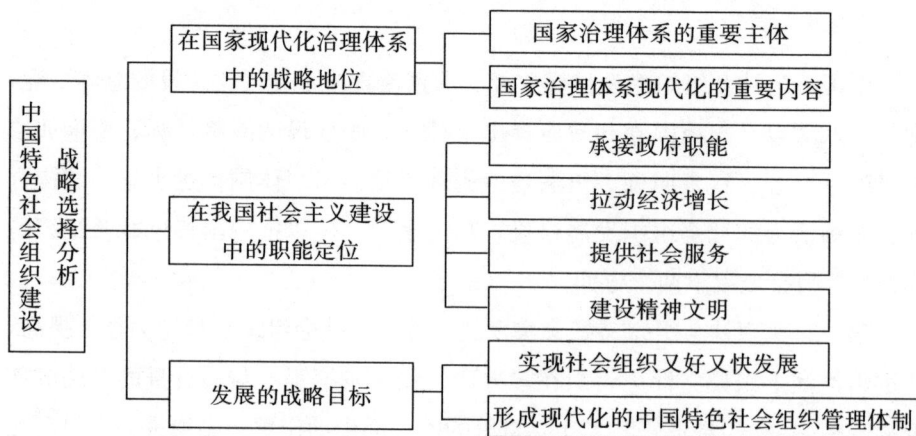

图13—1　中国特色社会组织建设的战略选择分析要素图

5　实现中国特色社会组织建设战略的路径选择

5.1　构建完善的社会组织法治框架

习近平总书记强调依法治国是坚持和发展中国特色社会主义的本质要求和重要保障，中国特色社会组织作为社会建设的重要部分，必须坚持法治。第一，明确社会组织的法律地位。中国特色社会组织兼具行政相对主体和一般市场主体的法律地位，对其应该区别于私法主体和公法主体进行对待[23]。第二，颁布和完善社会组织专门立法，建立完备的社会组织法律体系，确保社会组织在法人地位、财务收支、社会保障、职能规范、问责制度等方面真正做到有法可依，并对法律法规进行配套细化，统一裁量标准。第三，做到有法必依，政府部门依法对社会组织进行监管，社会组织自身依法进行内部管理和运作。第四，实现依法自治，法治保障自治，自治促进法治。通过立法确立保障社会组织依法自治的独立地位，基本实现自愿成立和自主运作。

5.2　推进社会组织的党建工作

第一，端正对社会组织党组织角色定位的认识。中国共产党的领导是整合社会资源、协调社会矛盾、引领社会创新的中流砥柱[24]，党组织在建设中国特色社会组织中发挥政治引领的核心作用。第二，分类推进社会组织的党建工作，即根据单位、行业、区域的不同分类推进社会组织党的组织和党的工作"两个全覆盖"。第三，完成党从"垂直"到"嵌入"的领导转变[25]，一方面通过组织嵌入在符合条件的社会组织中稳固建立党组织，另一方面通过党员深入群众的带头示范作用加强党的影响。第四，规范社会组织党建管理部门的隶属关系，明确党委部门、登记管理部门和业务主管部门对社会组织党建的工作范畴，厘清各主体责任，制定工作规章和评估制度。第五，建立统一的社会组织党建成果和工作披露的信息门户，成立党组织活动的展示平台，推动党建工作的信息化和网络化。

5.3 创新社会组织的能力建设

首先，社会组织的发展目标和自我定位必须和国家社会治理的总体目标和纲领相适应，顺应时代发展的潮流，这是社会组织存在的必要前提。其次，社会组织自身必须加强能力建设，通过引进和留住专业人才为组织发展提供智力支持，建立科学的内部工作流程提升组织的行动力，优化组织自律和自我监督机制提高组织公信力，形成评估和自审程序及时发现组织问题等。再次，创新政府对社会组织的培养模式，培养方式从行政培养向机会培养转变，扶植手段由资金支持为主向引导其资金独立转变，即在社会组织的管理体制中引入一定的市场竞争，政府向社会组织提供购买服务、资本合作的项目，组织通过竞争获得合作机会，有助于激活组织活力、提高组织竞争力，推动组织自我发育和成长。

5.4 厘清主体关系，实现各方联动

当环境和事件存在复杂性、相关性和不确定性时，任何治理主体都不具备独立解决复杂社会问题的所有能力[26]，因此，社会组织建设必须处理好各主体关系，从而共同治理，协同增效。一方面，厘清政府和社会组织的关系，实现政社分离。（1）政府加快转变职能，实现政府角色从"控制者"到"监督者"的转变，政府定位从"全能型"向"有限型"和"服务型"转变。（2）对社会组织分类推进去行政化改革，还社会组织以发展自主性。（3）政府主动放权，把可以由社会组织承担的领域交由社会组织发挥作用。另一方面，社会组织建设需要政府、组织自身、市场和大众共同参与。政府科学引导社会组织发展方向对其成长起基础性性支持作用，组织本身对其建设发挥最核心的能动作用，完善的市场机制为社会组织提供一定的竞争机会，大众承担社会组织规范运行的监督作用，各方协作，助力社会组织又好又快发展。

6　本章小结

科学把握中国特色社会组织内涵和发展方向是实现国家治理体系和治理能力现代化的必要前提。本章对中国特色社会组织的概念内涵进行归纳，运用SWOT战略分析工具对中国特色社会组织建设的现状进行分析，分别指出社会组织发展拥有的优势有概念内涵深化、数量增加，经济贡献增大；存在的劣势有党建工作相对薄弱、能力建设有待加强；存在的机遇有国家的现实需求、市场机制的完善、全球化的契机、公民意识的增强；面临的挑战有法律保障存在缺陷、制度环境不够完善，在此基础上提出可能的战略选择。通过战略地位、职能定位和战略目标三层次提出中国特色社会组织建设的战略选择分析，最后提出实现中国特色社会组织建设战略的政策建议：构建完善的社会组织法治框架、推进社会组织的党建工作、创新社会组织的能力建设以及厘清主体关系，实现各方联动。

参考文献

［1］焦若水，陈文江. 社区社会组织：社会建设的微观主体［J］. 科学社会主义（双月刊），2015（1）：86-90.

［2］蒋永穆，黄晓渝. 中国特色社会组织：内涵厘清与体系架构［J］. 上海行政学院学报，2016，17（5）：67-75.

［3］王诗宗，宋程成. 独立抑或自主：中国社会组织特征问题重思［J］. 中国社会科学，2013（5）：50-66.

［4］Alfred. D. Chandler. Strategy and Structure：Chapter in the History of American Industrial Enterprise［M］. Cambridge，M A：MIT Press，1962.

［5］谭力文，丁靖坤. 21世纪以来战略管理理论的前沿与演进——基于SMJ（2001-2012）文献的科学计量分析［J］. 南开管理评论，2014，17（2）：84-94.

［6］Sushil. Strategic Flexibility：The Evolving Paradigm of Strategic Management［J］. Global Journal of Flexible Systems Management，2015，16（2）：113-114.

［7］João José M. Ferreira, Cristina I. Fernandes, Vanessa Ratten. A co-citation bibliometric analysis of strategic management research［J］. Scientometrics, 2016, 109（1）: 1–32.

［8］龚丽敏, 江诗松, 魏江. 架构理论与方法回顾及其对战略管理的启示［J］. 科研管理, 2014, 35（5）: 44–53.

［9］魏江邹, 爱其彭, 雪蓉. 中国战略管理研究: 情境问题与理论前沿［J］. 管理世界（月刊）, 2014（12）: 167–171.

［10］李宇环. 地方政府战略管理能力评价模型与指标体系［J］. 中国行政管理, 2015（2）: 72–77.

［11］马德坤. 21世纪以来党和政府的社会组织建设理论创新述略［J］. 当代世界与社会主义（双月刊）, 2016（4）: 93–99.

［12］邓亦林, 郭文亮. 中国特色社会组织政治参与的现实困境与图景表达［J］. 求是, 2016（7）: 66–74.

［13］王诗宗, 宋程成, 许鹿. 中国社会组织多重特征的机制性分析［J］. 中国社会科学, 2014（12）: 42–59.

［14］连朝毅. 马克思主义社会管理理论及其在当代中国的新发展［J］. 马克思主义研究, 2015（12）: 89–96.

［15］Alhumaid, S. The Nonprofit Sector: Comments on Recent Scholarly Contributions［J］. Public Administration Review, 2013, 73（1）: 197–203.

［16］汪锦军. 社会组织发展与公共服务的混合竞争［J］. 浙江社会科学, 2014（12）: 15–17.

［17］吴结兵, 沈台凤. 社会组织促进居民主动参与社会治理研究［J］. 管理世界, 2015（8）: 58–66.

［18］马庆钰, 贾西津. 中国社会组织的发展方向与未来趋势［J］. 国家行政学院学报, 2015（4）: 62–67.

［19］黄晓春. 当代中国社会组织的制度环境与发展［J］. 中国社会科学, 2015（9）: 146–164.

［20］马庆钰. "十三五"时期我国社会组织发展思路［J］. 中共中央党校学报, 2015, 19（2）: 58–64.

［21］张豪, 张向前. 我国科技类协会促进经济发展的价值分析［J］. 中

国软科学，2015（6）：35-44.

　　［22］吴素雄，郑卫荣，杨华.社区社会组织的培育主体选择：基于公共服务供给二次分工中居委会的局限性视角［J］.管理世界，2012（6）：173-174.

　　［23］王全兴，王凤岩.我国自贸区社会组织建设的制度创新初探［J］.上海财经大学学报，2014（16）：3-11.

　　［24］李良栋，汪洋.再论中国式国家治理及其现代化［J］.马克思主义研究，2015（2）：82-88.

　　［25］王海军，简小鹰.国家与社会互动：现代社会组织体制的构建及实证研究——以北京社会组织建设管理为例［J］.中国农业大学学报（社会科学版），2015，32（4）：84-92.

　　［26］范如国.复杂网络结构范型下的社会治理协同创新［J］.中国社会科学，2014（4）：98-120.

第十四章　从中国特色社会组织发展
历史看未来道路

社会组织是社会治理的重要主体，是实现国家治理体系和治理能力现代化的重要组成部分。改革开放以来，随着中国经济发展、社会转型，社会组织迅速发展。2004 年以来，社会组织数量增长迅速，详见表14—1。《2016年社会服务发展统计公报》显示，截至 2016 年底，全国共有社会组织 70.2万个，比上年增长 6.0%。其中，社会团体 33.6 万个，比上年增长 2.3%；全国共有各类基金会 5559 个，比上年增长 16.2%；全国共有民办非企业单位36.1 万个，比上年增长 9.7%。社会组织在促进中国经济发展、推动政府职能转变、提供公共服务、创新社会治理、化解社会矛盾、繁荣文化事业、发展公益事业和保护环境等方面发挥积极作用，做出了积极的贡献，是中国社会建设的重要力量。但是由于外部环境等因素的影响，我国社会组织发展经历曲折，称谓混同、概念混淆，内涵混沌，发展严重滞后，其自身能力尚不足以成为现代社会治理体系中有力的一员[1]。2016 年，中共中央办公厅、国务院办公厅印发《关于改革社会组织管理制度促进社会组织健康有序发展的意见》，第一次提出"努力走出一条具有中国特色的社会组织发展之路。"因此，在此背景下，探讨中国特色社会组织发展道路，对社会组织有序发展，提升社会组织的服务水平，完善社会治理体系，实现国家治理体系和治理能力现代化具重要意义和作用。

表 14—1　2004—2016 年社会组织数量

	2004 年	2005 年	2006 年	2007 年	2008 年	2009 年	2010 年	2011 年	2012 年	2013 年	2014 年	2015 年	2016 年
社会团体（万个）	15.3	17.1	19.2	21.2	23	23.9	24.5	25.5	27.1	28.9	31	32.9	33.6
民办非企业（万个）	13.5	14.8	16.1	17.4	18.2	19	19.8	20.4	22.5	25.5	29.2	32.9	36.1
基金会（个）	892	975	1144	1340	1597	1843	2200	2614	3029	3549	4117	4784	5559

资料来源：根据中国民政部历年社会服务发展统计公报整理。

1　中国特色社会组织特殊的发展背景

中国社会组织源自中国社会特定的历史阶段。中国特定的历史阶段造就了中国社会组织特殊的发展形态。社会组织产生和发展是基于特定的社会历史发展阶段，随着社会发展而发展。回顾社会组织的发展历史阶段，才能更准确地定位未来的发展道路，将为社会组织未来发展阶段提供有益的借鉴。2016 年，中办和国办印发的《关于改革社会组织管理制度促进社会组织健康有序发展的意见》，第一次提出"努力走出一条具有中国特色的社会组织发展之路"，标志着中国社会组发展的进入崭新的历史发展阶段，从此开启中国特色的社会组织发展道路。

中国社会组织经历了中国特殊的历史阶段，具有特定的历史烙印。2016 年以前，中国社会组织发展大体可以分为萌芽阶段、初步发展阶段、恢复发展阶段、规范发展阶段五大阶段。

第一阶段，萌芽阶段（1840 年—1949 年）。中国具有现代意义的社会组织的萌芽，可追溯到 1840 年到 1949 年建国前。从 1840 年第一次鸦片战争开始，中国沦为半殖民地半封建社会，被迫开放通商口岸，伴随着商品经济因素的萌芽，传统的小农经济逐步瓦解，出现了"行会""会馆"等社会组织。伴随着各国列强的侵入和洋务运动、新文化运动、五四运动、第一次、第二次国内革命战争、抗日战争和第三次国内革命战争，中国先后出现六种类型的社会组织。一是"行会""会馆"等行业组织；二是"互助会""慈善堂""孕婴堂"等互助与慈善组织；三是"学会""学社""研究会"等学术组织；四是政治性组织，既包括"学联""工会""青年团""战地服务组织""救国会"等进步的革命性社团组织，也包括一些反革命社团组织如"三青团""干社"等；五是"剧社""文艺团""画社"等文艺性组织；六是"青帮""红帮"等黑社会秘密结社组织。

第二阶段，初步发展阶段（1949—1978 年）。新中国成立，社会主义建设在曲折中探索。在此背景下，社会组织也在曲折中探索。新中国成立，国家赋予公民结社的自由的权利，这为公民结社和社会团队的产生和发展提供了法律保障。为了使社团能够为社会主义建设服务，使社团管理有章可循，保障社团的合法权利，1950 年政务院颁布了《社会团体登记暂行办法》，随后内务部制定了《社会团体登记暂行办法实施细则》。在此基础上，国家对社会组织进行社会主义改造，依法对具有封建色彩的行会、互助组织、慈善组织和具有反革命色彩的社会团体、黑社会组织等进行取缔，对一些具有政治倾向的社会团体改造为政党组织，对旧中国红十会进行改造。同时，成立一批新的社会组织，如中华全国总工会、中华全国民主妇女联合会中华全国工商业联合会、中华全国自然科学专门学会联合会等。1957 年—1960 年，由于整风运动、反右派斗争扩大化，社会组织基本上牌停滞发展的状态。1961 年，八届九中全会，对国民经济进行调整，与经济工作相应的科学、教育、文化等领域也进行调整，先后出台了《关于自然科学研究机构当前工作的十四条意见（草案）》《教育部直属高等学校暂行工作条例（草案）》和《关于当前文学艺术工作若干问题的意见（草案）》，调整党和知识分子的关系，确认了大多数知识分子是劳动人民，同时，分期分批地为错划或改造好的右派分子摘帽子。这些措施有效地卸下知识分子的思想包袱，调动他们参与社会团体的积极性，促进社会团体逐步恢复发展。据统计资料显示，1965 年全国性社会团体由建国初期的 44 个增加到 100 个左右，地方性社会团体达 6000 多个 [2]。之后，由于受到文化大革命的严重冲击，民主和法制遭到严重破坏，中国社会秩序处于极度混乱的状态，社会组织发展几乎陷入瘫痪状态。

第三阶段，恢复发展阶段（1978—1988 年）。1978 年，党的十一届三中全会召开，全会决定全党的工作重点转移到社会主义现代化建设上来，开启了改革开放的新时代。随着改革开放的推进，民主法制逐步恢复和完善，政治、经济、教育和文化等各领域逐步恢复秩序，社会组织也得以恢复发展。社会组织恢复发展，体现在以下几个方面。第一，红十字会、动物学会、中国科学技术协会等原有社会团体逐步恢复正常工作并开展活动，如，如中国科协书记处和机关正式恢复、及其所属的各级学会也相应恢复活动。据不完全统计："1978 年恢复成立的学会、研究会及分学科会共 78 家，1949 年达 249 家。"[3]第二，学术性团体继续增加，1980 年以来，每年大约增加 300 多家学术性社会团体。第三，社会经济类组织发展迅速，行业协会数量激增，据统计，到 1988 年底，全国性的经济行业协会发展到 187 个，比 5 年前增长了 93.5 倍。[4]同时，个体劳动者协会、中国消费者协会及各级消费者协会纷纷成立，也产生了一些个体私营业者社会组织，如中国养兔协会。第四，公益类社会组织大量涌现，如中国儿童少年基金会、华侨茶业发展研究基金会、宋庆龄基金会、中国残疾人福利基金会、陶行知基金会、中国医学基金会等先后成立。根据统计，截至 1987 年，全国共有 214 家基金会，其中全国性基金会 33 个，地方性基金会 181 个。"[5]

这一时期，社会组织总体发展迅速，不论是社会组织的类型和数量，还是社会组织所涉及的领域，以及社会组织的成员数量，都有明显的发展。但是，党和政府对社会组织的缺乏系统的认识，管理滞后，缺乏统一的管理制度和管理机构，以及成熟的社会组织管理系统。因此，造成社会组织管理无章可循，权限不清，多头审批等问题，在社会组织中存在分类过细，层次偏多；组织形式集中，干部兼职过多；内部混乱，有名无实；私自结社，违法乱纪等现象[6]。这些问题，引起党和政府的重视和关注。

第四阶段，规范发展阶段（1988—2006 年）。随着社会组织的发展，党和政府对社会组织的地位、作用和影响力以及存在的问题的认识越来越到位。如何加强对社会组织进行管理，引导其规范发展，成立党和政府的一项重要课题。第一，成立管理机构，1988 年国务院批准在民政部内成立了社会团体管理司。第二，制定社会组织规章制度，先后制定和实施《基金会管理办法》、《社会团体登记管理条例》《民办非企业单位登记管理暂行条例》、进一步修订《社会团体登记管理条例》，引导社会组织规范发展。第三，对社会组织进行清理整顿和复查登记。1990 年，国务院批准了民政部提出的《关于清理整顿社会团体的请示》，决定用一年时间在全国范围内容，对改革开放以来的社会组织进行复查登记和和清理整顿。改革开入以来，社会组织发展迅速，也暴露了一些问题，引起党中央高度重视，中央政治常委多次专门研究社会组织问题。1996 年，中共中央办公厅和国务院办公厅联合下发了《关于加强社会团体和民办非企业单位管理工作的通知》。1997 年，民政部根据《通知》的要求制定了《关于清理整顿社会团体的意见》，第二次对对改革开放以来的社会组织进行清理整顿。1998 年，中共中央办公厅、国务院办公厅先后下发了《关于党政机关领导干部不兼任社会团体领导职务的通知》《关于进一步加强民间组织管理工作的通知》，中共中央组织部、民政部联合下发了《关于在社会团体中建立党组织有关问题的通知》。这些文件对社团管理提出新要求，作出新规定，成为社会管理的新的政策依据。1999 年，法轮功组织非法活动，扰乱了正常的社会秩序，中共中央办公厅和国务院办公厅联合下发了《关于进一步加强民间组织管理工作的通知》，要求进一步对社会团体进行清理整顿。1999 年民政部印发了《关于开展民办非企业单位复查登记工作意见》，2000 年，民政部公布了《取缔非法民间组织暂行办法》，转发了中共中央组织部《关于加强社会团体党的建设工作的意见》。这些措施，规范了社会组织，提升了社会的组织的质量。

总之，这一阶段，党和政府对社会组织高度重视和关注，通过成立管理机构、制度规章制度和清理整理，引导社会组织走上健康规范的发展道路，形成双重管理体制度。

第五阶段，规范发展阶段（2006 年至今）。2006 年，党的十六届六中全会通过《中共中央关于构建社会主义和谐社会若干重大问题的决定》提出"推进政事分开，支持社会组织参与社会管理和公共服务。""健全社会组织，增强服务社会功能。坚持培育发展和管理监督并重，完善培育扶持和依法管理社会组织的政策，发挥各类社会组织提供服务、反映诉求、规范行为的作用。""社会组织"首次出现在党的文件中，表明党对社会组织的发展已上升到和谐社会建设和国家整体发展战略的高度。党的十七大报告提出"重视社会组织建设和管理。"党的十八大报告，提出"引导社会组织健康有序发展，充分发挥群众参与社会管理的基础作用。"十八届三中全会报告，从全面深化改革的高度提出"激发社会组织活力。正确处理政府和社会关系，加快实施政社分开，推进社会组织明确权责、依法自治、发挥作用。"可见，社会组织发展得到党和政府的高度重视，是和谐社会建设、社会治理的重要内容，成为国家治理的重要组成部分，被纳入中国特色社会主义事业"五位一体"总体布局和"四个全面"战略布局。总之，社会组织不再是单纯的社会建设的管理对象，已成为社会建设主体之一，成为社会治理的重要组织部分。党对社会组织发展的理念发生转变，从管控理念转变为治理理念。因此，社会组织发展进入新的发展阶段，从管控发展阶段，进入治理发展阶段。

2 社会组织特殊的现实起点

2.1 巩固党执政地位的需要

中国特色社会组织的发展，是巩固党的阶段基础、群众基础和社会基础的重要途径，是提高党的领导水平和执政能力的重要载体，是加强党的建设的必然要求。中国共产党始终代表中国最广大人民群众的根本利益，全心全意为人民服务是党的根本宗旨。不断扩大党的阶级基础和群众基础，关系到党执政能力的提升、执政地位的巩固，事关党能否长期执政。第一，党能否赢得广泛的社会认同和社会支持，直接影响和决定党的执政基础。著名政治学家王蒲劬教授认为，政治统治的合法性就是社会成员对于政治统治的认可。因此，党必须广泛联系社会组织，大力支持和发展社会组织，促进社会组织健康有序发展，实现与社会组织形成良性的互动，构建广泛的社会联系网络。

第二，社会组织的成员来源广泛，涉及社会各阶级、阶层和利益集团，社会组织类型众多，从业人员日益增多，具有广泛的社会基础，更紧密联系和贴近群众，能够集中表达广大群众的利益诉求和愿望，能够很好的团结社会力量。党通过社会组织更密切联系社会成员和获取社会成员广泛的认同和支持，巩固党的群众基础和社会基础。第三，越来越多的社会精英、知识分子等人才加入社会组织，社会组织的人才队伍日益庞大。通过对社会组织的人才队伍进行培养和引导，能够更有效地巩固党的阶级基础和群众基础。第四，党通过政策方针，大力扶持和规范社会组织发展，让社会组织成为社会治理体系的重要主体，构建完善的社会治理体系，提升党的社会治理能力和水平，进而提升党的执政能力，巩固执政地位。

2.2 转变政府职能的需要

政府职能转变是深化行政体制改革的核心。中国政府是"全能型政府"承担了过多额外职能，造成资源有限、效率低下，不能满足社会主义市场经济建设和公众对公共产品的需求。公共事务管理权过度集中于政府的直接后果是，政府依靠现有资源无法有效履行职责，一定程度上造成了政府的合法性危机。在这种背景下，推动社会组织承担某些政府职能成为政府改革的重要策略[7]。第一，社会组织具有调动社会资源的能力。通过公益性的募款行动或者社会组织的志愿性活动吸纳社会资源，弥补政府利用社会资源不充分的问题，在一定程度上缓解政府的公共财政负担[8]。第二，社会组织具有提升公共产品和服务的能力。改革开放以来，我国民众对社会公共产品和服务的需求量不断增多，对公共产品和服务的多样性要求也日益增长。单靠政府难以满足这一增长趋势。社会组织正好能够有效补充政府公共产品和服务的供给能力，增加公共产品和服务的提供量，丰富公共产品和服务的多样性，满足民众日益增长的公共产品和服务的需求。第三，政府职能的核心目标是建设服务型政府[9]。服务型政府的最重要的职能就是为社会提供更多更好的公共产品和公共服务，不断改善民生。社会组织的服务属性与服务型政府建设的内在需求高度契合，能够推进公共服务市场化和社会化的改革进程，增加服务供给总量，提高服务质量和财政资金使用效率，满足多样化和个性化服务需求。所以，社会组织是国家建设服务型政府的天然助手和合作伙伴[10]。

2.3 推进国家治理体系和治理能力现代化的需要

党的十八届三中全会提出，全面深化改革的总目标是完善和发展中国特色社会主义制度，推进国家治理体系和治理能力现代化。创新社会治理体制是推进国家治理体系和治理能力现代化的重要内容。社会治理是以实现和维护群众权利为核心，发挥多元治理主体的作用，针对国家治理中的社会问题，完善社会福利，保障改善民生，化解社会矛盾，促进社会公平，推动社会有序和谐发展的过程[11]。大力发展社会组织是推进国家治理体系和治理能力现代化的必然要求。首先，社会组织通过吸纳社会各层面、各领域的社会成员进行再组织化，防止因经济发展导致社会阶层分化带来的社会"分裂"和冲突，促进社会稳定，增进社会团结。其次，社会组织能够直接面对社会成员的各种需求，集中反映民意、民情，推动民生工作，满足社会多元化的需求，增进社会福利。其三，社会组织能够凭借鉴其自身非营利性、志愿性的特点，以非盈利和专业的方式为社会成员提供社会服务和社会支持，弥补政府公共产品和服务供给的不足，同时它能针对特定少数群体提供公共产品和服务，满足少数社会群体的需求。其四，作为公民以自组织的方式表达意愿和诉求、参与各种社会事务的有效载体之一，新社会组织能提升公民的参与意识和自组织意识，并通过一系列公共议题的发现，形成公民自主的治理空间[12]。其五，社会组织能够有效动员和组织社会成员，是党密切联系群众的途径，是贯彻党的群众路线的重要载体。党通过社会组织，能够更有效地动员和组织群众，增强党的群众基础，提升党的领导能力。社会组织的发展，将极大地促进社会治理创新，进而推进国家治理体系和治理能力现代化目标的实现。

3 中国特色社会组织特殊的发展的机遇与挑战

3.1 中国特色社会组织特殊的发展的机遇

3.1.1 社会组织政策持续创新和优化为社会组织发展指明方向

在 2004 年的政府工作报告，第一次提出"社会组织"概念，从此"社会组织"的概念进入政府官方文件。2006 年，"社会组织"正式进入党的文件。这不仅标志着党和政府对社会组织的重视，也标志着开启社会组织发展新方向，重新定位了社会组织的地位和作用，开启了社会组织发展的新进程。党的十八大报告提出"加快形成政社分开、权责明确、依法自治的现代社会组织体制"。党的十八届三中全会，提出"激活社会组织的活力。正确处理政府和社会关系，加快实施政社分开，推进社会组织明确权责、依法自治、发挥作用。"党和政府将社会组织发展纳入"四个全面"和"五位一体"战略布局，为社会组织发展规划了顶层设计，指明了发展方向。

3.1.2 中国经济持续发展为社会组织发展提供源源不断的动力和良好的环境

改革开放 30 多年来，中国经济持续发展，截至 2016 年中国人均 GDP 8865.999 美元．参照了世界银行的分类标准，中国已经进入中等偏高收入国家行列。其一，随着经济发展，人民收入和生活水平不断提高，公众的维护自身利益和参与社会管理意识不断增强，积极参与社会组织的主动性和积极也增加，为社会组织发展提供源源不断的社会组织成员。其二，伴随经济积累与社会转型，社会主要矛盾也在发生悄悄变化，即由物质匮乏阶段人们对于以物质为主的产品需求与物质生产供给不足之间的矛盾，逐渐转变为人们对于公共事务的参与需求与参与机制和通道堵塞不畅之间的矛盾[13]。这一变化，促使党和政府转变治国理政理念和思路的转变，实现从社会管理到社会治理的转变，并将社会治理上升到"五位一体"战略布局，更加注重社会治理和多元治理，恢复和重视社会组织的地位和作用。其三，经济发展要求不断善完市场经济机制，加快推进市场化改革的进程，尽快建立统一开放、竞争有序的市场体系，充分发挥市场在资源配置中起决定作用。这需要大力发展社会组织，需要更多的行业协会、中介组织、民办非企业单位，更好地服务行业和企业，提供咨询与服务、规范行业竞争、反映诉求、调解纠纷，促进企业和行业自律，营造良好的市场环境。其四，中国经济发展，客观上能为社会组织发展提供更多的资源。

3.1.3　社会转型和社会再组织为社会组织发展创造了时机

新中国成立后，我国在计划经济体制下，把所有的人都组织在一定的单位中，建立起高度集中的、政府包管一切的社会组织体制[14]。改革开放以来，随着经济体制改革，社会主义市场经济体制的建立和完善，中国社会开始转型，旧的单位化体制开始瓦解，从"国家—单位—个人"社会结构转变为"国家—社会—个人"的社会结构，由此导致"单位人"变成"社会人"。如何重新组织和管理"社会人"，实现社会稳定、和谐发展，成为一个亟需解决的新问题。社会必须承担起旧的单位化体制中单位组织社会、提供社会支持和社会服务的新主体，这就亟需社会组织的培育和发展。社会组织的发展，将为社会再组织提供积极可靠的力量，实现社会和谐。

3.2　中国特色社会组织特殊的发展的挑战

3.2.1　中国特色社会组织理论尚待继续研究和完善

总体而言，学术界对社会组织的研究，主要基于公民社会理论和西方第三部门组织理论展开研究的，带有浓厚的西方色彩，缺乏中国特色。众所周知，虽然西方理论具有借鉴和学习之处，但中国社会组织存在于中国社会，研究中国社会组织更需要立足中国国情和实际情况。目前，对于社会组织的内涵还没有清晰明确的界定，研究中非政府组织、非营利组织、第三部门、民间组织、社会组织、新社会组织等概念混同使用，较为普遍。同时，理论研究中明显存在着以下缺陷：一是简单植入西方社会组织理论，没有体现以马克思主义相关理论为指导；二是没有与中国国情相结合，构建具有"中国特色"的社会组织理论；三是没有认真厘清社会组织的称谓与内涵，构建起"中国特色"社会组织的体系框架[15]。因此，应该立足中国国情，以马克思主义理论为指导，认真研究中国社会组织实际情况，探索构建中国特色的社会组织理论体系，以期更好地指导和引领中国社会组织的发展。

3.2.2 中国特色社会组织的法律制度尚待完善

目前，我国社会组织方面的法律规范不完善，已严重制约社会组织健康发展和社会组织功能作用的充分发挥。第一，立法层次偏低，难以统筹协调。无法我国虽然已经制定了《社会团体登记管理条例》《民办非企业单位登记管理暂行条例》《基金会管理条例》《社会团体分支机构、代表机构登记办法》和《社会团体设立专项基金管理机构暂行规定》等法规和规章，但是这些法规和规章不仅法律位阶较低，而且内容散乱，缺乏统一性，最重要的是社会组织领域还没有统一的社会组织基本法。因此，导致同级社会法规和规章产生冲突时，令人无所适从。第二，立法内容滞后。总体上，社会组织立法滞后于社会经济发展和社会组织发展的实际情况，对社会组织的权利义务与社会责任、法律责任地、信息披露、人事管理、社会福利、收费许可评价、税收优惠等急需规范的内容，还没有相应统一明确的规定，导致既无法很好地保障社会组织的合法权益，也无法保障社会组织不侵害社会公众的利益。还比如双重管理体制在实践中已经产生了一些弊端，但《社会团管理条例》和《民办非企业单位登记管理暂行条例》仍然坚持双重管理体制，未做修订。第三，社会组织管理体制尚不完善。一是尚未实施分类发展、分类管理。由于社会组织种类种多，至今没有社会组织分类标准和具体的分类方法。二是直接登记和双重管理并存的办法，仍存在于政策性文件，尚未纳入法律法规。三是对社会组织的监管规定不完善，对社会组织监管的主体、职权、职责、程序等，缺乏统一明确的规范。

3.2.3 中国特色社会组织的自身能力有待加强

一是缺乏独立性和自主性。由于一部分社会组织本身是由政府发起和主导成立的，本身行政色彩浓厚，还有一部分社会组织筹措资金能力较弱，依附于业务主管机构，信赖于政府主管部门，导致丧失决策权，失去独立性和自主性，影响社会组织作用的发挥。二是专业化水平不高。社会组织专业化水平不高，体现在难以为社会提供专业化的服务和产品，工作效率低、随意性大，不能有效发挥社会组织应有的作用。主要是由于社会组织工资待遇低、职称评定难、社会保障福利水平低和缺乏有效的激励等的待遇保障和激励机制方面的问题，主要依靠公益性和志愿性提供精神慰藉，难以吸引高素质的专业人才、管理人才和社会精英加入，导致社会组织的专业化程度低，制约社会组织作用的有效发挥。社会组织的公信力不足，一定程度制约了社会组织健康发展。由于社会组织制度不够完善和监管不力，特别是一些公益慈善组织动作不规范且不公开透明，导致近年来社会组织频频发生信任危机事件，如中国红十字的"郭美美事件"，严重影响社会公众对部分社会组织的信任。

4　中国特色社会组织特殊的发展原则

4.1　坚持党的领导

坚持党的领导是中国特色社会组织发展必须坚持的首要原则。中国共产党是执政党，是中国特色社会主义的坚强领导核心。习近平总书记在庆祝中国共产党成立 95 周年的重要讲话中，重申了"中国共产党的领导是中国特色社会主义最本质的特征。"社会组织是中国特色社会主义的重要组织部分，是中国特色社会义事业建设的重要力量。回顾社会组织发展历程，社会组织的发展离不党的领导，党的重视越高和支持力度越大，社会组织发展得越好。特别是改革开放以来，社会组织迅速发展，积极发展作用，与党的重视和支持是分不开的。首先，社会组织发展要坚持党的领导，是社会组织自身发展的需要。中国共产党是执政党和领导核心，在中国特色社会主义建设和改革开放中，积累了丰富的执政经验，在思想、政治、组织和理论等方面日益成熟，能够为社会组织提供正确的思想、政治、组织方面的领导，为社会组织提供正确的发展方向。同时，中国共产党能够有效运用权力和资源，为社会组织发展提供资源，通过政策和法律，为社会组织发展开辟新的发展空间。其次，社会组织坚持党的领导是全面深化改革、推进国家治理体系和治理能力现代化的需要。党的十八届三中全会指出，全面深化改革的总目标是完善和发展中国特色社会主义制度，推进国家治理体系和治理能力现代化。全面深化改革必须加强和改善党的领导，充分发挥党总揽全局、协调各方的领导核心作用。社会组织是社会治理的重要主体，社会治理是国家治理体系的重要组织部分。社会组织的发展必要坚持党的领导。

4.2 坚持改革创新

改革创新是社会组织发展的关键。社会组织发展要与时俱进，适应国内外环境与党和政府治理国理政目标的变化，要适时改革自身与时代形势不相一致的地方，不断创新发展方式，参与社会治理的方式和途径、服务成员和社会民众的方式。坚持改革创新，要从三个层面展开。一是党要继续改革社会组织发展的理念，将对社会组织的管控管思维转变为治理思维。管控思维没有正确认识社会组织发展的积极作用，管控主体单位，政府为主，手段单一消极，效果不佳，遏制社会组织发展的活力。治理思维适应社会发展日益复杂、新问题层出不穷、利益多元化和诉求多元化的新形势，能够有效发挥社会组织的积极作用，激活社会组织的活动力，调动社会组织的力量参与社会治理。二是政府要改革创新社会组织发展管理体制和制度。目前，正在实施的"双重管理"体制，越来越不能适应社会治理发展形势，暴露诸多弊端，制约社会组织的发展活力。三是社会组织自身要进行改革创新。社会组织发展要与时俱进，适应国内外环境与党和政府治国理政目标的变化，要适时改革自身与时代形势不相一致的地方，不断创新发展方式、参与社会治理的方式和途径以及服务成员和社会民众的方式。

4.3　坚持放管并重

放管理并重的原则，是指政府既要对社会组织进行放"权"，又要进行监管，两者并重。放权要求政府从根本上转变理念，不再大包大揽，将属于社会的权力还给社会，还给社会组织，积极推进政社分开，构建社会组织积极参与社会治理的新机制。只有这样，才能真正调动社会组织参与社会治理的积极性、主动性和创造性，才能真正发挥社会组织的功能和作用，成为真正社会治理的主体和重要载体，有利于人民群众更广泛更便捷参与社会治理，为社会治理奠定坚实的基础。

正如李克强总理在 2014 年 6 月国务院常务会强调的："'放'是放活，而不是放任；'管'要管好，而不是管死。[16]"因此，在放权的同时，要注意加强对社会组织进行有效的监管。一味放权，而不监管就是放任，必然导致社会组织混乱，为祸社会。第一，要健全法律法规，做到有法可依，依法监管。第二，要完善监管的环节。目前双重管理体制，导致对社会组织注册环节监管过于严格，但对日常监管几乎空白。第三，要调动多元主体对社会组织进行监管。发展并引入第三方评估，积极动员大众媒体、社会公众参与对社会组织的监督。第四，在监管结果上，建立社会组织"异常名录"和"黑名单"，将结果与享受税收优惠、承接政府购买服务等挂钩。第五，发展社会组织行业自律联盟。通过发布公益倡导、制定活动准则、实行声誉评价等形式，制定和实施行规行约，引领和规范行业内社会组织的行为[17]。

4.4　坚持依法自治

依法自治是社会组织健康发展、自主发展的基本保障。依法自治，首先要依照宪法自治。宪法是国家根本大家，任何组织和公民都必须在宪法规定的范围内活动。其次，是要依照法律理治理。这就需要进一步完善社会组织的相关法制，着手制定统一的社会组织法，修订完善社会组织管理的法规和规章，形成完善的社会组织法律规范体系。再次，是要依照社会组织的章程和内部管理制度进行治理。社会组织要根据宪法、法律法规等规定，结合社会组织自身的特点，制定完善的社会组织章程。最后，是要建立完善以章程为核心的换届选举、议事决策、人事管理、财务管理、机构管理等内部制度；建立完善民主选举、民主决策、民主管理、民主监管的自治机制；确保其依照章程规定的治理结构独立运作，按照依法核准的业务范围开展活动，实现社会组织依法自治和规范运作[18]。

5 中国特色社会组织特殊的发展路径

中国特色的社会组织发展道路，必须是基于中国国情和现实，通过党的领导与独立发展相结合、法制与民主发展相结合、扎根民众与合作政府相结合和竞争与合作相结合的模式，详见图 14—1，实现中国社会组织健康有序发展，满足巩固党的领导、实现国家治理现代化、政府职能改革的需要，更好地为服务社会与人民，实现社会和谐。

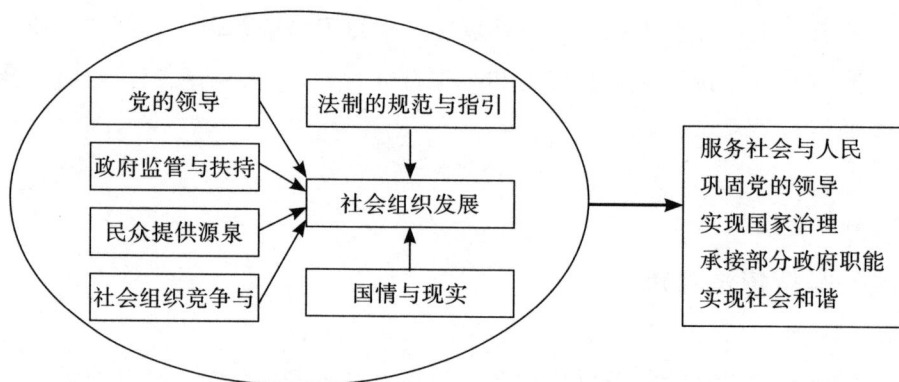

图 14—1 中国特色社会组织特殊的发展路径

5.1　党的领导与独立发展相结合

习近平同志多次强调："中国共产党的领导是中国特色社会主义最本质的特征。"党的十八届四中全会明确提出，党的领导是中国特色社会主义最本质的特征[19]。中国共产党是中国特色社会主义事业的领导核心。社会组织是中国特色社会主义事业的重要建设力量。坚定走中国特色社会主义道路，必须坚持党的领导，才能保持正确的方向。中国特色社会组织发展道路，是中国特色社会主义道路的组织部分，必然要求坚持党的领导，只有坚持党的领导，才能保证中国特色社会组织发展道路的正确方向。为了切实加强党对社会组织的领导，必须加强社会组织的党建工作，提升社会组织党建工作水平。2015 年 9 月，中共中央办公厅印发的《关于加强社会组织党的建设工作的意见（试行）》，明确了加强社会组织党建工作的重要意义和总体要求、社会组织党组织功能定位、党建工作管理体制和工作机制等内容，为社会组织党建工作指明了方向，将有效引领社会组织正确发展方向，促进社会组织健康发展。因此，要积极探索并完善社会组织党建工作的体制机制，提升党对社会组织的领导水平，充分发挥社会组织的在国家治理体系和治理能力现代化中的积极作用，扩大党的阶级基础和群众基础巩固党的执政基础。

但是，坚持党的领导并不是要求社会组织依附党，成为傀偏，恰恰相反，要求社会组织在党的领导下独立发展。只有坚持党的领导，社会组织才能沿着正确的方向独立发展，才能发挥更大的作用，才能得到党在法律、制度和政策以及资源方面的支持。同样，社会组织坚持党的领导，也要求社会组织独立发展。社会组织只有独立发展，才具有更强的自主性，才能有效活跃社会组织，才能更好地调动社会组织成员的积极性，更好地发挥作用组织的作用，成为社会治理的重要主体，为国家治理体系和能力现代作出贡献。社会组织独立发展，最重要是要加强自身能力建设，增强为社会服务的能力。一是要净化灵魂，服务社会。改革开放 30 多年来，受到市场经济影响，部分社会组织价值观异化，忘却社会组织成立的初衷，忘却服务本质，背离社会组织的性质，长期从事经营性业务，变成唯利是图的敛财工具。因此，社会组织要树立正确的价值观，增强社会责任感，以服务国家、社会和大众为已任；社会组织要以党的政策方针、国家法律法规、社团章程为行为指南。二是要健全社会组织法人治理结构。社会组织法人治理结构是社会组织独立发展的基础和前提。首先，要根据法律法规和社会组织自身的实际情况制定并完善社会组织的章程，完善社会组织的基本制度。根据章程，召开会员（代表）大会，民主选举理事会、监事会，进行民主管理，积极完善社会组织内部管理制度。其次，加强社会组织人才队伍建设，提升社会组织管理人才和专业人才职业化和专业化服务能力和水平。再次，社会组织要树立自立意识，主动对接社会公共领域的多样性需求，结合社会组织自身特点，创造性地开展开具有高度针对性的服务，形成独特优势。

5.2　法制与民主发展相结合

为了加强社会组织建设，激发社会组织活力，必须坚持立法先行，加强顶层设计、统筹协调，尽快形成规范、统一、权威的社会组织法律法规架构，发挥立法的引领、规范和促进作用[20]。因此，一方面，要尽快启动制定社会组织法的进程，全面梳理社会组织发展进程，总结社会组织改革创新的新思想、新理念、新做法，促进社会组织发展法制化水平，提升社会组织法治水平，保障社会组织健康有序发展。另一方面，要尽快修改和完善社会组织管理体制。第一，建立分类发展和管理的顶层制度设计。我国社会组织种类多样，它们的目标、利益诉求、功能、成员构成、活动领域和范围、政治风险性质与程度存在较大差异。建立在调查研究的基础上，尽快确立社会组织分类标准、分类发展的原则和具体分类管理办法。第二，完善社会组织登记管理制度。针对不同类别的社会组织，实施不同的登记制度。中共中央办公厅国务院办公厅印发《关于改革社会组织管理制度促进社会组织健康有序发展的意见》明确了推广直接登记和继续登记管理机关和业务主管单位双重负责的管理体制并存。这体现了激活社会组织、促进社会组织发展的改革方向，也体现积极稳妥审慎的改革态度，已具有分类管理的理念。这就要求进一步完善分类发展管理顶层设计的基础上，制定具体的分类登记管理的制度。第三，建立健全社会组织退出机制。对违法违规的社会组织，视其情况，给予吊销登记证书、撤销登记、进行整改等不同处理；进一步完善社会组织注销和清算制度。同时，坚决取缔非法社会组织以社会组织名义开展活动。

　　法制是社会组织自治的基础保障，社会组织的民主发展是社会组织自治的必然要求。社会组织民主发展要求社会组织进行去行政化改革，逐渐减少政府过度干预，把本属于社会组织的决策权归还社会组织，实现自主和自治。社会组织去行政化改革不仅要处理好政府与社会组织的关系，而且要完善社会组织内部的自律机制，以良好的内部治理机制督促社会组织恪守自治性、自主性原则[21]。首先，要改革双重管理体制，对一些涉及经济发展、民生建设、科技发展、社会服务和慈善组织等对国家政治和社会不具有或具有较低危险度的社会组织，推动进行直接登记，减少过度干预。其次，逐渐减少官方和半官方社会组织的数量，增加自下而上型具有民间性质的社会组织的数量。第三，政府将本属于行业协会的决策权归还行业协会，让行业协会能够独立自主地进行决策。行业协会从政府系统中剥离，会带来法人身份、权力关系、人员身份、财务关系等一系列调整，这是去行政化改革中至关重要的一环[22]。第四，要积极完善社会组织法人治理结构和治理机制。根据社会组织章程，自行民主选举社会组织理事会委员、理事长、副理事长和秘书长等社会组织领导，依法成立社会组织理事会、监事会等内部机构。社会组织理事会，居于社会组织法人治理的中心位置，依法对社会组织进行民主管理、民主决策、民主监督和自我约束，进而实现社会组织能够自主和自治。

5.3　扎根民众与合作政府相结合

　　社会组织一头连着民众，另一头连着政府。民众是社会组织成长与发展的肥沃土壤，政府则是社会组织成长与发展的阳光雨露。社会组织成长与发展既需要土壤的滋养，也需要阳光雨露的温暖和滋润。社会组织的发展，既要扎根民众，也要与政府合作。

　　社会组织，之前称为"民间组织"，其成员来自民间社会的广大民众，由民众自发组织与自愿参加，有民间性、自发性、自愿性。广大民众是既社会组织的成员的主要来源，也是社会组织服务的主要对象。社会组织必须扎根民众，才能茁壮成长。第一，汇聚民意，服务民众。社会组织，必须牢记宗旨，及时有效地了解民众的意愿和诉求，并积极汇集民意，向党和政府表达民众诉求，促进解决社会现实问题。同时，及时将党和政府的方针政策传导给民众，为民众提供政策宣传信息服务。第二，吸纳和整合社会资源，服务民众。要充分发挥社会组织动员和整合社会资源的能力，通过各种渠道吸纳更多的志愿者和其他社会资源，服务民众。比如，2008年汶川地震之后，社会组织动员了大量的志愿者，前往灾区参与救灾和恢复重建工作，同时吸纳大量社会捐赠，送往灾区，缓解灾区的物质匮乏，为抗震救灾和灾区人民做出了积极的贡献。第三，积极化解社会矛盾。社会组织通过搭建沟通平台，为不同利益主体构建有效的协商处理分歧与冲突的渠道，协调各方利益，为民众排忧解难，及时化解社会成员或群体之间的矛盾，促进百姓安居乐业、社会和谐稳定。第四，更加高效地为社会提供公共产品和服务。进一步提升社会组织提供公共产品和服务的能力和水平，更好地服务社会民众。一方面，在实现社会组织成员的共享公共产品和服务，另一方面，充分发挥不同社会组织的特长，为社会不同群体提供不同类型的公共产品和服务。特别是志愿组织、慈善组织扶危助困，能够为弱势群体提供生活物质、志愿服务、心理关怀、维护权益等，彰显社会关怀和正义。第五，为民众参与社会治理提供平台。社会组织是民众自愿组成的，是民众参与社会治理的平台。社会组织应积极组织活动，调动民众积极性和热情，参与社会治理。

社会组织与政府合作，既是社会组织健康的发展的需要，也是协同参与社会治理的需要，更好为民众服务。一方面，政府需要社组织参与社会治理。改革开放以来，随着我国经济社会发展，社会问题逐渐暴露，社会改革滞后于经济改革，必须加快进行社会改革，转变政府职能，将愿属于社会的权力归还给社会，将属于社会的职能归还社会。在政府职能转变的过程，需要社会组织承接政府转移的职能，充分发挥社会组织在社会公共事务中的作用，提供社会提供政府无法提供的社会需要的公共产品和服务。社会组织积极参与社会公共事务的治理，分享政府管理社会的职能，为民众提供更多元、更便捷、更高效和更低成本的公共服务，弥补政府在社会治理和社会公共服务中的"越位"和"错位"，实现"双赢"和"多赢"，提升社会治理效果和社会满意度，促进社会和谐。另一方，社会组织发展需要政府的引导、规范、监管和扶持。社会组织发展不仅需要政府在政策法规方面的引导、规范，也需要政府在构建完善的监管体系进行监管，更需要政府对社会组织进行扶持。政府通过资金补贴、项目奖励、放宽社会募捐资格、鼓励捐赠、减免税收等方式引导社会资源注入社会组织，为社会组织"输血"，也可以通过向社会组织直接购买服务的方式，提升社会组织"造血"能力，直接为社会创造价值，还可以通过人才政策引导，吸引优秀人才加入社会组织，提高社会组织人才队伍的职业化和专业化水平，进而提升社会组织服务社会的能力和水平。通过政府的引导、规范、监管和扶持，激发社会组织的活力，促进社会组织健康发展。

5.4　竞争与合作相结合

竞争是社会组织不断提高承担社会责任能力的重要手段，在市场经济中，市场主体只有经历了良性竞争的锻炼才能提供更好的公共服务[23]。一方面，社会组织引入竞争机制，将有利于提升社会组织社会责任的能力，有利于社会组织更快地响应社会需求，将有利于为社会提供更高质量、更低成本的社会的服务，提升社会组织的活力。2013 年，《国务院机构改革和职能转变方案》提出"要引入竞争机制，探索一业多会"[24]。因此，建议删除或修改《社会团体登记管理条例》13 条第二款"在同一行政区域内已有业务范围相同或者相似的社会团体，没有必要成立的"的规定。另一方面，政府在购社会公共服务也要引入竞争机制。对相同的社会公共服务项目，政府应同时对所有能提供些公共服务项目的社会组织开放，让它们相互竞争，选择质优价廉的社会公共服务。这样既有利于节约财政资源，也有利于引导社会组织通过提升能力，提供质量更好成本更低的社会公共服务，有效使用社会资源，增进社会福祉。

社会组织的改革与发展牵连方方面面，具有全局性、复杂性和联动性特点。社会组织的发展需要各方面合作，协同推进，实现"共治"。第一，需要党政携手，相互协调，达成共识，做好顶层设计，统一社会组织发展方针政策。第二，需要中央和地方协调，上下联动。对于社会组织的改革发展，在遵守中央统一规定的前提下，允许地方大胆探索、大胆尝试，勇于创新。同时，地方也要将有效的社会组织管理的创新思路、创新实践，进行科学总结、及时反馈给中央。中央及时吸纳地方有益和有效的尝试，全国推广，实现社会组织发展全国联动和合作。第三，社会组织改革发展，涉及民政、财政、司法、税收、人力、社保、登记和监管等各个部门，要求要分工合作，协同推进社会组织方方面面改革创新。第四，要加强社会组织之间分工合作。不同社会组织联系不同的社会群体，提供不同的社会公共服务，掌握不同的社会资源，应当消除偏见，取长补短，相互分工合作，协同推进，为实现创造和谐稳定的社会的共同目标共同努力。

参考文献

［1］赵宇新.探索中国特色社会组织的科学内涵［J］.毛泽东邓小平理论研究.2017（02）：47–52.

［2］金家厚.现代性视阈下的中国社会组织发展研究［D］.华东理工大学，2015.

［3］王名.中国民间组织30年——走向公民社会［M］.北京：社会科学文献出版社，2008.

［4］《中国民间组织年志》编辑委员会.中国民间组织年志［M］.北京：中国社会出版社，2005.

［5］王名.中国民间组织30年——走向公民社会［M］.北京：社会科学文献出版社，2008.

［6］古俊贤.中国社团发展史［M］.北京：当代中国出版社，2001.

［7］田凯.发展与控制之间：中国政府部门管理社会组织的策略变革［J］.河北学刊.2016（02）：168–174.

［8］杨渊浩.社会组织发展与中国民生建设［J］.探索.2016（04）：125–130.

［9］薄贵利.准确理解和深刻认识服务型政府建设［J］.行政论坛，2012，（1）.

［10］赵宇新.探索中国特色社会组织的科学内涵［J］.毛泽东邓小平理

论研究 . 2017（02）：47–52.

　　［11］　姜晓萍 . 国家治理现代化进程中的社会治理体制创新［J］. 中国行政管理 . 2014（02）：24–28.

　　［12］　徐永祥，侯利文，徐选国 . 新社会组织：内涵、特征以及发展原则［J］. 学习与实践 . 2015（07）：78–87.

　　［13］　马庆钰 . 新一轮机构改革的新亮点［N］. 人民日报，2013–03–26.

　　［14］　李培林 . 我国社会组织体制的改革和未来［J］. 社会 . 2013（03）：1–10.

　　［15］　蒋永穆，黄晓渝 . 中国特色社会组织：内涵厘清与体系架构［J］. 上海行政学院学报 . 2016，17（5）：67–75.

　　［16］　李克强谈简政放权：放活不是放任，管好不是管死［EB/OL］. 中国新闻网，（2014–06–04）［2016–08–13］，http：//www.chinanews.com/gn/2014/06–04/6244732.shtml.

　　［17］　赵宇新 . 探索中国特色社会组织的科学内涵［J］. 毛泽东邓小平理论研究 . 2017（2）：47–52.

　　［18］　马庆钰，贾西津 . 中国社会组织的发展方向与未来趋势［J］. 国家行政学院学报 . 2015（4）：62–67.

　　［19］　马占魁、孙存良 . 党的领导是是中国特色社会主义最本质的特征［N］. 解放军报，2015–05–25（4）.

　　［20］　鲍绍坤 . 社会组织及其法制化研究［J］. 中国法学 . 2017（01）：5–16.

　　［21］　孙发锋 . 国内社会组织行政化研究述评［J］. 求是 . 2016（4）：68–74.

　　［22］　田凯 . 发展与控制之间：中国政府部门管理社会组织的策略变革［J］. 河北学刊 . 2016（02）：168–174.

　　［23］　杨渊浩 . 社会组织发展与中国民生建设［J］. 探索 . 2016（04）：125–130.

　　［24］　田凯 . 发展与控制之间：中国政府部门管理社会组织的策略变革［J］. 河北学刊 . 2016（02）：168–174.

第十五章　中国特色社会组织发展的保障体系研究

1　引言

党的十八届三中全会提出：推进国家治理治理体系和治理能力现代化[1]。"国家治理体系和治理能力现代化"，是一种全新的政治理念，是国家治理理论的重大创新，标志着我国将逐步转变一元主导的政府管理模式，加快建立多元为中心的社会治理模式。当前，中国社会正处于结构调整和社会转型的关键时期，利益日益分化，社会急剧变迁，社会矛盾不断激化，需要创新社会治理模式，社会多元化治理格局是实现社会和谐的"阀门"。社会组织是现代社会的构成要素，它直接反映了社会结构的形式和变化，在推进国家治理现代化中发挥着举足轻重的作用[2]。陈思等认为社会组织这一治理主体在党的十八届五中全会指出构建全民共建共享的社会治理格局中所发挥的作用不容忽视[3]。张博指出发达的社会组织是美国、日本、意大利等国家之所以能够成为治理现代化强国的重要因素之一[4]，凯特在研究中指出非政府组织在提高社会效率的同时也减少了政府的负担，提高了社会治理的灵活性[5]，彼得·格雷也对非政府组织在社会治理中所发挥的作用格外关注，认为非政府组织的公共服务高效率的产出是政府无法比拟[6]。然而社会组织的发展面临双重管理体制的约束、法律制度安排的缺失和制度变迁中路径依赖等诸多困境[7]，为了解决社会组织发展的面临的问题，保持社会组织科学发展，实现社会"善治"，保障体系是关键，社会组织发展的保障体系是保证社会组织健康发展的各个有机构成的相互联系、相辅相成的总体，主要包括制度体系、法治体系、政策体系、资金体系。进入全面建设小康社会、和谐社会的决胜阶段，社会组织发展保障体系健全日益受到重视，2016 年 8 月，中央办公厅、国务院办公厅印发《关于改革社会组织管理制度促进社会组织健康有序发展的意见》，第一次提出**"努力走出一条具有中国特色社会组织发展之路"**这一重大命题[8]，开辟中国特色社会组织发展保障体系的建设新篇章，构建中国特色社会组织发展保障体系，有利于激发社会组织活力，促进社会组织健康有序发展，创新社会治理。因此，研究我国特色社会组织发展的保障体系十分具有必要性。

2　国内外相关理论综述

社会组织研究起源于西方，尽管如此，由于各国政治体制和文化传统的不同，社会组织与政府部门和市场部门关系的差异，使得社会组织这一社团形态呈现不同的称谓，英国等欧洲国家较多的使用"志愿组织"（Voluntary Organization），美国使用的是"非营利组织"（Nonprofit Organization），联合国使用"非政府组织"（Non-governmental Organization）。美国学者萨拉蒙基于结构——运作的视角，通过同时满足组织性、民间性、非营利性、自治性、自愿性的特征集合界定社会组织[9]，萨拉蒙的定义较为精确的描绘社会组织的关键特征，成为社会组织的经典界定。随着社会日益分化为政府域、市场域和社会组织域三大板块，关于社会组织的研究逐渐"立体化"，形成系列成果。韦斯布罗得采用需求—供给的经济分析方法论证政府失灵是社会组织产生的原因，社会组织是政府失灵的补充物[10]。汉斯曼从市场中盈利组织的局限性分析社会组织产生的必要性，认为社会组织能弥补市场失灵[11]。萨拉蒙认为志愿失灵是社会组织发展的原因[12]。社会组织的作用和功能是学者研究的另一个热点。著名社会学者帕特南认为社会组织有利于实现社会成员对民主治理的要求，达到"善治"的境界；Nicholas Henry 运用价值基础，研究公共参与管理的社会组织的管理实践办法，探索美国现代社会治理路径[13]；美国学者卡尔拉·W. 西蒙强调非盈利组织是社会经济有效发展的催发剂[14]。当社会组织作为独立的力量愈发扮演重要的角色，引发学者关于社会组织培育和发展体系的热情。完善的内部建设是促进社会组织发展的关键，里贾纳·赫兹琳杰对非盈利组织诸如领导决策、战略管理、财务管理、人力资源管理等内部要素进行系统分析，指出非盈利组织聚焦于上述内部因素、完善内部管理以应对各种变化与挑战；Dennis 认为合理、完善的社会组织内部治理对社会组织的良好绩效和功能的充分发挥起着决定性的影响[14]。在组织外部环境方面与政府关系的构建是重点，萨拉蒙通过构建社会组织于政府合作的模式，促进社会组织更好社会服务，促进自身发展[15]；里贾纳·赫兹林杰重点分析非政府组织在组织框架、资金来源、人才需求等方面存在的问题，并指出建立与政府部门良好的关系，是非政府组织发展的重要途径和和手段[16]。

　　国内对社会组织研究起步较晚，随着经济的发展和社会转型，我国学者愈发重视相关理论的研究，并具有明显的中国特色。王绍光在萨拉蒙社会组织 5 个基本特征基础上增加公益性第六个特征，以彰显社会主义社会和谐性；孙炳耀等提出"官民双重性"范畴，从国家—社会间关系角度，探讨社会组织的发生机制。在社会组织产生原因方面，除了探索"政府失灵""市场失灵"外，基于国家社会治理的视角研究"善治"进入学者的视野，李少惠等认为社会组织愈发承担社会赋予的责任，促使政府还政于民，实现不同主体之间良性互动，达到"善治"的愿景[17]；对社会组织的功能和作用方面的研究，王名从社会组织数量增加趋势分析指出社会组织有利于社会成员表达其社会欲求，实现社会价值，推动社会转型和进步[18]；冯刚指出在社会经济转型的新的起点上，社会组织能够促进多元社会的整合，创新社会管理[19]；纪莺莺阐释了在新的历史时期，社会组织在提供社会服务、构造国家与社会关系等方面具有重要作用[20]。完善的社会组织发展保障的体系，是社会组织发挥作用的重要基石，清华大学 NGO 研究所的研究认为中国社会组织发展缺乏规范性基础，进而导致社会组织呈现政府性和营利性[21]；谢海定从法律角度考察了社会组织合法性困境[22]；涂才江指出政府对社区社会组织的重视，起着至关重要的作用，社区社会组织活动的有序开展离不开政府的引导和支持[23]；在社会组织内部体制机制建设方面，曾莉、刘隽认为社区社会组织自身能力不足是制约其发展的重要因素，主要体现在领导和员工难以适应新的社会环境，缺乏迎接挑战的观念和知识，突破自身发展的局限，才能更好的发展[24]；侯国凤建议完善社区社会组织内部管理制度，已达到充分发挥其作用，健康发展[25]；蒋永穆通过构建理清中国特色社会组织的内涵，以构建中国特色社会组织理论体系，实现社会组织健康有序发展[26]；詹成付在互联网的背景下，强调社会组织治理需要插上互联网的翅膀，充分利用信息化技术和手段推动中国特色社会组织管理体制建设[27]。

3　中国特色社会组织保障体系发展历程

中国特色社会组织发展保障体系历程的是循序渐进的动态发展过程，大致可以分为四个发展历史阶段，重大历史事件、法律法规的出台、社会组织自身的发展是社会组织保障体系的发展阶段的标志性特征。

发展萌芽阶段（1840—1948 年），中国处于三座大山压迫下半殖民半封建社会的特殊历史时期，出现大量的民间社会非政府组织。王名研究表明当时的民间社会非政府组织至少包括行业协会、互助与慈善组织、学术性组织、政治性结社组织、文艺性组织、"会党"或秘密结社六类[28]。为了规范民间组织的管理，1932 年国民政府颁布《修正民众团体组织方案》，对民间团体进行分类，规定了民众团体所必须遵守的原则和申请登记程序。此后，中国共产党领导的边区政府先后颁布了《陕甘宁边区民众团体组织纲要》、《陕甘宁边区民众团体登记办法》，规定民众团体的自愿原则、经费自筹原则、工益原则等基本原则，是民间团体保障体系指导思想、基本原则的萌芽。

曲折探索阶段（1949—1976 年），新中国成立后，社会结构发生巨大的变化，国家一些政治倾向明显，有利于社会主义建设的社团被确为政党组织，即民主党派；带有封建色彩、宗教分裂色彩、反革命色彩的社会团体被依法取缔，经过整顿和清理。1950 年 9 月政务院出台《社会团体登记暂行办法》，使用"社会团体"的概念来定义民间组织，确立社会团体的类别，登记范围，筹备登记、成立登记的程序、原则、登记事项以及处罚等内容，确立社会团体的分级管理原则，从国家政权的角度初步探索建立规范民间社团的分级立法保障体系。但是，1966 年开始的"文化大革命"，使中国的民主和法治遭到严重的破坏，中断社会团体发展的法制化进程。

恢复发展阶段（1978—2005 年），改革开放政策的全面推行，使得中国的经济、政治、社会生活以及思想文化观念发生巨大的变化。这种变化很快反映到民间组织的保障体系发展上。在立法法律及政策监管保障上，国务院 1988 年 1 发布了《基金会管理办法》，1989 年颁布《外国商会管理暂行规定》、《社会团体登记管理条例》，1991 年发布《宗教社会团体登记管理实施办法》，1999 年国务院在对原有条例作为了大幅修订的基础上上颁布新的《社会团体登记管理条例》，同时发布《民办非企业单位登记管理条例》，2004 年颁布《基金会管理条例》；在资金保障上，1999 年《公益事业捐赠法》出台，同年民政部颁布《社会福利机构管理暂行办法》，2002 年 6 月《中华人民共和国政府采购法》的颁布，以及国家对社会团体税收优惠政策的规定。这些都标志者我国逐渐完善社会团体组织的法律法规体系，中国社会团体发展保障走上法治化道路。

全面发展阶段（2006 年至今），中国社会组织保障体系进入构建现代特色社会组织保障体制的新时期。2006 年 10 月，十六届六中全会通过的《中共中央关于构建社会主义和谐社会若干重大问题的决定》首次使用"社会组织"的概念，并且系统论述了社会组织的培育发展和监督管理，党的十八提出"加快形成政社分开、权责明确、依法自治的现代社会组织体制"，确保我国社会组织保障体系建设和发展的正确方向。之后，党的系列会议精神均对社会组织保障体系发展予以引导，全面构建社会组织保障体系。在上一阶段发展的基础上，社会组织保障体系构建在深度和广度有了进一步发展，例如在立法上，2016 年颁布《中华人民共和国慈善法》，是慈善领域的元法律，对社会组织保障体系在其他领域的完善有激励、协作效应；在社会组织评估机制上，2015 年民政部颁布《民政部关于探索建立社会组织第三方评估机制的指导意见》，明确评估范围、评估内容、时间安排、评估材料、评估要求等。社会组织的发展是社会组织保障体系的目的，能从侧面反映社会组织保障体系发展状况，2015 年社会服务发展统计公报显示，截至 2015 年底，依法登记在册的社会组织全国共有 66. 2 万个，比上年增长 9. 2%；社团组织 32. 9 万个，比上年增长 6. 1%；基金组织 4784 个，比上年增加 667 个，增长 16. 2%；非民办企业单位 32. 8 万个，比上年增长 12. 7%（见表 15—1），显示社会组织强大的增长活力，特别是基金会和民办非企业更是以两位数的增长率快速发展，2008—2015 年的统计数据能更好反映社会组织长期发展动态（见图 15—1）。但受到管理体制机制的限制、社会开放度及容忍度、公民社会发展水平等因素的影响，社会组织保障体系的发展仍然面临多重阻碍。

表 15—1　2015 年社会组织发展数量、占比、增速表

名称 / 指标	数量（万个）	占比	增速
社会团体	32. 9	49. 7%	6. 1%
基金会	4784	0. 6%	16. 2%
民办非企业	32. 9	49. 7%	12. 7%

数据来源：根据 2015 年社会服务发展统计公报整理

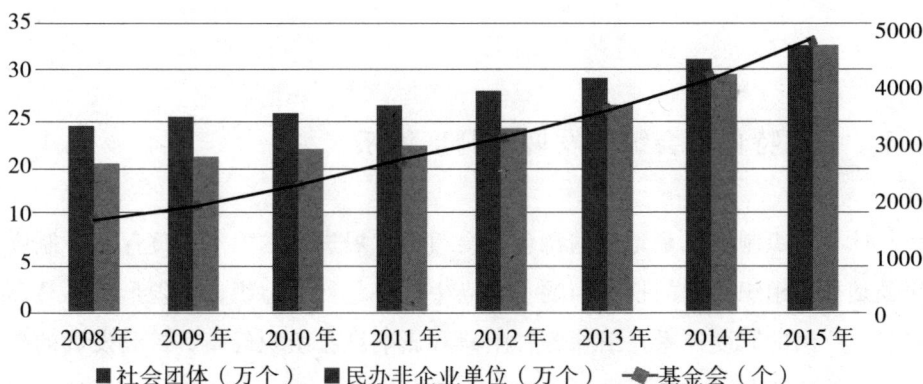

图 15—1　2008—2015 年社会组织三大部分发展数量情况

4 中国特色社会组织发展保障体系的基本框架

社会组织发展保障体系是一个系统的复杂工程和生态体系，具体可以将其细分为社会组织制度体系，社会组织法治体系、社会组织政策体系和社会组织资金体系（见图15—2）。

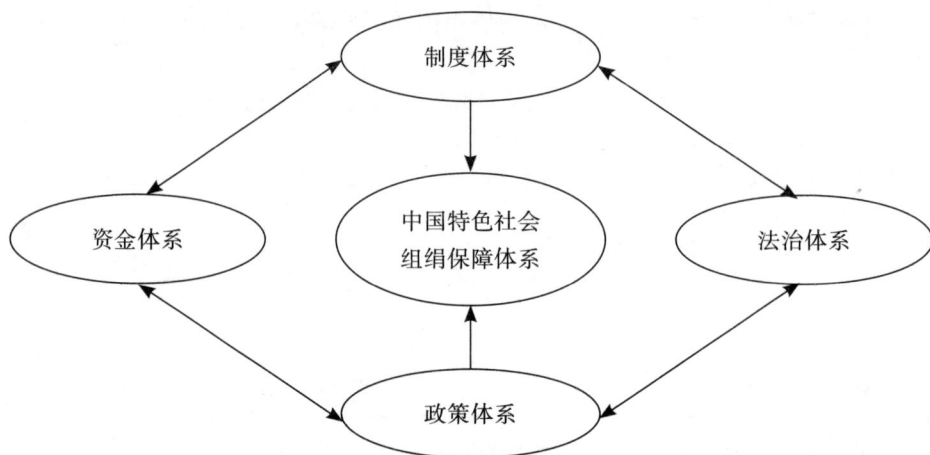

图 15—2 中国特色社会组织保障体系基本框架图

4.1 中国特色社会组织发展的制度体系

社会组织制度体系是中国特色社会组织发展进步的根本制度保障。制度问题是社会组织建设的根本问题。建立中国特色社会组织，必须形成一整套完善、严谨的制度体系，消除各种阻碍和影响社会组织健康、持续发展的弊病，以保证社会组织的科学发展。改革开放30多年来，我国在管理、监督等领域基本形成了一整套相互连接的有效社会组织制度体系。在管理制度上，正处于由"双重管理体制"向"直接登记和双重管理并行的管理体制"的阶段。从新中国成立，到党的十八届三中全会通过《中共中央关于全面深化改

238

革若干重大问题的决定》之间，我国在社会组织管理体制方面基本延续政府管控的思想，即强调社会组织的归口管理，提高社会组织准入门槛。随着三类社会组织直接登记制度的启动，中共中央办公厅、国务院办公厅印发《关于改革社会组织管理制度促进社会组织健康有序发展的意见》，为社会组织准入"松绑"，明确政府义务，突出社会组织权利。在监管方面，由单一的政府监管向政府监管、社会监管、行业自律等360度全面监管转变。社会组织双重管理制度衍生出业务主管机关和登记机关以及各类政府职能部门对社会组织的监管体制，随着社会经济改革不断加快，创新社会组织监管成为我国社会建设的重要内容，要求对社会组织监管做出调整。党的十八大提出"加快形成政社分开、权责明确、依法自治的现代社会组织体制"，积极培育政府监管、社会监管、行业自律三维一体的监管格局。从整体上讲，社会组织管理体制主要在登记领域取得较大进展，但是其他方面的改革创新仍然处于滞后发展的要求，"直接登记"制度只限于行业商会协会、科技、公益慈善和城乡社区服务四类特定组织，且直接登记后的管理、监督、培育和扶持都面临新的挑战。同时，建立社会组织综合监管体制，在缺乏法律效力的情况下，依然只是监管机制的简单组合，缺乏协调合力。

4.2 中国特色社会组织发展的法治体系

社会组织发展的法治体系，作为中国特色社会主义法治体系的重要组成部分，必将为国家治理现代化贡献力量，促进社会组织治理体系和治理能力现代化。党的十八届四中全会明确提出，"加强社会组织立法，规范和引导社会各类社会组织健康发展"，为社会组织发展法治提供指导方向，法制与法治仅一字之差，但体现出党法治思想的深化和发展，相较"法制体系"，"法治体系"内容更加明确，范围更广，各内涵之间关系更加协调、统一。法律规范体系是社会组织发展法治体系的前提，也是推进社会组织管理现代化、法治化的立法保障。完善社会组织法律体系是提高社会组织和社会管理法治化的内在本质要求，必须通过社会组织法律规范、引领和推动功能，将现代的法治精神贯穿与社会组织法治建设的全过程和各个方面。我国高度重视社会组织法律体系的建设和完善，先后出台《社会团体登记管理条例》《基金会管理条例》《民办非企业单位登记管理暂行条例》，2013年，十二届全国人大一次会议通过的《国家机构改革和智能转变方案》提出，要对"三大条例"进行整体性修改，促进社会组织制度化发展。2016年9月1日，中国第一部《慈善法》颁布实施，标志着现代社会组织体制构建在法治轨道上又前进了一大步。法律的生命在于实施，社会组织法治体制的价值在于保证宪法法律在社会组织法治化过程中的全面实施，党十八届四中全会强调的"高效法治实施体系"，必然包括社会组织法治化实施体系，保证法律的有效实施。法治监督是对社会组织法治实施情况的监督，在完善社会组织发展法治体系过程中，必须强调健全依法治权、从严治官的监督体系，党十八届四中全会明确形成"严密法治监督体系"，激励社会组织法治监督体系建设。"法律是治国之重器，良法是善治的前提"，当前，社会组织"三大条例"已启动修订多年，但社会争议和质疑颇多，部门之间短时间内难以取得共识，且法律效力较低。同时《社会组织法》更只是处于概念阶段，缺乏对社会组织从整体、系统上进行统一的管理、监督、培育、发展。

4.3　中国特色社会组织发展的政策体系

在中国特色社会组织发展的政策体系中，最基础的部分就是确定社会组织地位，即对社会组织"正名"。由于特殊的国情，社会组织与政府部门存在千丝万缕的联系，政府对社会组织的态度、政策决定其发展未来，从某种意义上说，对社会组织"正名"关键，就是处理好社会组织与政府的关系，在党的十八大之前，对社会组织的定位多是管制的对象，限制、控制社会的发展，十八大第一次对社会组织提出了"权责明确、依法自治"的新要求；党的十八届三中全会进一步明确提出了"激活社会组织活力，正确处理政府和社会关系，加快实施政社分开推进社会组织发挥作用"的新定位，助力形成"小政府、大社会"的社会治理局面。优惠的税收政策可以促进社会组织的发展，实现社会组织管理的规范化，进而实现更大的社会效益。社会组织的税收优惠主要涉及两个方面：一个是有关社会组织自身的税收优惠；一个是有关社会组织的捐赠者的税收优惠。社会组织自身所享有的税收优惠主要涉及所得税、增值税、房产税等税种，其中，最受关注，也是最重要的税种是所得税。公益性捐赠的税收优惠主要涉及企业所得税、个人所得税、关税、车辆购置税和土地增值税四个税种。社会组织评价是社会组织管理中非常重要的一环，能更好地规范和促进社会组织科学发展。我国的社会组织评价机制经历了探索、建立、深化发展三个阶段。2010 年 12 月，民政部颁布的部门规章《社会组织评价办法》，明确了总则、评估对象和内容、评估机构和职责、评估程序和方法、回避与复核、评估等级管理、附则等内容，奠定了社会组织评估的基础。之后，国家加快相关政策的制定，先后出台《关于印发各类社会组织评估指标通知》《民政部关于探索建立社会组织第三方评估机制的指导意见》，等等，共同组成评估政策系统。但是由于长期的监管思想，社会组织被理解为政府的外延，社会组织的地位在短时间内很难得到真正落实。现行的税收优惠政策存在种类少、范围小、公平性不足；部分政策表述笼统，操作性不足；税收优惠空间不足等限制[29]。评估主体单一以及评估能力不足、评估指标不完善、评估结果反馈与应用不足是制约社会组织评估的重要障碍。

4.4　中国特色社会组织发展的资金体系

资金是加强社会组织建设，提高社会组织发展活力，实现社会组织良性科学发展的基础性、关键性资源。实践证明，社会组织的资金主要来源一般有四个方面：财政支持、社会捐赠、自身服务性收费和成员的会费。政府对社会组织的财政资助主要形式有：转移支付、财政补贴和政府购买。我国政府涉及给社会组织的转移支付主要是专项转移支付，根据政府间支出责任划分，对属于地方政府责任范围内的事务，中央不再新设专款，新设立的专款应限于中央事权事项或虽不属于中央事权但带有全局性以及外部溢出效应的事项。政府补贴的重点对象是提供具有纯公共物品性质的健康教育、疾病控制、预防保健、妇幼保健、特困医疗救助、食品药品安全的社会组织。政府采购尤其是对服务的采购，是社会组织获得政府资金支持的重要渠道。随着政府转移职能的加快和社会组织服务能力的提高，政府向社会组织购买服务逐渐步入顶层设计阶段。2013 年 9 月，国务院印发了《关于政府向社会力量购买服务的指导意见》，对政府购买公共服务的各个方面进行了规范，这标志着国家开始全面推动政府购买公共服务。2014 年 11 月，财政部和民政部联合出台了《关于支持和规范社会组织承接政府购买服务的通知》，为激发社会组织活力，为支持社会组织承接政府购买服务提供指导意见。来自社会的捐赠是社会组织开展公益活动和发展的重要资金来源。据统计，2014 年全国社会捐赠总额为 612 亿元，其中社会组织接受社会捐赠 525 亿元，占总量的 85.8%。2016 年财政部、民政部发布了《财政部、民政部关于进一步明确公益性社会组织申领购公益事业捐赠票据有关问题的通知》，规范公益事业捐款使用行为，加强公益事业捐赠收入监督管理。自身服务性收费是社会组织为实现其社会使命而获得资金的重要渠道。社会组织在坚持注重社会效益和非盈利的前提下，适当地通过开展经营活动取得收入，弥补资金缺口，可以更好提供多样化的服务和产品。会费是社会组织的基础性收入，是社会组织"绿色管理"、健康运营的关键。2003 年之后，财政部、民政部先后出台《民政部、财政部关于调整社会团体会费政策等有关问题的通知》《财政部、民政部关于进一步明确社会团体会费政策通知》等，规范社会团体会费标准，突出会费收取和使用的监管，加强会费使用管理。与发达国家社会组织资金来源构成，公共部门约占 40%，会费收费约占 49%，慈善捐赠约占 11% 相比，我国社会组织资金主要来源政府的财政支持，形成对政府的依赖，缺乏独立性，现在政府机构改革停止对部分社会组织的财政拨款，不少社会组织事实上处于休眠状态。

5　中国特色社会组织发展的保障体系影响因素

社会组织越是发展程度高，对保障体系要求就越高，同时保障体系越是完善，社会组织越是健康科学发展。目前我国社会组织发展保障体系不健全、不完善，社会组织的"保障体系的供需"未达到协调平衡，制度体系，法制体系、政策体系和资金体系都面临"供小于求的困境"，亟需对影响社会组织发展的保障体系的因素进行分析，以便对症下药，规范和完善社会组织保障体系，促进社会组织又好又快发展，实现社会善治。其中，主要有3个方面的因素起重要作用，如图15—3所示。

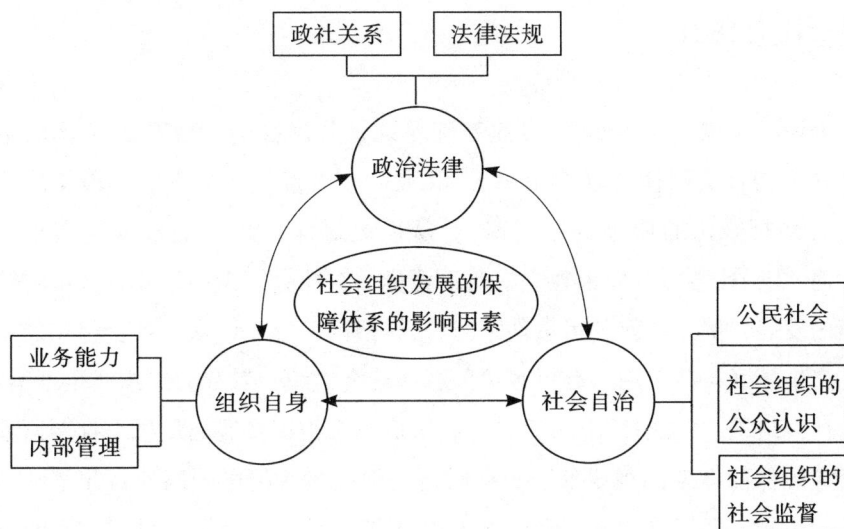

图15—3　中国特色社会组织发展的保障体系影响因素

5.1　政治法律

　　一方面我国社会组织的培育与发展主要以政府为主导，政府能够直接影响社会组织的生存、发展和壮大。政府的支持和帮助是社会组织发展保障的充分条件之一，具有"行政色彩"的社会组织掌握大量的资源，"民间性"的社会组织被边缘化；另一方面政府和社会组织作为社会两大具有平等关系行为主体，全能型政府必然压缩社会组织的生存、发展空间，社会组织若想完全独立政府部门而发挥作用的可能性小，例如社会组织双重管理制度，严重束缚其工作开展。法律法规不仅对社会组织进行规范，同时也是社会组织成长发展的保障。健全的法律法规对社会组织发展及其功能的发挥具有保障作用，社会组织的发展有赖于法治水平的提高，有赖于社会组织法律条例的修正和出台。社会组织的培育发展和监管制度、财政制度、优惠的税收制度、政府购买服务制度等构成社会组织发展保障的法律生态体系。

5.2 社会自治

公民社会是社会组织发展的基础保证，公民社会能够帮助个体以结社的形式成为社会群体（社会组织），壮大社会力量，在与政府和市场的博弈中，容易打开沟通协商的"门窗"，从而更好保护自己的权利，享有公平的待遇[30]。社会公众作为独立的政治力量，对社会组织的认知直接影响社会组织的发展，例如"郭美美事件""尚德诈捐门"等，公众对社会组织的是否规范产生怀疑，甚至用"有色眼镜"看待社会组织，对社会组织产生不信任，无论社会组织"好或怀"，一律否定，造成社会组织发展的危机。社会监督是社会组织保障体系的组成部分，同时也是保障体系的影响因素。除了已登记的社会组织，还存在大量未登记的社会组织，且数量巨大，只靠政府的监管远远不够，社会监管作为监管体系的重要补充，可以规范社会组织的信息披露，提高社会组织绩效考评的独立性和权威性，获取更多的社会资源。

5.3 组织自身

除了政府、社会是帮助社会组织成长和完善其保障体系的力量外，社会组织自身的力量也十分重要。社会组织的业务能力是社会组织的核心竞争力，是社会组织保障体系完善重要的砝码。在社会主义市场经济体制下，社会组织也要尊重、利用市场规则，在供需平衡上，政府向社会组织购买服务，不仅要求政府职能"转得出"，还需要社会组织能够"接得好"，服务好社会，一方面获得政府的财政支持和税收优惠，另一方面获得社会公众的认可、支持。"打铁还需自身硬"，规范的运行模式、完善的组织结构、科学的管理制度是社会组织实现其组织目标和保障体系完善的前提和基础。实践经验表明，具有健全内部管理的社会组织，具有更强的人才吸引能力、更强的社会公信力、更多的社会资源的吸收和利用。

6 完善我国特色社会组织发展的保障体系的建议

6.1 重塑政社关系，改革旧管理体制

6.1.1 厘清政社关系，明确社会组织的性质与发展方向

政府应当更新思想观念，在思想认识上重视、信任、接受社会组织。贯彻落实党的十八届三中全会精神，引导社会组织在政府希望、人民群众需要的领域充分发挥积极作用，限制、抑制其消极作用，彻底改变社会组织"行政色彩"的现状，将之全面推向市场、推向社会，政府主动退出社会组织能够进行自我管理和服务的领域，让渡社会组织参与社会管理的空间，不断推进政府与社会组织的合作。

6.1.2 转变政府对社会组织的双重管理模式

调整登记管理制度，扩大直接登记的主体范围，转变政府对社会组织的双重管理模式。加快落实社会组织分类标准的科学化，对社会组织进行分类管理，对那些有发展潜力的弱势草根组织实行审核与备案登记的办法。根据实际情况，逐步扩大直接登记的社会组织范围、慢慢过渡，逐步发展到采取单一登记管制制度。改革"双重管理"为"分类管理"，各司其职，减少政府部门对社会组织的干预，为社会组织松绑，扩大社会组织发展空间。

6.2 完善法律法规，健全法律机制

6.2.1 提高立法层次，制定社会组织法

制定一部关于社会组织的专门法，提高社会组织在我国现行法律体系中的法律地位，明确登记注册是公民实现结社权利的法律形式，划定社会组织的生存空间，界定社会组织资格认定和资质评定、自律机制、法律责任等等，进而保障社会组织结社的合法性、经费来源的保障性、资产处置的合理性、权利义务的履行、以及政府对社会组织管理权限的规范性等。

6.2.2 调整社会组织的财税制度

鉴于社会组织的非营利性和公益性，应该根据不同的情况给予不同程度的政府财政支持和税收减免优惠政策。首先，完善社会组织收入的税收优惠制度，合理区分互益性社会组织和公益性社会组织不同的税收待遇，明确相关商业活动与无关商业活动划分标准。其次，加大企业向社会组织捐赠的税收优惠力度，提高企业用于公益、救济性的捐赠在应税所得额抵扣比例，对于法定的特殊单位如中国教育发展基金会、中华慈善总会等给予捐赠，允许全额抵扣。最后，重构个人向社会组织捐赠的制度，学习发达国家的经验，将现有的个人捐赠税前扣除标准规定纳税所得额的 30% 提高到 50% 以上。

6.2.3 创新监管，大力培育力度

陆续出台一批依据科学分类形成的体现分类监管原则和专业性的专项法规，其中包括修订完善现行的社会团体和民办非企业单位两个主要条例，颁布关于行业协会、科学技术协会、慈善组织、公益组织的行政法规体系，同时，加大政府对社会组织服务的购买，在实现公共服务的供给主体多元时，拓展社会组织的发展保障空间和保障资金，此外，政府建立社会组织孵化基地也是社会组织培养保障体系的重要方向。

6.3 优化社会组织发展的社会环境

6.3.1 促进公民社会形成

首先，培育公民意识，公民意识中最重要是权利意识，要注重培育公民的独立人格和独立个性。政府要明确规定并保障公民身份，以道德建设为辅培育公民责任意识，以规范公民行为创新公民教育，同时，加强公民义务意识的建设。其次，创新公民教育，公民社会精神的培育需要通过长期有效的公民教育才能实现要建立多渠道、全方位的公民教育体系，用社会主义核心价值体系来引领社会思潮，发挥家庭、学校、社区、政府、大众媒体的联动作用。

6.3.2 多元化方式推动社会认同，强化社会公信力

社会认同是社会组织和谐发展的重要保障因素之一，良好的社会认同是社会组织保障体系构建的基础。构建立体沟通渠道，强化在实际的社会组织服务社会大众的过程中进行直接的交流机制。充分利用新媒体手段，加大宣传推广力度，善于运用微信、微博、微视频等社会公众喜闻乐见的渠道，采用漫画、段子、电影等形式，生动活泼宣传社会组织的重要作用，引导公众积极参与社会事务自我治理，增加对社会组织的认识。发展互联网公益新方式，充分借鉴互联网众筹、微公益等新兴公益方式，降低公益门槛，扫除投身公益事业的隐形障碍，让尽可能多的公众参与公益事业，激发每一个人的公益热情。

6.3.3 推进信息公开，健全社会监督机制

首先，明确社会公众作为社会监督的主体地位，唤醒公众进行社会治理的主人意识，借助强大的群众基础重点培育、广泛传播社会组织监管意识。其次，凭借网络平台推进信息公开，建立及时而详细信息披露制度，定期规范社会组织信息公开方式，不断增加社会组织信息透明度，增强社会组织公信力。最后，拓展公众举报渠道以扩大社会公众监督的覆盖面，同时，借助公众举报平台获取事件处理进度及后期信息反馈，增强社会公众自我效能感[31]。

6.3.4 拓展多元化资金渠道

社会组织的资金来源只依靠政府的资金支持必然会导致组织自主性的丧失，所以实现社会组织的资金渠道的多元化是势在必行的。而要实现多元化筹资渠道的基础就是要社会组织建立透明的财务管理制度，使社会公众了解资金的使用情况，从而赢得社会公众的信任。需要摒弃对政府资金的"等、靠、要"思想，充分利用各种不同的社会力量。社会组织可以搭建与企业的合作，通过战略联盟来实现合作共赢，在这个基础上，社区社会组织还可以把成效高、受益面广的公益项目发展为特色项目并定期开展，吸引企业的长期关注和投入。此外，社会组织应该加强与各种基金会社会组织的合作，利用这个平台获得更多的社区捐款资源。

6.4 提升社会组织自身素养，增强持续发展能力

6.4.1 创新能力建设，提高服务能力

社会组织要在社会建设和社会创新领域发挥主体作用，必须加强能力建设。根据各类社会组织的特点，有针对性加强能力建设，基金会要增强筹集资金、保值增值和使用资金能力，从运作型向资助型转变，参与公益创投与公益招投标，成为公益事业的资金提供者；民办非企业单位要增强参与社会管理，提供社会服务，保障改善民生的能力，从规模型向效益型转变，实施品牌战略，成为公益事业的服务提供者；社会团体要增强反映诉求、规范行为、加强自律的能力，从粗放型向集约型转变，细化行业领域分工，成为公益事业的行动协调者[32]。

6.4.2 加强人才队伍建设

人才建设在很大程度决定社会组织的内部动力，是社会组织发展的基本保障，社会组织的发展过程要求人才培养能力有较大的提升，建立一支专业化的人才队伍。首先，社会组织内部成员应该结合自身工作实际，开展培训和学习，提高能力。其次，改善社会组织内外环境，广泛吸纳高素质人才。

包括高校培养的社会工作专业人才，为其就业广开渠道，充分发挥专业能力。另外，以系统的激励机制和完善问责机制为目标，打造紧密的人才结构，提高专业人才的福利待遇，完善从业人员的晋升空间，吸纳社会精英。同时，建立合理的问责机制，使管理明确到每一个组织人员本身，改善一身多职、责任界限不清晰的现象，打造高质量、高密度的人才队伍。

6.4.3　加强制度建设，转变管理模式

健全的组织制度，科学的管理模式是组织实现跨越发展的保障条件。首先，就要树立一种以人为本的信念，然后在法律法规的框架内合法运行，同时，构建组织内部民主的管理机制，进一步强化组织的自律性，其次，社会组织要建立运行有效的内部组织架构，完整的组织架构有助于内部运行的职能优化配置，各司其职，各履其责。此外，要强化组织内部制度建设，包括社会组织内部的财务管理、项目运行管理、人员培训、志愿者管理、社会公共关系协调等组织制度的建立。

7　本章小结

中国特色社会组织是实现国家治理体系和治理能力现代化的重要主体，是服务于我国实现"两个一百年"奋斗目标和中华民族伟大复兴的中国梦的重要力量，因此，建设和完善中国特色社会组织保障体系刻不容缓。本章通过对中国特色社会组织发展保障体系的四大影响因素进行分析，提出重塑政社关系，改革旧管理体制；完善法律法规，健全法律机制；优化社会组织发展的社会环境；提升社会组织自身素养，增强持续发展能力这四点建议，以完善社会组织发展的保障体系，促进中国特色社会组织科学发展。

参考文献

［1］李晓西，赵峥，李卫锋．完善国家生态治理体系和治理能力现代化

的四大关系——基于实地调研及微观数据的分析［J］.管理世界，2015（5）：1-5.

［2］杨莹.社会组织助推国家治理现代化探讨［J］.宏观经济管理，2016（10）：37-40.

［3］陈思，凌新.社会治理精细化背景下社会组织效能提升研究［J］.理论月刊，2017（1）：147-150.

［4］张博.社会组织促进治理现代化问题探讨［J］.理论探讨，2015（4）：39-42.

［5］Kettle. The GlobM Public Management Revolution：A Report on the Transformation of Govemance［M］. Washington：Brookings Institution，2000.

［6］Peter Graefe. Personal services in the post-industrial economy：adding nonprofits to the welfare mix［J］. Social Policy & Administration，2004，38（5）：456-469.

［7］齐久恒.中国特色公民社会组织的发展瓶颈——基于制度视角分析［J］.领导科学，2015（35）：4-7.

［8］人民日报评论员：走中国特色社会组织之路［DB］.中国共产党新闻网. http：//cpc.people.com.cn/pinglun/n1/2016/0822/c78779-28653415.html，2016-08.

［9］莱斯特·萨拉蒙.公民社会——非营利部门视界［M］.贾西津译.北京：社会科学文献出版社，2007.

［10］萨拉蒙.公共服务中的伙伴一现代福利国家中政府与非营利组织的关系困［M］.田凯译商务印书馆，2008.

［11］Hansmann，Henry. The Role of Nonprofit Enterprise［J］. Yale Law Journal，1980，89（5）：835-901.

［12］Nicholas Henry. Public administration and public affairs［M］. prentice hall，2001.

［13］王名.中国非政府公共部门［M］.北京：清华大学出版社，2004（3）：9.

［14］Gidron . B. Katz.H. 2002. Patterns of Government Funding to Third Sector Organizations in Israel as Reflecting a de facto Policy and their implications on the structure of the sector in israel［J］. International Journal of Public Administration,，2007，24（11）:1133–1159.

［15］浒源源，王通.公共物品中的合作与责任：政府与社会组织［J］.马克思主义与现实，2015（2）：168–173.

［16］里贾纳·赫兹林杰.非营利组织管理［M］.北京：中国人民大学出版社，2000.

［17］李少惠，郎玫.生态文明视野下地方公共行政的善治模式［J］.上海城市管理，2013（1）：6–7.

［18］王名，孙伟林.我国社会组织发展的趋势和特点［J］.中国非营利评论，2010（1）：1–23.

［19］冯刚.论社会组织的社会稳定功能—兼论"社会复合主体"［J］.浙江社会科学，2012（1）：66–73.

［20］纪莺莺.当代中国的社会组织：理论视角与经验研究［J］.社会学研究，2013（5）：219–241.

［21］王名，佟磊.清华NGO研究的观点与展望［J］.中国行政管理，2003（3）.

［22］谢海定.中国民间组织的合法性困境［J］.法学研究，2004（2）.

［23］涂才江.社区社会组织发展战略思考［J］.社团管理研究，2012（4）：9–11.

［24］曾莉，刘隽.非营利组织在社区治理中的角色困境［J］.理论导刊，2007（6）：64–66.

［25］侯国凤，邹照兰.社区志愿服务的发展及对策分析［J］.湘潮月刊，2008（11）：15–16.

［26］蒋永穆，黄晓渝.中国特色社会组织：内涵厘清与体系架构［J］.上海行政学院学报，2016，17（5）：67–75.

［27］詹成付.运用互联网思维和技术推进社会组织治理［J］.中国社会组织，2016（16）：8–10.

［28］王名.社会组织概论北京［M］.北京：中国社会出版社，2010.

［29］丁立.促进社会组织发展的税收政策［J］.税务研究，2015（11）：108–111.

［30］王名.走向公民社会——我国社会组织发展的历史及趋势［J］.吉林大学社会科学学报，2009（3）：39-44.

［31］张向前.中国社会组织监管创新战略研究［M］.北京：光明日报出版社，2016.

［32］王劲颖.美国基金会发展现状及管理制度的考察与借鉴［J］.中国行政管理，2011（3）：58-62.

第十六章　高校单位型社区党组织作用发挥初探
——以华大社区为例

1　引言

近年来，随着城市化进程的加快和社会结构的变迁，社区逐渐成为城市治理的重心，其在社会治理及居民生活等方面的作用也越来越大。如何加强社区党组织在社区治理中的作用，是当前基层组织建设面临的一项重要课题。学者 Gore[1] 指出了现代社区党组织既没有过去党组织所具有的准行政化权力的支撑，又没有对工作机会、社会福利等工作生活资源所具有的垄断性权力，但同时却要面对由匿名化的、原子化的、市场化的、流动化的个人构成的一个松散的社区。因此，周义程[2] 等认为社区党组织首先要是正确处理党的领导、政府治理和社区自治三者之间的关系，对社区党组织、基层政府和社区居委会各自扮演的角色进行理性设计，藉此加快城市社区管理新体制的建构。社区党组织在社区建设和管理中应该承担领导核心功能、服务群众功能、整合社区共同利益以及维护社区稳定功能[3-4]。在具体的实践中，上海市某社区党组织通过成立"社区服务联盟"等形式有效发挥了治理社区的作用[5]；昆明市五华区党组织从社区的实际出发，建立了社区网格化管理模式，实行社区干部包街、包巷、包户责任制，实现社区治理全覆盖[6]。社区党组织在开展具体工作中，还存在不少障碍，吴梅芳和王良斌[7] 认为究其原因是相关部门对社区党组织作用及社区党建工作认识不到位，社区党组织干部队伍结构与素质难以适应社区工作新形势，经费投入不足难以适应社区党建新要求。谢正富[8]指出市场经济时代，社区党组织工作开展必须有市场机制的激励和企业管理技术的引入。社区党组织的工作模式要由传统的控制社区向推进社区治理实现善治转变，由传统的行政主导向提升理论和实践说服力转变，由传统的组织全覆盖向影响力的全覆盖转变，由传统的成绩主导向当前的问题主导转变[9]。王兴磊[10]建议在社区资源有限的条件下，社区党组织可以通过激励惩罚式动员、宣传型动员、活动式动员和精英式动员等方式调动社区内的资源参与社区治理。更为重要的是提高社区党组织的队伍建设，通过激励与考核并重的方式，提高党组织的治理能力[11]。然而高校单位型社区不同于一般的城市社区，党组织的功能定位、功能发挥以及实现途径等都具有特殊性，通过对高校社区这一类具有典型单位制特征的社区进行研究，能深化我们对单位制社区中党组织角色和作用的认识，并为相关社会工作研究与实务提供一个本土化的视角。

2 高校单位型社区的特点

单位是工作单位的简称，伴随着新中国的成立，需要建立起高度集中化的全能型国家政体和城市管理体制，以充分调动社会有限资源，单位制便建立起来了。改革开放以来，随着计划经济体制的解体以及市场经济的引入，传统的由国家统一管理的局面被打破，经济市场、劳动力市场也日益呈现出多种形式，人员的自由流动加速了传统单位制的瓦解。中国社会经历了一个"去单位化"的过程，然而当下的中国并没有完全进入"后单位制"时代，而是处于一种"单位制"与"社区制"混合制时代，一部分人群仍生活在"单位制"的制度安排下，如党政机关、事业单位、高校等。这些单位型社区具备较为丰富的资源，相当规模的人口，较强的文化认同感，完善的设施设备和管理体制。具体来说，现代单位型社区有如下几个特点：（1）单位型社区不再依附于单位，但与单位联系紧密。虽然单位型社区还保留计划经济时代的组织特征，但社区党组织已经不完全依附于单位组织。社区党组织所具备的行政权力和资源控制能力已经远远不能和计划经济时代相提并论。但单位型社区服务的主体是单位中的人群，从某种程度上可以说，社区是单位党组织工作的延伸，因此社区和单位天然存在紧密的联系。（2）单位型社区居民的同质性比较高。从居住空间来说，单位型社区形成了同种身份的居民相对聚居，居住地域的临近与工作中的合作相结合。它的特征是以单位为依托，工作与生活处于相近的地域内。因此，中国的单位是一个"熟悉的社会"，一个"没有陌生人"的社会。单位型社区的居民相互了解甚至朝夕相处，他们对社区有一种天然的归属感和认同感，社区互动和社区活动参与的积极性相比一般社区要高很多。（3）单位型社区具备相当丰富的社会资源。单位型社区结合了居民业缘和地缘的特征，培育出丰富的社会资源，这种资源表现在两个方面：居民社会网络和组织资源。虽然高校单位型社区与高校不存在依附关系，但社区内的各种资源很大部分都是来源于高校。高校对社区给予足够的重视并且给予丰富的资源，社区才能得以发展。

3　华大社区党组织的角色功能定位：服务型党组织

党的十八大报告作出了"以服务群众、做群众工作为主要任务，加强基层服务型党组织建设"的重要部署，这是中央对社区党组织的功能定位和明确要求，也是社区党建工作围绕中心、服务大局的具体体现。强化党组织的服务功能成为基层党组织现阶段探索创新的一个重要方向。习近平同志强调，党的基层组织是我们党执政为民最为重要的组织基础，是做好群众工作最基本、最直接、最有效的力量。要推动基层组织把知民情、解民忧、化民怨、暖民心作为经常性工作。对此，华大社区党组织必须适应社区发展的新趋势，把握现代社区治理的内在要求，把社区党组织的工作重心转到社会管理和服务上来。新形势下，华大社区党组织建设紧紧围绕"服务型党组织"这个新定位、新要求，把党全心全意为人民服务的宗旨具体落实到群众之中。

3.1 社区概况

华侨大学社区位于华侨大学校区内，于 2003 年 4 月成立居委会，主要辖管华侨大学东区、西区、南区、新南区四个居民区及北区学生生活区，服务对象主要是华侨大学教职工及其家属，属于典型的单位型社区。社区占地面积约 1.1 平方公里，社区教职工及学生宿舍共有 166 栋楼，餐厅 6 个，图书馆 2 座，运动场 4 个。辖区内常住户约 1300 户，常住人口 3152 人，流动人口 440 人，在校学生人数 14500 人左右。并设有附属中学、第八中心小学和幼儿园等。2010 年 5 月 8 日，华大社区党支部正式挂牌成立。现有 26 名正式党员，平均年龄 33 岁左右，其中硕士研究生学历 4 人，其余均为大学学历，教育程度普遍较高，专业能力较强。社区与华侨大学有着天然的联系，使得社区实施"校地共建"模式能在探索中逐渐发展，有力推进了校地的互利共赢。近年来，社区先后被评为市级计划生育合格社区，市级绿色社区，"区级'168'基层党建示范社区""区级文明社区"等多项荣誉称号。

3.2 社区服务需求评估

根据华大社区的实际情况，结合调查需求报告，华大社区服务的主体有老年人、少年儿童和妇女等弱势人群。（1）老人服务需求。华大社区共有 1080 多名离退休人员，其中 60 岁以上老年人有 800 多名，80 岁以上的高龄老人 208 人。独居空巢老人约 40 余人，失能老人 6 人，半失能老人 20 多人。老年人在社区医疗康复服务、日常生活照料服务、居家护理服务、精神慰藉等方面的需求日渐迫切。调查显示，老年人对于社区居家养老的预期较高，希望能够提供全方位、多元化的服务项目。具体分类来看，选择医疗保健及家政服务的调查对象最多，其次是希望提供聊天、健身、娱乐等精神文化服务。（2）大学生服务需求。华大社区在校学生将近 15000 人，他们既是社区服务工作开展的重要力量，同时也是社区服务的主要服务对象。通过调查，大学生们主要希望在社会实践，志愿服务，勤工俭学等方面提供服务。对社会教育、助学帮困、就业指导等方面的服务也有很大的需求。（3）家庭服务需求。家庭是社区的组成部分，服务家庭是社区工作的重要职责。华大社区常住住户有 1300 多户，其中大部分是学校的教职工，不少还是双职工，辖区内幼儿园放学时间在 4：50—5：00 之间，第八中心小学一、二年级是 4 点放学，其他年级是 4：50 放学，而华大工作人员 5：30 才能下班，因此接送小孩以及作业辅导等就显得力不从心。从调查情况来看，家庭对儿童看护，孩子的作业辅导、家庭关系、教育健康、家政服务以及社区邻里之间的交流都有迫切的需求。

3.3　社区服务机制构建

单位型社区服务的核心功能在于它联系着特定的组织和群体。居民也正是通过一定组织形式的参与或给予服务而融洽于社区生活之中。所以社区服务在社区生活中发挥着独特而又丰富的功能。强化单位型社区党组织的服务功能，通过创新并完善服务载体、服务方式、服务机制，使党员、党组织潜移默化地贴近群众、深入群众，在服务的过程中团结群众、引导群众、赢得群众，才能真正将群众团结在党组织周围，发自内心地响应党组织的号召，实现党对社会的领导。华大社区党组织紧紧抓住服务型社区这一核心目标，如图 16—1 所示，围绕建设管理有序、服务完善、文明祥和的高校单位型社区，社区党组织充分发挥在社区工作中的领导、沟通协调、整合资源、监督管理、思想导向等作用，广泛动员社会各界共同参与社区建设，努力构建"党支部领导、居委会负责、社工机构协同、居民主动参与、法制健全保障"的新型服务型党组织。通过推进"一定五化"即定发展目标，布局功能化、管理智能化、服务人本化、协作社会化、保障多元化。着力打造便捷高效的社区服务平台，提供民政服务、劳动保障、生活服务、综合治理、法制宣传、社区卫生等政府公共服务。引进专业社会服务机构，重点拓展家庭综合服务项目和居家养老服务项目，为儿童、老人提供专业服务。同时，开展邻里文化活动，增加邻里和睦，提高社区凝聚力，全力打造服务促进型社区。

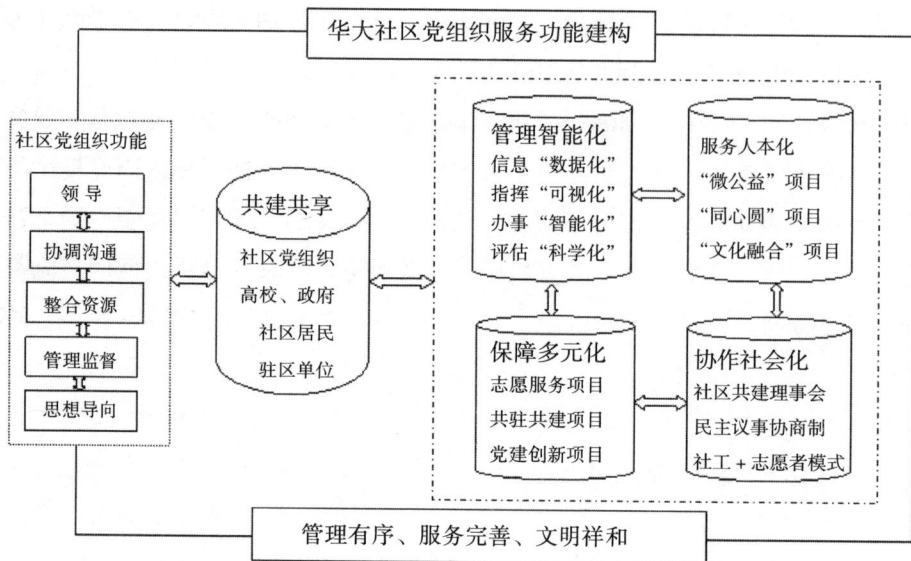

图16—1　华大社区创建服务型社区框架

4　华大社区服务型党组织的实践探索

近年来，华大社区党组织以"居民受益、师生满意"为品牌创建目标，以"优势互补、共谋发展"的校地共建为原则，以微信、微博、徽商为工作平台，用社区党建带动社区计生、卫生、文化、治安、环境等各项社会工作协调开展。举办形式多样、贴近民生的社区志愿服务活动，努力建设起一支相对稳定的社区大学生志愿服务队伍，为辖区内的居民群众提供了全方位的特色服务。基层服务型党组织建设取得显著成效，创新了党的群众工作方式，形成了一批特色服务品牌，受到了广大党员群众的欢迎。

4.1　健全组织、优化思想，加强自身队伍素质建设

首先，社区党组织从选好、用好、管好班子成员的队伍入手，扎实开展理论学习，专题教育，提高党员干部政治素质。坚持每周一上午社区学习制度，社区两委成员轮流授课并布置本周的重点工作，研究讨论本周要解决的事项，并对上周布置的工作落实情况进行反馈。通过理论学习、专题调研、学习考察等实践活动，把学习贯彻党的十八大和十八届六中全会精神不断引向深入，为全面完成好年度社区各项目标任务奠定坚实的思想基础和理论基础。其次，落实主体责任，推进党风廉政建设深入开展。贯彻落实《华大街道关于落实党风廉政建设党组织主体责任的实施意见》文件精神，把党风廉政建设作为党组织建设的重要内容，贯穿在各项工作之中，并纳入两委成员目标管理，层层分解落实工作责任。社区两委成员践行"三严三实"和落实中央八项规定精神，组织观看"不忘初心，继续前进"等专题纪录系列片，让社区干部接受"零距离"的反腐倡廉警示教育，着力营造"不敢腐、不想腐"的强大震慑氛围。再者，完善社区党建工作。全面落实"135"社区党建工作机制，健全和优化社区党组织设置，发挥社区党组织的领导核心作用。建立社区党建工作联席会议制度，实行社区党组织领导成员直接选举，健全社区党员代表议事制度，探索党内基层民主的多种实现形式。完善社区"两委"议事协调机制，改进社区党组织的工作方式，有效发挥支持社区自治功能。加快推进学习型、服务型、创新型社区党组织建设，建立在职党员到社区报到机制，开展社区党员志愿服务、结对帮扶等活动。

4.2　一定五化、落实目标，构建新型社区治理模式

2017 年，华大社区作为新型社区治理试点，坚持以社区居民服务需求为导向，以社区居民认同满意为标准，按照"多元主体、多元治理、多元服务"为特征的新型社区治理模式，通过推进"一定五化"（定发展目标，布局功能化、管理智能化、服务人本化、协作社会化、保障多元化）建设，广泛动员社会各界共同参与社区建设，努力构建"党支部领导、居委会负责、社工机

构协同、居民主动参与、法制健全保障"的新型社区治理格局。着力打造便捷高效的社区服务平台，提供民政服务、劳动保障、生活服务、综合治理、法制宣传、社区卫生等政府公共服务。引进专业社会服务机构，重点拓展家庭综合服务项目和居家养老服务项目，为儿童、老人提供专业服务。同时，开展邻里文化活动，增加邻里和睦，提高社区凝聚力，全力打造服务促进型社区。社区自开展"双联双争"活动以来，充分利用社区"一站式"服务大厅、党员活动室、社区老年活动中心、居家养老站、计生服务室等社区活动场所及服务设施，定期为居民群众提供各类服务，如社区以服务社区、服务居民为出发点和落脚点，着力抓好社区便民服务厅和多功能活动室、文化宣传长廊建设，规范建立"一站式"便民服务大厅。有效整合志愿者、工作场所、服务项目等各类资源，加强党员专业服务室建设，扎实推进"双联双争"及"两学一做"活动，抓好党员"三诺"、党员设岗定责和党员志愿者服务等环节。目前，共有 17 名市直、区直部门在职党员到社区报到，社区党员和市直、区直部门党员共认领服务项目 6 个、岗位 13 个，组建党员专业服务室 2个，开展灵活多样的个性化志愿服务活动。

4.3 谋民所需、创新服务，以居民需求为导向

根据习近平总书记的号召，努力实现"中国梦"的伟大构想，作为基层党组织来说就是积极地做好分内工作，真正做到服务百姓，从群众中来，到群众中去。华大社区作为全市唯一的高校单位型社区，不仅拥有着怡人的环境，丰富的大学生志愿者资源，大部分居民还是教师及家属等高级知识分子。社区党支部成立以来，社区就以致力打造"志愿服务型"社区党组织为目标，根据居民的需求提供切实的服务。（1）提供针对少年儿童的服务。社区充分利用学校资源，建立了两间活动室，并配备了桌椅、电脑、书籍、各类益智玩具等。组建社区志愿服务队，开设了四点课堂、周末读书会；不定期举办舞蹈班、绘画书法班、英语兴趣班、科技、手工制作等各类兴趣班。每年还举办社区中小学生暑期学习班，为社区中小学生辅导美术、舞蹈、英语等课程，平均每年有 30 多名社区中小学生参加。此项活动已开展了 4 年多，得到

了居民群众的一致认可和赞誉。（2）针对社区居民的服务。以前，社区内拥有阅览室，小教室，英语角等地方，却无法很好地加以利用。社区通过积极宣传和组织，让辖区内的居民群众走入社区书屋免费看书，利用英语角开展活动，组织英语爱好者和华侨大学的学生相互交流，丰富日常生活，提高英语水平和能力。（3）提供家庭综合服务。社区根据居民需求，采取政府购买服务的方式，开展"同心圆"家庭综合服务站建设和居家养老服务站建设，配备专业社工，推行"社工+志愿者"的工作模式，为高校退休老年人及社区妇女、儿童提供专业化、高质量的社会服务。（4）针对各类特定人群的服务。针对病残居民，开展上门医疗、康复咨询、家政帮扶、就业协助等志愿活动，提供"贴心化"服务；针对"空巢老人"，开展生活照料、医疗保健、休闲娱乐、精神慰藉等"亲情化"服务；针对下岗职工，收集辖区内企业、商店以及有关单位的用工需求信息，制作分发岗位需求菜单，提供"菜单式"服务；针对流动人员，提供办理暂住证、房屋租赁、就业咨询、法律援助等"全方位"服务。自2009年来，社区累计帮扶困难家庭121户，提供志愿服务2000多人次，帮助实现就业352人次。

4.4　与时俱进，"三微"铺路，开创社区工作新局面

华大社区以"居民受益、师生满意"为品牌创建目标，以"优势互补、共谋发展"的校地共建为原则，以微信、微博、徽商为工作平台，用社区党建带动社区计生、卫生、文化、治安、环境等各项社会工作协调开展，举办形式多样、贴近民生的社区志愿者服务活动，努力建设相对稳定的社区大学生志愿服务队伍，为辖区内的居民群众提供了全方位的特色服务，成为"三大·大微"高校型党建模式的典范。（1）创建微博为宣传平台，打造华大居民安居乐业的社区。随着社区事业的发展，社区党支部主动以"两学一做"为契机，倡导"大服务"的意识，2016年8月创建了"微博"宣传平台，引导广大党员干部，拓宽工作视野，拓展服务内容，现正有条不紊地开展学业辅导、心理咨询、关爱孤老、助残济困等"一挂两定"（挂牌、定点、定时）的志愿服务工作，真正实现"党员在身边"的先锋模范作用。（2）建成以微

信为融合平台的华大师生社会实践基地。在科学信息高速发展的今天，社区不能仅靠宣传栏、学习例会、举办活动等为服务载体，社区充分运用微信工作群、微信公众号等先进手段，及时为大学生提供社会实践岗位。社区利用空置场地，成立社区儿童之家，并且设了儿童自主图书室、绿色网吧和青少年科学活动室，交由大学生志愿者管理，每周末定期开放，不仅给大学生提供锻炼，也提升了社区科学议事决策和服务能力。（3）社区下一步将以微商为服务平台，融合华侨大学后勤工作的内容。为响应"互联网+"和"大众创业，万众创新"的国家战略号召，社区将以社区服务为核心理念，协调相关部门筹建"华大云商场"，建立从社区到家庭的全生态、互联网化、开放的服务平台，致力于为社区公众提供高效、便捷、完善、贴心的产品和服务。采用线上线下相结合的O2O运营模式，建立线上社区便民服务平台，整合电商、咨询、服务等优质资源，线下布设社区实体门店，为辖区群众提供物美价廉的电商产品和优质的便民服务。

4.5 搭建平台、整合资源，提高服务能力

近年来，华大社区党支部积极落实党员志愿服务机制。一是，实施驻区单位共驻共建项目。成立社区共建理事会，积极推动驻区机关、企事业单位将文化、教育、卫生、体育等活动设施向社区居民群众无偿、低偿开放。通过签订协议，结对加接力的方式，推动驻区企业、机关、学校、医院等成立志愿服务队进社区服务，引导公益慈善类、城乡社区服务类社会组织到社区开展志愿服务。开展结对帮扶社区困难群众活动，帮助困难群众解决实际困难。目前80%以上的驻社区单位与社区签订共驻共建协议。驻区单位每年要帮助社区做1-2件实事。自2009年来，社区共开展各类资源共享、互惠互利的共建活动26次，促进了社区服务能力的提升，提高了社区居民的满意度。二是，发展社区志愿服务项目。华大社区积极依托华侨大学的各个院系，建立5支志愿者队伍，涵盖300多名党员及大学生志愿者，围绕济贫救困、家政服务、文体活动、文明劝导、心理疏导、医疗保健、法律服务、美化绿化等内容，广泛开展形式多样的志愿服务活动，力争覆盖困难群众所需的各种

服务。三是，华大社区党支部按照"按需设岗、因事设岗"的原则，从群众关心的热点难点出发，从社区工作的需要出发，采取一岗多人、多人一岗的办法，设立了纠纷调节岗、民情收集岗、医疗保健岗、社区治安岗、环境卫生岗、警示教育岗和文体示范岗七个党员责任岗，并明确了岗位职责。社区在岗党员自觉佩戴党徽，亮明党员身份，接受群众监督。

5 社区党组织作用发挥面临的主要障碍

社区党组织作用之所以没有得到充分发挥，重要原因在于社区党组织在工作开展中仍面临着诸多障碍。为了准确掌握华大社区党组织面临的主要问题，课题组通过与社区干部的座谈会及个别访谈了解相关情况。据调查对象反映，华大社区党组织作用发挥主要面临三大难题：思想难题、人才难题、保障难题。在思想上，有关各方对社区党组织作用及社区党建工作认识不到位；在人才上，社区党组织干部队伍结构与数量难以满足社区工作的需要；在保障上，经费投入不足导致社区工作难以开展。具体表现情况如下。

5.1 对社区工作的重要性认识不足

思想是行动的先导。要使社区党组织的作用得以充分发挥，上级主管部门及其领导、社区党组织的干部队伍、社区党员、在职单位党员、驻区单位等必须从思想上充分认识到社区党组织在社区建设和管理中的作用。但实际情况不容乐观。首先，街道与社区党组织干部对社区党组织作用认识不够。仍然有一些社区党组织干部对社区党组织在社区建设与管理中应该发挥哪些作用缺乏清晰的认识，工作的主动性和积极性不高，存有等到检查再临时抱佛脚的惰性心理和侥性心理。其次，驻区单位党组织社区参与意识不强，对社区党组织认识不清。单位党组织普遍认为自身与社区之间不存在依靠和制约关系，社区党建应由街道、社区党组织自主承担，存在支持、参与社区建设自觉性不高、责任感不强等现象。因此，社区党组织在工作中往往出现"小社区"难享"大资源"，"小媳妇"难管"大婆婆"的局面。再者，党组织内部还存在沟通不够，配合不默契，造成工作的延误时有发生，今后应重视"打铁还需自身硬"的道理，把班子内部的团结工作落实到日常的实际工作中，强调班子的互帮互助，分工不分家。

5.2　干部队伍难以满足社区工作开展

社区党组织干部队伍素质的高低，直接关系到社区党建各项任务的落实，关系到社区党组织作用能否得到充分发挥。目前华大社区党组织干部队伍存在着结构不优、人才短缺等问题，难以适应社区工作新形势。目前华大社区居委会主任这一职位一直空缺，在一定程度上给社区的各项工作开展带来了诸多的不便。且社区两委只有三个是党员，支部有部分党员长期是空挂对象，无法真正在社区中发挥党员先锋模范作用。同时，干部队伍的综合素质不高。社区党建工作是一项富有时代特征的全新工作，需要社区党组织干部队伍具有较高的综合素质。一方面，要具有较强的政治水平、有亲民务实奉献的作风、坚韧的毅力、强健的体魄等基本素质。另一方面，要具有一定的专业素质。总体而言，社区党组织干部队伍综合素质还不够高，同社区党建工作的发展要求存在较大差距。真正懂得社区建设和管理方面知识的人不多。第三，选拔任用渠道较单一，没能真正将社会上的优秀人才吸纳到社区工作岗位上来。

5.3　经费投入不足影响工作开展

首先，工作经费短缺。工作经费短缺是制约社区工作正常开展的瓶颈。华大社区是纯单位型的社区，一年仅社区工作人员的工资补贴和社会福利缴交支出约为22万，加上办公耗材支出一年大约需25万元才能确保社区的正常运转。仅靠区拨5.5万元和华侨大学拨3万元（包括水电、电话费支出）

的办公经费，社区经济捉襟见肘。由于办公经费短缺，导致了办公的基础设施配备不到位，办公场所有限，严重影响社区工作的开展。其次，社区干部待遇低、任务重、压力大、发展机会少。一方面导致社区工作岗位吸引不强，难以选拔到素质高、能力强的人才；另一方面导致社区党组织干部内在动力不足，工作被动应付。在体制上，华大社区既不是一级行政机构，也没有真正成为自治组织，社区干部身份仍不确定，既不是国家公务员，又不是事业单位干部，社区干部的社会地位被"边缘化"，发展机会少，经济待遇也较低。根据课题组调查，一名工龄为 9 年的社区工作人员，扣除"五险"后实际到帐的工资为 2350 元。而住房公积金是各个社区根据自己的实际经济能力来办理的，就以华大街道为例：一共 7 个社区，各个社区办理的住房公积金有 900、760、600 和 504 元四个不同标准。可见华大社区整体的薪酬与福利待遇较低。与较低待遇不成正比的是工作任务却很繁重，事无巨细。

6　华大社区党组织作用发挥的保障措施

6.1　加强社区党组织队伍建设

在社区党组织建设上，要突出社区领导班子建设，提高整体素质。党的十八大报告明确提出要健全党的基层组织体系，加强基层党组织带头人队伍建设。社区党组织作用发挥程度如何，主要取决于社区党组织队伍建设，尤其取决于社区领导班子建设。只有社区领导班子成员的整体素质达到较高水平，才能更好发挥社区党组织的作用。在人才建设方面，首先，开阔选人视野，拓宽用人渠道。改进选拔方式，采取公开招聘、"两推直选"与选派任职等形式，把有能力、群众公认的人才选拔到社区领导岗位。其次，加强教育培训，提升队伍整体素质。社区党组织要注重对社区党组织队伍的教育与培训，提高做群众工作的能力与社区管理的本领。第三，强化监管，注重激励。一方面，应加强目标管理，改革完善现有的考核办法和评价体系。要按照在工作实践中识别干部、检验班子的原则，把政绩是否实、作风是否硬作为社区党组织干部首先要考评的内容，要因地制宜，制定科学合理的考核评价体系，定目标、定责任、定考核标准、定奖罚措施，以形成优胜劣汰的长效机制。在建立、健全民主管理和民主监督制度方面，严格规范党务公开，完善个人重大事项报告等日常监督措施，进一步规范社区党组织干部的行为。

6.2　完善社区党组织工作机制

社区党组织工作要从社区和自身实际出发，努力构建一整套内容协调、程序严密、配套完备、有效管用的党组织工作机制，以提升服务社区居民社区治理的能力。首先，要调整优化社区党组织的设置形式。充分融合社区内的党员资源和组织资源，大力推行社区建党委，努力形成以社区党委为主体、小区党支部为依托、楼群党小组为基础的纵向组织体系。其次，建立规范的社区党政关系。从宏观上看，政党和政权有着天然的、密不可分的联系。社区政府"掌舵"与"划桨"功能分离，主要制定社区发展的政策和运作法规，为社区居民提供公益物品和公共服务。"党"和"政"必须在职能上进行合理分工，必须在载体上分开，但是政党又一定要以适当的方式领导或参与政权，组织或监督政府，要在各个社会利益群体和政府之间充当一条稳定的"通道"。再次，是建立健全社区党组织资源整合机制。社区党组织工作要打破传统的条块分割状态，按照"条块结合、资源共享、优势互补、共驻共建"的原则，建立健全由社区党组织牵头、驻区单位党组织参与的社区党建工作协调议事机构。全面统筹社区内党组织资源，充分调动驻区单位党组织参与社区工作的积极性，推动驻区单位将一些公共资源向社区开放，为社区居民提供方便。实现结对共建、资源共享，共同推进社区工作的发展。最后，建立健全社区党组织工作经费保障机制。鼓励社会力量参与社区公益事业和活动的投资、捐助和志愿服务，形成政府主导、社会协同的社区党组织工作经费保障机制。

6.3　进一步创新社区服务形式

在社区治理中，社区党组织的工作是通过服务社区居民，完善社区治理来实现的。为此，社区党组织要结合社区实际，创新活动方式，突出服务功能，激发社区活力，进而促进社区治理。一是注重生活化的组织活动形态。坚持以社区居民服务需求为导向，以社区居民满意为标准，按照"多元主体、多元治理、多元服务"为特征的新型社区治理模式，从社区居民日常生活、社区组织日常治理的行动逻辑出发，注重发现党组织工作与社区居民关注问题与社区治理难题之间的契合点，进而以服务者的姿态进入社区治理领域，在服务社区居民和社区治理的过程中促进党组织政治作用的发挥。二是积极搭建社区治理服务平台。社区党组织工作主要是围绕社区治理、社区建设来进行。在这一过程中，首要的任务是根据社区实际和积极搭建社区治理服务平台，这是社区党组织开展工作的重要载体。例如，设置集党员服务、社区工作、社区服务等于一体的党员服务中心，开展社区民主议事协商项目、社区网格化服务管理项目、社区"微公益"项目、驻区单位共驻共建实施项目等。努力拓宽服务社区居民、社区治理的载体和途径。三是努力创建服务品牌。当前华大社区已经在建设服务型社区上迈开了第一步，在今后的党建工作中，社区将进一步从群众关心的热点难点出发，从社区工作的需要出发，将以"两学一做"学习活动为契机，继续加强"三微"平台建设，把社区建设成为华大居民、大学单位、大学师生等"三大"服务对象安居乐业的家园。

6.4　形成社区多元治理主体

根据西方的"治理"理论，无论是公共行动者或私人行动者，都没有能力独自解决复杂多样、不断变动的社会问题，因为这些行动者不可能获得所有的资源。这一理论同样适用于高校单位型社区的治理。民政部将社区建设的运行机制概括为"党委领导、民政部门牵头、有关部门配合、街道居委会主办、社会各方面支持、群众广泛参与"，这正是对"治理"理论的恰当应用。因此，华大社区党组织在今后的工作将积极与其他社区治理主体形成良性互动关系，构成相互合作的社区多元治理主体。一是正确处于与居委会的关系。社区党组织要促进党、政府与居委会的良好合作，提高居委会的自治程度，培育居委会的自治能力，加强基层民主政治建设，而不是干涉、包揽属于居委会自治范畴的社区事务。二是扶持社区非营利组织发展。非营利组织是与居民沟通的桥梁，一方面要满足参与者的利益诉求和生活需求，另一方面承接政府转移的部分职能，负有组织公民参与社区治理的责任，它是居民有序参与和自我管理的重要平台和依托。社区党组织可以通过影响政府的公共财政政策和法规的制定，为社区非营利组织的发展提供宽松的制度环境。三是发挥社区人力资源的作用。高校单位型社区最重要的资源是人力资源，他们对自身的发展、自我价值的实现给予极大的关注。社区党组织要因势利导，配合政府部门把社区发展的需要和社区居民自身发展的要求结合起来，不断提供社区居民展示自己的良好环境和条件。

6.5 高校要积极支持社区党组织的工作

首先，要认识到社区与一般单位部门的不同。很多高校会把社区当做一个下属机构进行管理，以前这样的管理已经可以满足基本的需求，但是现在社区服务渐渐从政府和高校活动中剥离出来，高校也必须对社区管理进行重新审视和了解，认识到社区是一个独立的集合体，从而为社区发展打好基础。其次，高校要给社区足够的空间。由于高校型单位社区与高校存在千丝万缕的联系，社区党组织在社区管理上与高校很多其他机构有着重叠，具体事务中频繁出现了工作范围重叠、冲突以及居民不知道应该找哪一个单位进行解决问题的状况。对于这种情况，高校可以对双方的权利进行重新的划分，社区内的事务应该逐渐交由社区党组织进行管理，对于不涉及或者是较少涉及社区内自身事务管理的部分可以继续由高校其他部门进行管理。高校要积极与社区展开互动。随着高校社区党组织的建立，社区管理与单位其他部门之间的沟通问题就显得尤为重要。良好的沟通和联系以及互相了解的增进都可以促使工作效率的提高，为和谐社区的建设提供更好的保障和支持。高校应主动积极与社区进行资源联动，制定资源共享机制，以更好的服务社区居民。

7　本章小结

在现代多元治理结构中，社区党组织必须明确自己的角色功能定位，才能在基层社会治理中发挥应有的作用。建设服务型党组织是新时期社区党组织的角色功能定位。华大社区紧紧围绕这一目标，根据社区实际提出和部署了服务型党组织建设，引导各级党组织在组织覆盖、服务载体、服务阵地、服务机制等方面积极探索和创新，基层服务型党组织工作取得显著成效，创新了党的群众工作方式。同时要看到，华大社区党组织还面临自身队伍建设问题，办公经费短缺的困难，因此华大社区党组织作用的发挥离不开上级及相关部门的支持。需要多元治理主体在职责分明而又相互依赖、合作的基础上促进社区的发展。今后，华大社区必须通过加强自身队伍建设，完善社区工作机制，创新服务形式，形成多元治理主体，并争取高校和上级主管部门的大力扶持，不断提高服务社区、管理社区的能力水平，从而更好的发挥在社区工作中的服务功能。

参考文献

［1］Lance Gore. The Chinese Communist Party and China's Capitalist Revolution: The Political of Market, New York: Routledge, 2011.

［2］周义程；周忠丽；葛燕.城市社区社会管理体制的结构性重塑——基于社区党组织、基层政府和社区居委会角色定位的考量［J］.中共四川省委省级机关党校学报 2013（3）：63-68.

［3］张超.城市社区党组织建设的历史演进及其行为取向［J］.中共浙江省委党校学报，2016（4）：115-122.

［4］陈超.社区党组织引领居民自治的理论与实践［J］上海党史与党建，2014（8）：54-56.

［5］刘可.社区党组织对社区有效治理的实践与反思［J］.甘肃社会科学，2015（5）：130-134.

［6］张光熊.新时期社区党建工作：成效.问题.对策［J］.中共云南省委党校学报，2016，17（2）：102-107.

［7］吴梅芳；王良斌.社区党组织作用发挥的调查与思考——以安徽省为例［J］.理论探索，2014（4）：15-20.

［8］谢正富.五化并举：社区党组织群众工作能力建设机制创新——基于参与式发展视角［J］.湖北民族学院学报（哲学社会科学版），2016，34（3）：47-50.

［9］袁绍东.新形势下社区党组织社区治理的新思路［J］.哈尔滨市委党校学报，2016（1）：52-56.

［10］王兴磊.浅析城市社区党组织动员的策略［J］.北京市工会干部学院学报，2017，32（1）：28-32.

［11］侯晋雄.村（社区）党组织建设现状、问题与对策研究［J］.重庆邮电大学学报（社会科学版），2016，28（3）：13-18.

第十七章　研究总结

1　研究的主要目标

中国特色社会组织建设是构建现代社会组织管理体制的必然要求，是实现中国特色社会主义制度模式的现实路径之一，是中国特色社会主义"四个自信"的重要组成部分。本研究以中国特色社会主义的观点、立场、方法为指导，研究中国特色社会组织相关理论，探索符合中国国情的社会组织发展战略和实施路径，全面促进中国特色社会组织的发展。本研究若能有效实施，首先，有利于掌握中国特色社会组织发展面临的困境、挑战与机遇，为推动社会组织快速发展寻找系统发展路径。其次，研究社会组织在中国特色社会主义框架下的发展理念、战略路径与保障体系，为党和政府社会组织建设中提供理论支持与决策建议。第三，本研究注重交叉学科新研究理论方法与技术的运用，比较与借鉴相结合，可为解决其他社会问题提供参考，对相关研究者也有较高借鉴价值。

2 研究的主要内容

2.1 中国特色社会主义视域下社会组织建设的理论研究

通过梳理公民社会理论、法团主义、治理理论等西方社会组织发展主要理论，探讨马克思经典著作关于国家与社会理论、社会管理思想，以及中国古代、近代有关社会组织管理思想，结合改革开放后中国共产党在社会组织建设与管理方面的经验，深入贯彻习近平同志有关社会组织治理的重要思想，提出了中国特色社会组织发展道路的理论依据、具体内涵以及理论框架。

2.1.1 中国特色社会组织发展道路的理论依据

首先，建立在对西方社会组织发展理论批判借鉴的基础上。其次，是对马克思经典著作关于社会组织管理思想的继承和发展。第三，是对我国历史上关于社会组织建设和管理思想的传承和创新。第四，是对中国共产党有关社会组织建设和管理思想的实践和升华。第五，是对习近平同志有关社会组织建设管理重要思想的直接体现。习近平的社会组织建设的重要思想包含了习近平同志对群团组织发展的历史事实、理论依据以及现实变化的深刻关怀与精确判断。习近平指出政治性是社会组织的灵魂，先进性是社会组织发展的重要着力点，群众性是群团组织的根本特点。习近平社会组织重要思想是推动我国社会组织治理和发展的有力政治纲领和强大的理论工具。

2.1.2 中国特色社会组织发展道路的理论内涵

首先，社会组织的发展必须坚持中国共产党领导。中国特色社会主义最本质的特征是中国共产党领导，坚持党对社会组织的领导，引领社会组织发展的正确方向，促进社会组织在国家治理体系和治理能力现代化进程中更好地发挥作用。坚持党的领导主要是思想领导、政治领导，党不直接参与社会组织的活动，社会组织在党的领导下依法自治。其次，社会组织的发展必须立足中国国情。第三，社会组织的发展必须坚持改革创新。改革创新既是中国特色社会主义发展之路的客观要求，也是中国特色社会组织发展的重要手段。用改革创新思想去处理当前社会组织在发展过程出现了诸多问题，充分激发社会组织的活力。第四，社会组织的发展必须服务于中国社会建设。服务国家建设是中国特色社会组织发展道路的核心价值。

2.1.3　中国特色社会组织发展道路的理论框架

中国特色社会组织的发展理论框架包括了社会组织的核心使命、发展原则和根本要求。中国特色社会组织发展道路的核心使命是围绕促进社会的安定和谐的目标来运行。中国特色社会组织发展的原则包括放管并重原则、坚持积极稳妥推进原则、坚持公益性原则、以人为本原则。中国特色社会组织发展道路的根本要求包括非政府性、非营利性、自治性、志愿性。

2.2　研究中国特色社会组织的历史发展

2.2.1　研究中国传统社会组织典型民间组织的形成、功能以及运行模式

首先，以宗族、家族为代表的血缘性组织。古代中国国家建设内化于血缘宗法与家族组织之中，忠孝互释，移孝作忠，形成了以宗族、家族为代表的大型社会自治组织。其次，以会馆、公所等为代表的类血缘组织。如以地缘为基础的同乡会馆，以业缘为基础的同业公所。这些拟血缘组织事实上是血缘家族向社会空间的延伸，它以族人近邻等熟人社会原则建构起陌生人组成的新社会。第三，以寺院庙观和乡绅善会等代表的宗教组织。对于那些脱离宗法秩序、无所依靠的人，由寺院庙观等宗教组织和乡绅善会加以组织与体恤。

2.2.2　新中国成立后中国特色社会组织的发展历程

第一阶段，社会组织的重构期（1949—1977年）。第二阶段，社会组织发展的复苏期（1978—1989年）。第三阶段，社会组织曲折发展期（1990—2001年）。这一时期，经济改革的重大突破为社会组织发展注入了新的活力。第四阶段，社会组织的稳定发展期（2002—2012年）。这一时期由于税收优惠、人才建设、组织孵化、先行先试以及备案制、脱钩改制等一系列配套政

策和制度相继落地，中国社会组织进入了黄金发展期。第五阶段，社会组织发展的繁荣期（2012年以后）。这一时期党和国家对中国社会组织发展作出重大创新思维、发展理念和全面改革部署，中国社会组织发展迎来了空前的历史机遇。

2.2.3　中国特色社会组织发展历史的经验

首先，党对社会组织的管理从直接转变为间接。其次，政府的角色由管制转变为服务。第三，社会组织自身不断完善。按照马克思主义的内外因关系原理，政府监管只是外部条件，组织自身建设才是决定其良性发展的内部决定性因素。第四，加强公众监督。

2.2.4　中国特色社会组织发展历程的启示与展望

首先，坚持党的领导。只有坚持党对社会组织的领导，才能够引领社会组织发展的正确方向，更好地激发社会组织活力，促进社会组织在国家治理体系和治理能力现代化进程中更好地发挥作用。其次，坚持立足国情。第三，坚持放管结合。放管结合、放管并重。既要简政放权，优化服务，积极培育扶持，又要加强事中事后监管，不能任由社会组织无序发展。第四，坚持扎根群众。必须坚持群众路线，从群众中来，到群众中去，不断加强服务能力建设，真正有效地为群众提供公共产品和社会服务。

2.3　研究中国特色社会组织监管与发展的内在机理、主要模式

2.3.1　研究中国特色社会组织监管机制与发展的互动关系内在机理

提出中国特色社会组织监管机制与发展的互动关系内在机理图。研究认为，首先，中国特色社会组织的发展是推动社会组织监管机制完善的重要力量，表现为：中国特色社会组织数量发展的必然结果；中国特色社会组织实现质的飞跃的必然要求；实现"小政府、大社会"的必要选择；"互联网+"时代下社会组织与时俱进的必然趋势。其次，中国特色社会组织监管机制的

完善是社会组织发展的重要保障，包括社会组织正常有序发展的制度保障、社会组织理性发展的法制化保障、督促社会组织内部自律自治的重要保障、实现社会组织发展全面监督的综合保障。

2.3.2　研究中国特色社会组织监管机制与发展二者相辅相成、相互促进

研究认为，中国特色社会组织监管机制完善的前提是要有一个健全和发展的社会组织作为支撑，同时也是实现中国特色社会组织发展的手段和价值所在，两者是相辅相成、相互促进。社会组织监管机制的完善为社会组织的发展提供了良好的制度保障、法律保障、自律自治环境、监管环境。社会组织监管机制需要克服阻碍社会组织发展的因素、机制、制度等，更好地为社会组织的发展营造良好的环境。社会组织的快速发展反过来又促进了社会组织监管机制的完善，这种动力源泉不断超越监管制度本身的能力与水平，深入践行中国特色社会主义指导思想，使社会组织监管达到更高的水平。

2.3.3　中国特色社会组织监管与发展的路径

研究提出中国特色社会组织监管机制与发展关系的路径图。提出中国特色社会组织监管与发展建议：小政府大社会，社会组织管理制度需创新；建立监管法治体系，社会组织法律法规待完善；被动化主动，社会组织自治自律必加强；构建综合监管体系，"互联网+社会组织"外部监管全面化。

2.3.4　研究中国社会组织发展主要模式研究

通过分析中国社会组织发展现状，借鉴国外社会组织实践经验，归纳目前我国社会组织发展的三种模式，即政府主导型、行业自治型和草根自发型。发现中国社会组织发展存在的问题：服务效率较低，公众认可不足；创新意识淡薄，运营能力较弱；法律地位模糊，监督机制缺失。提出我国社会组织三种主要模式的发展方向及结合大众创业、万众创新背景，促进社会组织的建立和运行；充分利用"互联网+"，打造社会组织发展平台；加强国际合作，提升社会组织国际化程度；平衡发展，对不同领域、不同地区的社会组织进行整体布局四点建议。

2.4 以我国北京、香港为例——研究中国特色社会组织发展

2.4.1 研究北京社会组织发展

研究认为，社会组织是社会建设的一种有效载体，能够以其独特的组织形式成为连接着政府、市场、社会之间的纽带，在社会生活中发挥着不逊于政府部门、公司企业等其他组织的作用。在我国城市社会组织建设中，北京的社会组织存量最多增量最大。通过梳理社会组织相关经典理论，将之与国内情况相结合，总结北京社会组织的初始发展、缓慢发展、发展壮大和高速发展四个阶段过程及其文化体系尚未形成、数量较少、政府职能有待加强和党建工作滞后等问题，提出：政府、第三方评估机构和公众三个主体需要共同发挥主观能动性，促进社会组织的发展。

2.4.2 研究中国香港社会组织发展

研究认为香港社会组织的发展比较成熟与规范，通过了解香港社会组织的理论研究，分析总结香港社会组织通过法律手段、经济手段以及行政手段进行管理的发展经验，提出加快对社会组织专门法律的制定、引入竞争机制、完善社会组织的税收制度、扩大资金投入、降低社会组织登记注册门槛和实现柔性化管理，促进社会组织的发展。

2.5 以中国科技、商会、公益组织为例，研究中国特色社会组织发展

2.5.1 研究中国特色科技类社会组织发展

研究认为我国科技类社会组织经历了历史发展至今的四个不同发展时期，形成了五种不同类型及功能的组织类型。通过对中国特色科技类社会组织进行 SWOT 分析，提出战略目标，建议通过解决经费来源问题以实现科技类社会组织的稳定发展、完善内部治理机制以推进科技类社会组织的实力发展、提升外部竞争力以实现科技类社会组织的可持续发展、健全法规制度以保障

科技类社会组织的协调发展、拓展国际视野以促进科技类社会组织的国际化发展的发展战略目标实施路径，通过微观和宏观两个层面解决科技类社会组织面临的问题和挑战，促进其稳步向前发展。

2.5.2　研究中国特色商会组织发展

研究认为，我国商会组织经历了长时期的发展，在我国的经济、政治、社会生活的各个领域发挥重要的作用。通过分析商会组织发展的历史及现状，发现其存在诸如资金和资源问题、民主自治问题、工作方式方法问题、现代化商会和传统商会与行业协会之间的矛盾问题，以及商会组织法规体系滞后等问题。提出提高商会组织在资源汲取和资金筹措方面的能力；促进商会组织的创新性发展；重视不同类别商会组织的作用；完善法规加强监督，以及利用互联网+技术与环境，有效服务"大众创业、万众创新"，促进新时期商会组织整体转型升级等建议，通过多方努力共同解决商会组织面临的问题和挑战，促进中国特色商会组织的稳步发展。

2.5.3　研究中国特色公益组织发展

研究认为，中国特色公益组织在解决社会问题、促进经济发展方面有着不可替代的作用。通过分析我国公益组织发展环境改善、数量增长、规模扩大的现状，从中发现公益组织发展中存在缺乏宏观规划；服务大局能力有待提升；公民参与度不高，公益意识不强；组织自身公信力差；官办公益组织行政色彩浓厚等问题。剖析在互联网技术迅猛发展的今天，公益组织发展面临的网络环境增强服务能力、创新理念的机遇；面临管理治理挑战，信息披露带来诚信危机的挑战，自身能力挑战等。认为公益组织未来发展会多元化与专业化相结合，新型资金筹集方式会更完善，"互联网+公益"会更加普及，政府、企业、社会组织将形成跨界发展。提出完善法规加强监督；制定宏观发展计划；提高服务大局能力；培养公益文化；构建信任体系；转变政府角色促进公益组织发展；扩大公益组织队伍；学习国际公益组织优秀经验等建议。

2.6 借鉴美国、日本、英国社会组织发展的经验

2.6.1 研究美国社会组织发展及启示

研究通过对美国社会组织理论基础的系统把握，结合美国社会组织的发展历程，分析美国社会组织的贡献表现，进一步总结出美国社会组织的蓬勃发展得益于其强大的群众参与机制、与政府间友好的伙伴关系以及注重内在与外在的约束力等成功经验，提出对中国特色社会组织发展的重要启示：强化社会公益意识、加强社会组织能力建设、优化社会组织发展环境以及完善社会组织监督机制等。

2.6.2 研究日本社会组织发展及启示

研究基于日本社会组织的发展概况，分析日本社会组织对社会做出的贡献，从政府、社会组织和国民三个层面提炼出值得借鉴的成功经验，最后对中国特色社会组织的发展提出借鉴建议：完善法律法规、提升组织自主性、增强服务能力和强化公民公益意识。

2.6.3 研究英国社会组织发展及启示

研究认为，英国社会组织的发展历史悠久，通过了解英国社会组织的理论基础，分析总结英国社会组织在教育、卫生、就业和社会保障等方面的发展经验，得出促进中国特色社会组织发展的启示，包括建立多元化的教育组织供给机制、注重卫生组织公平与效率的平衡、完善多层次的就业组织体系以及健全社会保障组织的监管体制，促进我国社会组织的发展，增加我国社会组织对经济社会的贡献。

2.7 研究中国特色社会组织发展战略

2.7.1 构建我国社会组织发展的 SWOT 分析矩阵

应用 SWOT 战略分析工具，以中国特色社会组织建设为总体目标，从社

会组织内部条件和外部环境出发，对组织发展具有的优势和劣势、面临的机遇和挑战进行分析、归纳、比较和匹配。首先，社会组织发展拥有的优势：社会组织的概念内涵深化，社会组织数量增加，经济贡献增大。其次，社会组织发展存在的劣势：社会组织党建工作相对薄弱，社会组织能力建设有待加强。第三，社会组织发展存在的机遇：国家对社会组织发展的现实需求，市场机制的完善推动社会组织的发展，全球化带来的发展契机，公民意识不断增强。第四，社会组织发展面临的挑战：社会组织法律保障存在缺陷，社会组织制度环境不够完善。构建了我国社会组织发展的 SWOT 分析矩阵，提出了 SO 战略、WO 战略、ST 战略、WT 战略等四种可能的战略选择。

2.7.2　中国特色社会组织发展的战略选择

首先，中国特色社会组织在国家现代化治理体系中的战略地位。社会组织是国家治理体系的重要主体，社会组织建设是国家治理体系现代化的重要内容。其次，中国特色社会组织在我国社会主义建设中的职能定位。承接政府职能、拉动经济增长、提供社会服务、建设精神文明。第三，中国特色社会组织发展的战略目标。实现社会组织又好又快发展，形成现代化的中国特色社会组织管理体制。构建了中国特色社会组织建设的战略选择分析要素图。

2.7.3　实现中国特色社会组织发展的战略路径

首先，构建完善的社会组织法治框架。明确社会组织的法律地位；完善社会组织专门立法，建立完备的社会组织法律体系；做到有法必依；实现依法自治，法治保障自治，自治促进法治。其次，推进社会组织的党建工作。社会组织党组织角色定位；分类推进社会组织的党建工作；完成党从"垂直"到"嵌入"的领导转变；规范社会组织党建管理部门的隶属关系；推动党建工作的信息化和网络化。第三，创新社会组织的能力建设。社会组织的发展目标和自我定位必须和国家社会治理的总体目标和纲领相适应，顺应时代发展的潮流；社会组织自身必须加强能力建设；创新政府对社会组织的培养模式，培养方式从行政培养向机会培养转变，扶植手段由资金支持为主向引导其资金独立转变，激活组织活力、提高组织竞争力，推动组织自我发育和成长。第四，厘清主体关系，实现各方联动，助力社会组织又好又快发展。

2.7.4　研究从中国特色社会组织发展历史看未来道路

探索完善中国特色社会组织发展道路，有利于完善社会治理体系，实现国家治理体系和治理能力现代，巩固党的执政基础。中国特色社会组织发展道路是由于中国社会组织特殊的历史历程和现实需求所决定。中国特色的社会组织发展必须坚持党的领导、改革创新、放管结合和依法自治四大特殊原则，实施党的领导与独立发展相结合、法制与民主发展相结合、扎根民众与合作政府相结合和竞争与合作相结合的特殊发展思路。

2.8　研究中国特色社会组织发展的保障体系

2.8.1　中国特色社会组织发展保障体系的基本框架

研究认为健全完善的保障体系是中国特色社会组织发展的关键。通过回顾我国特色社会组织保障体系发展的历程，认为社会组织发展保障体系是一个系统的复杂工程和生态体系，研究构建中国特色社会组织保障体系基本框架，包括中国特色社会组织发展的制度体系、中国特色社会组织发展的法治体系、中国特色社会组织发展的政策体系、中国特色社会组织发展的资金体系。

2.8.2　中国特色社会组织发展的保障体系的影响因素

首先，政治法律。法律法规不仅对社会组织进行规范，同时也是社会组织成长发展的保障。其次，社会自治。公民社会是社会组织发展的基础保证，公民社会能够帮助个体以结社的形式成为社会组织，壮大社会力量。第三，组织自身。社会组织的业务能力是社会组织的核心竞争力，规范的运行模式、完善的组织结构、科学的管理制度是社会组织实现其组织目标和保障体系完善的前提和基础。

2.8.3　完善我国特色社会组织发展保障体系的实施建议

首先，重塑政社关系，改革旧管理体制。厘清政社关系，明确社会组织的性质与发展方向；转变政府对社会组织的双重管理模式。其次，完善法律法规，健全法律机制。提高立法层次，制定社会组织法；调整社会组织的财税制度；创新监管，大力培育力度。第三，优化社会组织发展的社会环境。促进公民社会形成；多元化方式推动社会认同，强化社会公信力；推进信息公开，健全社会监督机制；拓展多元化资金渠道。第四，提升社会组织自身素养，增强持续发展能力。创新能力建设，提高服务能力；加强人才队伍建设；加强制度建设，转变管理模式。

2.8.4 以华大社区为例研究高校单位型社区党组织作用发挥

高校单位型社区作为计划经济时代"单位制"与现代城市"社区制"的混合体，具有居民同质性高、社区资源丰富、社区与单位关系紧密等特点。因此，单位型社区党组织在社区发展与社区治理中的重要性不言而喻。华大社区紧紧围绕建设"服务型党组织"这一目标，从服务功能、服务载体、服务方式、服务机制等方面着手，并取得初步的成绩。但在实际工作中还面临着自身队伍建设以及办公经费短缺等问题。为了保障社区党组织作用的充分发挥，社区党组织要不断加强自身队伍建设，完善社区工作机制，创新社区服务方式，形成多元联动治理，并争取上级部门和高校的大力支持。

3 研究的主要创新

首先，研究中国特色社会主义视域下社会组织建设的理论。通过梳理公民社会理论、法团主义、治理理论等西方社会组织发展主要理论，探讨马克思经典著作关于国家与社会理论、社会管理思想，以及中国古代、近代有关社会组织管理思想，结合改革开放后中国共产党在社会组织建设与管理方面的经验，深入贯彻习近平同志有关社会组织治理的重要思想，提出中国特色社会组织发展道路的理论依据、具体内涵及理论框架。其次，研究中国社会组织历史发展。重点研究中国特色社会组织发展模式。第三，研究中国特色社会组织监管与发展的内在机理、主要模式。第四，以我国北京、香港为例研究中国特色社会组织发展。分析北京的社会组织存量最大增量最高，提出：政府、第三方评估机构和公众三个主体需要共同发挥主观能动性，促进社会组织的发展。研究香港社会组织通过法律手段、经济手段以及行政手段促进社会组织发展。第五，以中国特色科技组织、商会组织、公益组织为例研究其发展及趋势。强调商会有效服务"大众创业、万众创新"。强调"互联网+公益"。第六，借鉴美国、日本、英国社会组织发展对中国的启示。美国社会组织蓬勃发展得益于其强大的群众参与机制、与政府间友好的伙伴关系以及注重内在与外在的约束力等成功经验。从政府、社会组织和国民三个层面提炼出日本社会组织发展过程中值得借鉴的成功经验。分析总结出英国社会组织在教育、卫生、就业和社会保障等方面的发展经验。第七，研究中国特色社会组织发展战略。通过分析我国社会组织在国家现代化治理体系中的战略地位、社会主义建设中的职能定位以及社会组织发展的战略目标，研究中国特色社会组织发展的战略选择。第八，研究中国特色社会组织发展的保障体系。系统分析我国特色社会组织发展保障体系的基本框架，探讨社会组织发展保障体系的影响因素，提出完善中国特色社会组织发展保障体系的实施建议。

后　记

随着改革开放的持续深入和国家治理现代化的推进，社会组织的作用日益凸显。社会组织在促进经济发展、繁荣社会事业、创新社会治理、扩大对外交往等方面发挥了积极作用，党和国家对社会组织的战略定位越来越高。2016 年，中共中央办公厅、国务院办公厅印发《关于改革社会组织管理制度促进社会组织健康有序发展的意见》，第一次提出"努力走出一条具有中国特色社会组织发展之路"的重大命题，为我国社会组织发展提供了前进方向和行动指南。《意见》指出：以社会团体、基金会和社会服务机构为主体组成的社会组织，是我国社会主义现代化建设的重要力量。《意见》要求各地区各部门要站在战略和全局高度，充分认识做好这项工作的重要性和紧迫性，将其作为一项重要基础性工作来抓。可见，中国特色社会组织建设是构建现代社会组织管理体制的必然要求，是实现中国特色社会主义制度模式的现实路径之一，是中国特色社会主义"四个自信"的重要组成部分，是实现"两个一百年"奋斗目标和中华民族伟大复兴的重要支撑。本研究以中国特色社会主义的观点、立场、方法为指导，研究中国特色社会组织相关理论，探索符合中国国情的社会组织发展战略和实施路径，全面促进中国特色社会组织的发展，祈盼为相关决策主体提供有效的理论支持和政策建议。

本研究系我主持的中国亚太经合组织合作基金项目、国家民政部委托项目等项目研究的核心成果，相关政策建议通过《小康》《调研参考》等专报形式，报各级政府相关部门决策参考，得到了相关部门的肯定与采纳。相关成果曾获国家民政部优秀成果奖、福建省统战优秀成果奖等奖项。著作曾受邀参加国内外民政相关高端论坛进行交流，受到的实践者与理论研究者的热烈欢迎和积极评价，部分观点已经发表在《国外社会科学》《中国科技论坛》《中国软科学》等期刊上，其中 SCI、EI 核心检索 10 余篇。本书是在这些研究成果基础上完成的。

我所在的华侨大学直属中央统战部、国务院侨务办公室领导，学校从物质层、行为层、精神层全方位打造开放、包容、卓越的大学，致力于建设"为侨服务、传播中华文化"的"教育之舟、创新之舟、文化之舟、思想之舟、友谊之舟"。新时代，华侨大学迎来了第八任校长徐西鹏博士。徐校长是华侨大学历史上引进的第一位博士，他刻苦努力，锐意进取，硕果累累，用自己的行为激励华侨大学师生不断攀登人类文明的高峰！他以一贯的政治家、教育家、科学家的视野全方位推进华侨大学内涵发展、精致发展、快速发展、跨越发展，谋求谱写华侨大学更加绚丽的篇章，让华侨大学全体师生再接再厉，为中国人民谋幸福，为中华民族谋复兴，为全人类增进福祉作出更大贡献！我们正处在一个发展的新时代，创新是主旋律，发展是第一要务，我有幸作为华侨大学一分子，衷心感谢徐西鹏教授长期以来的宝贵鼓励与支持！期盼在党的全面领导下，能共享更多创新的机会，也愿意更主动更努力为学校发展、为社会进步作出积极贡献！更强烈祈盼未来华侨大学在创新中发展，在发展中创新，全面建成特色鲜明、海内外著名的高水平大学！

近些年来，我国出现"三聚氰胺奶粉事件""问题疫苗事件"等人命关天的系列事件，事件制造者都是教育培养出来的"精英"或称"精致利己主义者"，甚至是人类社会自己培养出来可怕的"怪兽"！我在反思，作为一名教育者能做些什么，我们必须做些什么？我一贯倡导"学习改变命运，教育改变未来"，教育的使命创造"美美与共，天下大同"的人类社会；教育根本目的"培养善意与激发潜能"，要始终把培养善意放在激发潜能之前，培养对天地万物的善意，真心祈盼我们的社会"生者远离饥荒！病者远离忧伤！老者远离衰老！逝者从容安祥！"这还需要激发创新的潜能，激发我们的学生为国家为全人类真正创新的潜能！教育的手段"一棵树摇动另外一棵树，一个灵魂唤醒另一个灵魂"，作为老师最低要求"让学生超越自己"，最高要求培养对历史负责的"大学问家、大实践家"。鼓励学生分层次实现治学目标：

初级目标，培养学生成为"自立"的卓越人才。"自立"是指实现儒学前六目"格物、致知、诚意、正心、修身、齐家"。

中级目标，培养学生成为"扶弱"的卓越人才。要努力培养引领时代发展的理论家、企业家和政治家，卓越人才应当以扶助社会弱者为己任。

最高目标，培养学生成为"对历史负责"的卓越人才。即宋代大儒张载云："为天地立心，为生民立命，为往圣继绝学，为万世开太平。"对历史负责，不忘初心，努力培养"究天人之际，通古今之变，成一家之言"的卓越人才，一切为了人民，一切为了民族，奋发进取！

因此，大学教师要与大学一起努力，塑造有卓越文化内涵的大学，全方位激发师生对自己、对家庭、对学校、对国家、对民族、对全人类的责任感和使命感，自然而然形成崇高的理想，引领时代发展，为增进全人类福祉奋斗不息！

本书的出版，非常感谢我的母校国立华侨大学、西安交通大学与厦门大学的培养与支持！本书出版还受惠于颇多的老师与朋友。衷心感谢丘进博士，作为一位教育家、中外关系史学家，他对教师非常关心与尊重，曾经亲临我那地下室改装的简陋书斋，鼓励与支持我教学与研究工作，让我感动不已！衷心感谢贾益民教授的宝贵鼓励与支持！他是海内外著名的华文教育学家、教育家，他身体力行，鼓励华侨大学师生知行合一，推进华侨大学全面发展。真诚感谢我的博士生导师、和谐管理理论的创立者席酉民博士，他不仅让我真正体会什么是寓教于乐，寓研于乐！也是我尝试出版学术专著的直接导师！他说："I do hope you are doing well in future. The best thing for teacher is to get information from his students that they get new progress or achievements. I am waiting for hearing your more good news in future." 我想，只有倍加努力，才能不辜负席老师的期望。非常感谢我的博士后导师刘海峰教授，刘老师是当代著名教育学家、历史学家，长期从事科举学、高等教育学等方面研究，取得了卓著成绩，在国内外享有盛誉。他是国际上第一位提出"科举制"——中国的"第五大发明"的专家，刘老师为人谦和，非常善于发现学生特长与兴趣，鼓励学生"学趣"结合，我是典型受益者。

非常感谢中央统战部、国务院侨务办公室、国家民政部、民政部政策研究中心、中国社会组织网、中国政府采购网、中国海外交流协会、中国统一战线理论研究会、国务院发展研究中心、中国社科院社会发展战略研究院、中国社会科学院社会学研究所、商务部国际贸易经济合作研究院、福建省委统战部、福建省民政厅、福建省救助管理总站、福建省社科联、福建省政府采购中心、福建省老龄工作委员会办公室、福建省科技厅、福建省发改委、福建省红十字会、福州市、泉州市、厦门市、莆田市、北京大学、清华大学、中国人民大学、复旦大学、南开大学、南京大学、西安交通大学、厦门大学、北京社会管理职业学院、华中师范大学、对外经济贸易大学、中山大学、吉林大学、长沙民政职业技术学院、暨南大学、浙江大学、华中师范大学以及宁波海曙区政府、南京鼓楼区政府、北京宣武区政府、上海浦东新区政府、长沙市"居家托养精品工程"宜和雅洁（长沙）设施管理服务中心、杭州"随园之家"社区居民养老服务中心等单位的领导、专家与同仁对本研究完成的大力支持，特别是众多单位对本研究实地调研工作的宝贵支持。研究过程中，参与资料整理同事、同学分别在美国康奈尔大学、日本庆应大学、英国伦敦政治经济学院作访问学者，他们分别多次去相关部门查阅数据与资料。无论国内还是国外调研所在地工作人员都不厌其烦，工作态度认真，服务态度诚恳，这些优秀品格都是著者学习的榜样！未来，著者有决心将该研究不断深入下去，尽可能提出更多、更有价值的理论研究成果和政策建议。

非常感谢福建省社会科学规划办陈飞主任、刘兴宏博士！泉州市社会科联全体同仁！衷心感谢北京人文在线文化艺术有限公司潘萌总经理、范继义老师及同仁们的精心策划、宝贵支持与帮助。真诚感谢泉州水利水电总公司颜建东先生及全体同仁，使我及家人有机会从社会、从自然界之中寻找"上善若水"境象，他们都是我学习的榜样！

非常感谢我尊敬的导师孙锐教授、姚培生老师、曾繁英教授、郑文智教授、沈剑云教授、杨默如教授、薛秀军教授、缑锦教授、关一凡老师、吴季怀教授、曾路教授、彭霈教授、杨存泉老师、朱琦环老师、张禹东教授、陈鸿儒教授、陈金龙教授、衣长军教授、池进教授、张旭老师、王秀勇研究员、何纯正研究员、赵昕东教授、陈巧玲老师、侯志强教授、苏天恩教授、陈克明教授、郭东强教授、林峰教授、郑向敏教授、王士斌教授、黄种杰教授、江开勇教授、曾志兴教授、王丽霞教授、陈海蛟教授、林传声老师、胡日东教授、庄培章教授、吕少蓬研究员、林俊国教授、庄天山教授、林继志老师、詹朝曦教授、徐磊老师、李雪芬老师、李作杰老师、隋昌鹏老师、周春燕老师、钱三平博士、周永恒老师、刘金雄博士、陈建山老师、陈颖老师、张丽萍博士、贺芬博士、陈星老师、吴晗冰老师、庄蕾博士、陈永煌老师、黄奕红老师、张华博士、万文海博士、陈初昇博士、卢冰博士、黄丽薇博士、董燕博士、胡三嫚博士、马占杰博士、申传刚博士、陈良勇博士、李淑娴老师等！特别感谢华侨大学华商管理研究文库对我研究长期的给力资助！"滴水之恩，当涌泉相报"，我一定努力成为一位优秀的教师，为母校、为社会贡献自己一份力量！我愿倾诚报答所有关心我的领导、老师和同学们；倾诚报答亲爱的家人，我一定让他们过得比我好！感谢我的孩子张世昌，他是个善于讲故事的高手，总是不经意间给我灵感的启发，激发生活的乐趣！无论如何，我都将不断刻苦学习，努力工作，只有这样我才有能力报答所有帮过我的人们或所有我力所能及帮助的人们。

特别感谢尊敬的导师董成雄博士、张平军老师一直主动帮助研究团队及我本人将研究成果转化为政策建议，供各级领导参阅，这对研究者是积极鼓励与支持！

本书由银丽萍、李昳、李臻、张豪、吴静惠、代毓芳、王焰、张瑶、陈建武、罗兴鹏、周仙霞、陈姗姗、许梅枝、申慧云、吴娜、王舜淋等同志协助我编撰，本书摘要与目录的英文翻译由张瑶同志协助完成，是他们无私的帮助与宝贵支持，才使本书顺利交稿出版！在此向他们的辛勤劳动表示衷心感谢！在研究过程中，著者还参考和引用了国内外顾朝曦、王杰秀、付长良、邹波、李汉林、李培林、景天魁、王有华、王名、贾康、李强、王力达等及Bettina Leibetseder，Salamon，Lester M、Peter Graefe 等专家学者及实践者大量的著作，在此向所有著作者深表谢忱。

由于著者学术水平有限和时间仓促，错误和不足之处一定不少，敬请各位理论家、实践家、读者批评指正。

张退之

2018 年 10 月 8 日于

国立华侨大学上善斋

http://weibo.com/1301670507/profile

E-mail：xqzhang1998@163.com